עִבְרִית חֲדִישָׁה –1

CONTEMPORARY HEBREW–1

עִבְרִית חֲדִישָׁה – 1

קוּרס רִאשׁוֹן בַּשָּׂפָה הָעִבְרִית

CONTEMPORARY HEBREW–1

An Introductory Course in the Hebrew Language

MENAHEM MANSOOR

Joseph L. Baron Professor of Hebrew Studies

The University of Wisconsin-Madison

PRISCILLA FISHMAN, *Editor*

BEHRMAN HOUSE INC., PUBLISHERS NEW YORK, NEW YORK

Picture Credits

Design and typography by HANANYA COHEN

Copyright © 1977 by MENAHEM MANSOOR

Published by BEHRMAN HOUSE, INC.
1261 Broadway, New York, N.Y. 10001

Library of Congress Catalog Card Number: 75–1813
International Standard Book Number: 0–87441–251–X

MANUFACTURED IN THE UNITED STATES OF AMERICA

10 9 8 7 6 5 4 3 2   82 81 80 79 78 77

Contents

Foreword

Like all Western languages, Hebrew is alive, racy, constantly changing and developing. Its spoken form is close enough to its less esoteric written styles for mutual intelligibility and interpenetration. But, unlike Western languages, the reading of early Hebrew texts is not restricted to academic scholarship; on the contrary, the Bible, written 3,200–2,200 years ago, the Mishnah and Midrashim of the first millennium C.E., medieval poetry and medieval philosophy, are still read, studied and quoted by people from all groups of Israel's population, and the style of these works influences contemporary writers in the Hebrew language. The works of earlier thinkers, poets and mystics have always constituted a vital contribution to the constantly developing intellectual creativity of Jewish civilization. It is impossible to become acquainted with this civilization without being able to read both ancient and modern writings in their original language.

There are no "modern" Hebrew translations of the ancient works, any more than Shakespeare has been translated into modern English (for other than children's use). In spite of the changes the Hebrew language has undergone in its long history, the most ancient texts are still intelligible to today's Hebrew speaker, partly through the conservatism of Hebrew spelling, and partly because of the role these texts played in the revival of the spoken language a hundred years ago. Even nursery-school children in Israel understand most of the Bible verses read to them, and older children attain a fuller understanding of the classical works by the same process by which children in all civilized countries learn to understand literary writing in their own idiom.

This unusual feat is accomplished to some extent by learning to discount the linguistic differences between the various stages of the language's development. By strict linguistic standards, each stage of language is autonomous, a communicative system unto itself, and has to be described separately if we wish to lay bare the complete workings of its grammar, syntax and semantics. Such knowledge is relevant not only to the professional linguist, but also to anyone interested in the history of the language, or wishing to solve problems in ancient and modern texts. The linguistic stages may be separated from each other by a hundred, or even fifty, years, or may be expressed in local forms (e.g. American and British English) and differing literary levels (prose and poetry). Biblical Hebrew alone is divided into at least three distinct historical periods and several stylistic varieties.

Fortunately, all those who use a language naturally are gifted with a "tolerance" enabling them to understand other stages or varieties of their own tongue, unless the differences are too great. Only the *active* use of the language requires strict adherence to one linguistic stage or variety; and in the first phases of learning a new language, even this uniformity is not absolutely necessary. Most language courses teach material reflecting different levels of style (a language known as "Foreigner's" English, or Hebrew, etc.), which enables the learner to adapt himself ultimately to the form he needs for his specific purposes.

Professor Menahem Mansoor has produced a textbook which takes advantage of these features of the Hebrew language community. He introduces the learner, in one process, to the varieties of Hebrew familiar to the educated Israeli and to those who have learned Hebrew in the traditional way. In keeping with modern principles of language learning, this textbook distinguishes between passive knowledge and active competence. While the material intended to enable the student to grasp the structure of the language and to read, speak and write it, is all in the Hebrew in which an educated Israeli expresses himself in formal conversation or in writing, material for understanding written texts is provided in biblical Hebrew (first in the form of vocabulary and in Lesson 34 in a selection of biblical prose), in the language of medieval Spanish poetry (Lesson 35) and in passages from the Mishnah and Midrash, which appear in various reading exercises. The capacity of understanding spoken Israeli Hebrew is furthered by comments on those usages which differ from the written standard. The learner is thus brought face to face with a living language, while he is helped to develop familiarity with its various forms. As his knowledge of the language grows, he will become increasingly sensitive to the differences between the varieties of Hebrew, but he will be able to approach them with confidence, because he is already aware how much they have in common.

It is said that "he who learns a new language acquires a new soul." The linguistic soul of the Jew, as befits a people that has gone through so many vicissitudes, is a particularly complicated one. Perhaps this book will communicate to its users an inkling of what it feels like to live in a language that bridges so many ages and so many countries.

The Hebrew University
Jerusalem

PROFESSOR CHAIM RABIN

This book is dedicated to the memory of Rabbi Joseph L. Baron ז״ל of Milwaukee, Wisconsin, whose vision and foresight made a reality of his dream to establish a Department of Judaic Studies at the University of Wisconsin.

אַשְׁרֵי שֶׁזָּכָה וְזִכָּה אֶת הָרַבִּים

Preface

This book culminates eighteen years of careful and arduous testing in the classrooms of the University of Wisconsin and numerous other colleges and high schools. For long and patient effort on the part of colleagues, students and associates I wish to extend my sincere thanks.

My serious students who followed this text conscientiously, read Hebrew with a fair degree of accuracy within the first few weeks. Mastery of twelve lessons enabled them to construct original sentences in Hebrew within the limits of the vocabulary introduced. Upon completion, the students were able to handle biblical narrative or modern Hebrew prose.

Contemporary Hebrew is also taught as a correspondence course for credit or for personal enrichment through Independent Study, University of Wisconsin-Extension, Madison, Wisconsin.

My sincere appreciation and gratitude are extended to the following:
Mrs. Nira Melzer, a former teaching assistant, for her help in preparation of the basic texts; Mrs. Priscilla Fishman of Jerusalem, for the sustained interest she has taken in this work throughout its preparation, and for her invaluable suggestions both editorial and substantive; and Hananya Cohen, of Jerusalem, to whom the book owes its graphic appeal.

My sincere thanks and gratitude to the Wisconsin Society for Jewish Learning, whose initial grant made this work possible.

University of Wisconsin
Madison, Wisconsin

MENAHEM MANSOOR

Lesson 1

Linguistic Elements

Major Groupings

Hebrew-Related Languages Used by Jews

A Brief Survey of the Semitic Languages

Hebrew belongs to a great family of closely allied languages known as the Semitic languages, spread through western Asia and northern Africa. The word *Semitic* is derived from Shem, one of Noah's sons (Genesis 6:10). It is a convenient label adopted by scholars, rather than a scientific term. During the last hundred years several ancient Semitic languages have been newly discovered. They include Akkadian (a common name for Assyrian and Babylonian) and Ugaritic (a language akin to Hebrew and very important for biblical research).

1. Linguistic Elements

A common basic vocabulary is found in all the Semitic languages. For example

āb	*father*	**bayit**	*house*
yad	*hand*	**gamal**	*camel*

In addition, the Semitic languages share some important linguistic elements:

a) guttural or laryngeal letters having unique sounds;

b) construction of almost all verbs and nouns from a three-letter root;

c) meaning dependent upon form or pattern of word (this will be explained in a later lesson);

d) pronominal suffixes to nouns, verbs and prepositions.

A basic knowledge of Semitic languages is very important for the mastery of Hebrew. Many peculiarities and grammatical forms in one Semitic language can often be explained only by analogy with the other allied languages.

2. Major Groupings

The Semitic languages are divided into five main branches: Hebrew, Arabic, Aramaic, Akkadian and Ethiopic. (See *Chart of the Semitic Languages*.) Of the ancient Semitic languages, only Hebrew and Arabic are spoken today.

Chart of Semitic Languages
(Main Distribution)

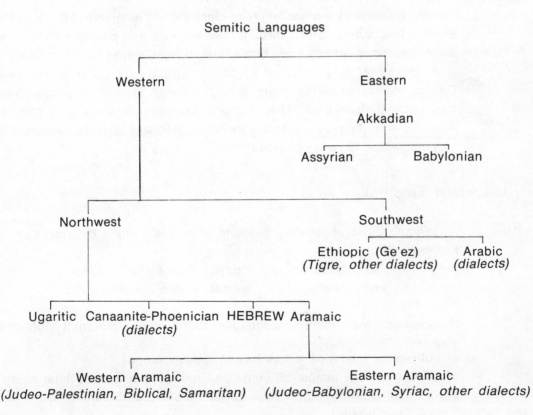

Hebrew — the original language of the Semitic settlers in the land of ancient Canaan (Palestine). Hebrew belongs to the Canaanite branch of the Semitic languages and is closely related to:

a) Canaanite, glosses of which exist on cuneiform tablets found in Tel-el-Amarna, in Upper Egypt, and have been dated around 1400 B.C.E.;
b) Moabite, of the famous King Mesha inscription, ninth century B.C.E.;
c) Phoenician, known first from inscriptions of the ninth century B.C.E.;
d) Ugaritic, a language closely related to biblical Hebrew and first discovered to be written in an ancient cuneiform but alphabetical script. The discovery was accidentally made by an Arab farmer in Ras Shamra, a north Syrian coastal city known in ancient times as Ugarit. The hundreds of tablets so far deciphered have added much to knowledge of ancient Canaanite culture and religion and to biblical studies, and have provided striking parallels to the religious poetry and observances of the ancient Semitic peoples.

The language spoken by the Israelites during the biblical period was called, in the Bible, the "language of Canaan" (Isaiah 19:18). It is very similar to the languages of the other Canaanite-speaking nations mentioned above. Hebrew was a living language, used for speech and writing by the Israelites, until the Babylonian exile in 586 B.C.E.

Aramaic, the political and cultural language of the Near East, gradually replaced Hebrew from about the sixth century B.C.E., and it is probable that by the first century C.E. Hebrew was no longer the dominant language of the Jews. However, Hebrew continued to be spoken by some communities and many individuals for several centuries longer. Moreover, throughout the centuries, Hebrew remained the language of important Jewish theological and philosophical writings, as well as of secular and scientific works such as poetry, astronomy and medicine.

Early in the twentieth century, during the Zionist colonization of Palestine, considerable efforts were made, led and inspired by Eliezer Ben-Yehudah (1858–1922), to revive the language. It is the only known revival of a language in the history of nations. The success of these efforts is visible in the vibrancy of modern Hebrew, the language of daily use shared by Israelis from seventy different countries of origin. In Israel, all subjects, from history to physics and medicine, are taught in Hebrew. Hebrew is the language of kindergartens, schools and universities, of the press, radio and television.

In summary, there are four main phases of the Hebrew language:

a) Biblical Hebrew, also known as classical Hebrew.

b) Rabbinical, or late, Hebrew, in which the Mishna (ca. second century C.E.), the Hebrew portions in the Talmud (third to sixth centuries) and the Midrash (fifth through twelfth centuries) were written.

c) Medieval, or rabbinic, Hebrew, the language of the great theological, philosophic and poetic works composed during the Middle Ages, mainly in Spain and North Africa. It is also the language of the translations of Jewish works written in Arabic, such as those of Maimonides (twelfth century), and of works written under the influence of the Arabic language. During the Middle Ages it served as a *lingua franca* for Jews throughout the world.

d) Modern Hebrew, whose development began in the present century.

The vocabulary of the Hebrew language has changed from one period to another. The basic vocabulary is that of the Bible, but it is very probable that the Bible does not contain all the vocabulary in actual use in biblical times, as indicated by archaeological texts uncovered since the beginning of this century.

Arabic—originally the language of Arabia. South Arabic preceded the classical Arabic of today. It is preserved in inscriptions ranging from about 800 B.C.E. to the sixth century C.E., and is believed to be spoken still, in several dialects, along the southern coast of the Arabian Peninsula. Classical Arabic is the language employed as a literary medium by Arab writers from the time of the pre-Islamic poets to the present. The earliest record of it is a fourth century inscription. Classical Arabic owes its expansion, since the seventh century, to the conquests of the Arabs and the spread of Islam. The most important work written in classical Arabic is the *Qur'an*, which is accepted by Moslems not only as a divine revelation but also as a perfect model of grammar and composition, just as the Hebrew Bible is similarly considered by the Jews. For centuries, Arabic has served as the sacred, literary and official language of Islam.

Arabic is spoken today by some one hundred million people throughout the Near East and Africa. The chief Arabic dialects are those of Egypt, Iraq, Syria, Palestine and North Africa, to which the Maltese dialect is essentially

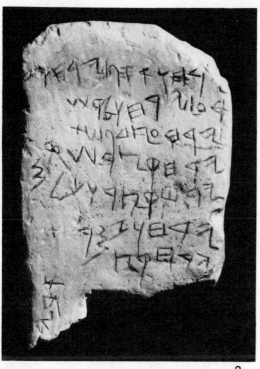

3

1

1. *Fragment of the Gilgamesh epic, cuneiform, 14th century* B.C.E.

2. *The Mesha stele relates the Moabite king's victories over Omri of Israel*

3. *The Gezer Calendar, Hebrew, late 10th century* B.C.E.

2

allied. The latter is unique in being the only Arabic dialect ordinarily written in Roman characters.

Aramaic—a group of dialects, first known from inscriptions of the eighth century B.C.E. In a phenomenal wave of expansion, probably beginning in the sixth century B.C.E., Aramaic spread throughout Palestine, Syria and large tracts of Asia and Egypt, replacing many languages, including Hebrew and Akkadian. It also influenced the writing systems of several languages; Hebrew, in fact, adopted the Aramaic script (see Lesson 4). For about one thousand years Aramaic served as the official and written language of the Near East.

At the time of Jesus, the daily language of Palestine was generally Aramaic; Hebrew had become the property of the learned. The actual words of Jesus quoted in Mark 5:41 and 7:34 are in Aramaic. Syriac, an Eastern Aramaic dialect, has a very rich theological literature left by the early Christian Fathers.

By the time of the destruction of the Temple in Jerusalem (70 C.E.) and the dispersal of the Jews, Aramaic had entirely replaced Hebrew in Palestine and neighboring lands. A large part of the Talmud, the gigantic compendium of post-biblical writings of the Rabbis, is written in Aramaic, and by the sixth century C.E. there existed an Aramaic version of the Bible, known as the *Targum*.

Aramaic and Syriac began to be superseded by Arabic about the middle of the seventh century, and were virtually replaced by it during the ninth and tenth centuries. But some Syriac dialect is still spoken today in isolated areas in Syria and Iraq.

Akkadian—the common name given to Babylonian and Assyrian languages. Akkadian was the original name used by the Mesopotamians for their own language. Akkad was the chief city of the first Semitic Empire in Mesopotamia (ca. 2300 B.C.E.). It is also mentioned in Genesis 10:10. Before 4000 B.C.E., Mesopotamia was already inhabited by Sumerians, a non-Semitic people who had attained a high degree of civilization. The Babylonians and the Assyrians adopted the cuneiform writing of the Sumerians for their own Semitic speech.

Akkadian was superseded by Aramaic from about the first century B.C.E.

Ethiopic—a Semitic tongue, known also as *Ge'ez*, spoken in Ethiopia from a very early period. It was first known to us from fourth century C.E. inscriptions. Christian missionaries brought the Bible to the Abyssinians in a Ge'ez translation, and wrote many theological works in that language.

A new language, *Amharic,* belonging to the Semitic family but greatly modified by non-Semitic influences, became the language of the Ethiopian court from the thirteenth century C.E. Ge'ez has remained the language of the church and literature, and is still represented by a number of dialects spoken in Ethiopia. However, the main language spoken by some five million people in Ethiopia today is Amharic.

3. Hebrew-Related Languages Used by Jews

Yiddish is a language spoken by Ashkenazi (Central and East European) Jews as early as the Middle Ages. The Hebrew alphabet is used for Yiddish, but it is not a Semitic language. Basically, it is derived from a medieval German dialect of the Rhine region. According to the *Standard Jewish Encyclopedia,* German has supplied the basic grammatical structure and about 85 percent of the vocabulary of Yiddish, many of the words having new applications. Hebrew words predominate in the religious and intellectual writings and in speech.

A very rich Yiddish literature exists, with the first important works published in the sixteenth century. Some of the famous classical writers in Yiddish during the nineteenth and twentieth centuries are Mendele Mokher Seforim (Abramovitch), Isaac Leib Peretz and Sholem Aleichem.

It is estimated that at the outbreak of World War II, Yiddish speakers numbered between ten and twelve million throughout the world. The Jewish tragedy of 1939–1945 in Eastern Europe and Germany, together with Soviet repression, annihilated the main centers of Yiddish literature. As a spoken language Yiddish is gradually losing ground in the United States, Europe and Israel, especially among the younger generation.

Ladino, or Judeo-Spanish, is the dialect which developed in the Jewish communities of Spain during the Middle Ages. Its basis is the medieval Castilian dialect, but it includes some elements of the other Spanish dialects of that period and of Portuguese. Like Yiddish, Ladino is written in

Hebrew characters, and includes a number of Hebrew words and expressions.

Following the expulsion of the Jews from Spain in 1492, by King Ferdinand and Queen Isabella, Jews settled in North Africa, in the Balkans and in the Turkish Empire. Their Spanish (Sephardic) customs and the Ladino language went with them. Until World War II, Salonica (Greece) was the center of Ladino usage.

The first Ladino book was printed in 1510, and medieval texts in Ladino exist. Ethical and religious works were composed in Ladino through the eighteenth century, and secular works, novels, newspapers, etc., began to be published in Ladino in the nineteenth century.

Ladino is still spoken among Sephardic Jews in Turkey, North Africa and Israel, and the language still preserves some archaic forms which have disappeared from the standard Spanish language.

Judeo-Arabic is the language developed among Jews in the Arab-dominated lands of the Middle East and North Africa. It preserves forms from the language spoken at the time of the Moslem conquest, which have disappeared from other Arabic dialects. North African speakers of Judeo-Arabic include both Jews long resident in the area, and descendants of Jews expelled from Spain in the fifteenth century, who settled in North Africa.

Judeo-Arabic is written in Hebrew script, but with some diacritical marks and Arabic vowel signs. With the spread of Arabic as the language of the Middle East and North Africa, a large body of literature on the Bible, Talmud and other Jewish subjects, including Maimonides' philosophical treatises on Judaism, was written in Judeo-Arabic. Literary Judeo-Arabic is apparently closer to the spoken language used during the early period of Arab rule than is the classical Arabic dialect used in Moslem literature.

Exercises

Note It will be useful for you to read articles on the Semitic languages and Hebrew in one of the standard encyclopedias.

A. Explain the origin of the word *Semitic*.

B. List eight of the Semitic languages and dialects.

C. What are the main peculiarities common to the Semitic languages?

D. List the five main groups of the Semitic languages and give a brief description of each group.

E. Discuss the four phases of the Hebrew language.

F. Write two to four lines on each of the following:

1 Ugaritic	3 Cuneiform	5 South Arabic
2 Phoenician	4 Syriac	6 Yiddish

Lesson 2

Writing the Letters

BeGaD KeFaT Consonants

Final Letters

Letters Used as Numbers

The Hebrew Alphabet

There are 22 letters in the Hebrew alphabet. Strictly speaking each letter represents a consonant, although, as we shall see later, two letters are sometimes used as vowels. Originally, Hebrew had no written vowels. (See Lesson 5.)

	Printed Form	Written Form	Name of Letter	Transliteration
1	א	א	ah-leph	ʼ
2	*בּ	בּ	beht	b
	ב	ב	veht	v
3	*ג	ג	gee-mel	g
4	*ד	ד	dah-let	d
5	ה	ה	heh	h
6	ו	ו	vahv	v
7	ז	ז	zah-yin	z
8	ח	ח	heht	ḥ
9	ט	ט	teht	ṭ
10	י	י	yohd	y
11	*כּ	כּ	kahf	k
	ך כ	ך כ	khahf	kh
12	ל	ל	lah-med	l

* *See BeGaD KeFaT Consonants (below).*

	Printed Form	Written Form	Name of Letter	Transliteration
13	מ ם	מ ם	mem	m
14	נ ן	נ ן	nun	n
15	ס	ס	sah-mekh	s
16	ע	ע	ah-yin	ʻ
17	*פּ	פּ	peh	p
	פ ף	פ ף	feh	f
18	צ ץ	צ ץ	tsah-dee	ṣ
19	ק	ק	kof	q
20	ר	ר	rehsh	r
21	שׁ	שׁ	sheen	š sh
	שׂ	שׂ	seen	ś
22	ת *תּ	ת תּ	tav	t

* *See BeGaD KeFaT Consonants (below).*

Each sign of the alphabet is also the initial letter of its corresponding Hebrew name. Thus the fourth sign ד *d* is also the first letter of its name, *dah-let*.

1. Writing Hebrew Letters

Hebrew is written, and read, from right to left. In ancient times inscriptions were engraved on stone tablets (e.g. the Ten Commandments, the Mesha stone). Clearly it would be customary to hold the hammer in the right hand and the chisel or other sharp tool in the left, and to engrave the letters from right to left. There may be other explanations, but this one seems to be plausible, unless one is a left-handed person!

There are no capital letters in Hebrew.

The printed forms are known as square script, whereas the written forms are called cursive script. (See Lesson 4.)

Each letter of the alphabet, whether printed or written, stands alone. Unlike English or Arabic writing, no letters of the Hebrew alphabet are ever joined together.

Each letter represents a consonant. Vowel signs are placed beneath, above, or to the side of the letters.

Hebrew words may not be hyphenated when they occur at the end of the line. Modern Hebrew newspapers, however, often divide words at the end of the line for printing convenience.

2. BeGaD KeFaT Consonants

Six consonants ב ג ד כ פ ת which may be conveniently remembered as **BeGaD KeFaT,** may appear with or without a dot. This dot is called a *dagesh.* Hardly any difference is retained today in the pronunciation of ג or ד with or without a dot. However, the other four letters תּ פּ כּ בּ with a dot, assume a hardened sound: **b k p t** respectively; whereas ת פ כ ב without a dot are soft: **v kh** (like *ch* in the Scottish word *loch*) **f th** (as in *think)* respectively.

Note that in modern Hebrew both תּ and ת are pronounced like **t**.

When the BeGaD KeFaT consonants occur at the beginning of the word they always take a *dagesh.*

3. Final Letters

Five letters צ פ נ מ כ, when appearing at the end of a word, assume a special final form ץ ף ן ם ך. Note that the lower horizontal lines of four of these consonants צ פ נ כ terminate in a continuous downstroke ץ ף ן ך.

The written forms of the final letters also differ from the written forms that appear at the beginning or middle of a word.

Regular Form		Final Form	
Printed	Written	Printed	Written
כ	כ	ך	ך
מ	מ	ם	ם
נ	נ	ן	ן
פ	פ	ף	ף
צ	צ	ץ	ץ

These final forms did not exist in the ancient Hebrew-Phoenician script.

The printed forms of the following letters are somewhat similar and should be studied carefully at the outset, so that their distinguishing characteristics become familiar.

בּ	(b)	and	כּ	(k)	ו	(v)	and	ן	(final n)
ב	(v)	and	כ	(kh)	ז	(z)	and	ן	(final n)
ג	(g)	and	נ	(n)	ס	(s)	and	ם	(final m)
ד	(d)	and	ר	(r)	ע	(ʿ)	and	צ	(ṣ)
ד	(d)	and	ך	(final kh)	ע	(ʿ)	and	ץ	(final ṣ)
ה	(h)	and	ח	(ḥ)	צ	(ṣ)	and	א	(ʾ)
ו	(v)	and	ז	(z)	ת	(t)	and	ח	(ḥ)
ט	(ṭ)	and	מ	(m)	שׂ	(ś)	and	שׁ	(š)
י	(y)	and	ו	(v)					

4. Letters Used as Numbers

Each letter in Hebrew has a numerical value, as indicated below. This usage is not biblical; the earliest traces are found on Maccabean coins, dating to about the second century

א	1				
ב	2	כ	20	ר	200
ג	3	ל	30	ש	300
ד	4	מ	40	ת	400
ה	5	נ	50		
ו	6	ס	60		
ז	7	ע	70		
ח	8	פ	80		
ט	9	צ	90		
י	10	ק	100		

Shekel bearing the letters שג *indicating Year 3* ש(נת)ג *of the Jewish War (=* 68 C.E.)

Exercises

A. Identify the following letters by name and transliterate into the Roman alphabet. Remember to read Hebrew from right to left.

ח ע ל י ו ט ק ב ש ג צ ד ה א ע
ש ד כ נ ם פ כ מ ף ס ן פ ץ ר ך

B. Write the names of the letters contained in the following words and their corresponding English sounds.

ראובן, שמעון, זכריה, יצחק, דוד, ברוך, טוביה, פנחס, מנחם, יונה

C. Transliterate the following words. ויהי ערב ויהי בקר יום הששי
בראשית ברא אלהים את השמים ואת הארץ

D. Write the numerical value of the following letters.

מ ע ה ל י ז ט ת כ ח א יא כב
ק ע ס ב ג נ ד צ ש פ ל לא לג

E. Answer the following questions.

1 How many letters has the Hebrew alphabet?
2 Are there any capital letters in Hebrew?
3 May letters of the alphabet be joined together in writing?
4 Which are the letters which take a dagesh at the beginning of a word?
5 Which are the final letters?

Masada, the last stronghold of the Jews in the war against Rome (66–70/73 C.E.)

Lesson 3

Pronunciation of Hebrew Letters

Phonetic Transcriptions

Foreign Loan Words in Hebrew

Phonology

1. Pronunciation of Hebrew Letters

א is a **glottal stop,** as in the initial sound of *apple.* It is always silent when it appears at the end of the word. When א appears at the beginning or the middle of a word, it can be pronounced only with an accompanying vowel. It is transcribed as '.

בּ with a *dagesh* is **b**; ב without a *dagesh* is pronounced **v**.

גּ or ג (with or without a *dagesh)* is pronounced like **g** in *go.*

דּ or ד (with or without *dagesh)* is **d.**

ה is **h** as in *him.*

ו in modern Hebrew is pronounced like **v.**

ז is **z.**

ח has a pharyngeal (guttural) sound which does not exist in English. It is transliterated as *ḥ* with a dot underneath, to distinguish it from ה *h.* Owing to the difficulty experienced by Europeans in its pronunciation, it is usually proncunced — expecially in modern Hebrew — like **kh** (the same fricative sound of *ch* in the Scottish word *loch).* It is a sound produced by friction between the back of the tongue and the soft palate. (See the letter כ below.)

ט is an emphatic **t**, produced by placing the tongue firmly against the palate. It is transliterated as *ṭ.* There is hardly any difference between the pronunciation of ט and ת in modern Hebrew. Today both are pronounced like **t**.

י is **y**.

כּ with a *dagesh* is **k**; כ without a *dagesh* is **kh,** like *ch* in the Scottish word *loch.*

ל is **l.** מ is **m.** נ is **n.** ס is **s.**

ע has a pharyngeal (guttural) sound; it is produced at the back of the throat and is transcribed as ʻ. It is very difficult for Europeans to pronounce ע because this sound does not exist in any of the European languages. It is usually pronounced in modern Hebrew as a **glottal stop,** like א above.

פּ with a *dagesh* is **p**; פ without a *dagesh* is **f.**

צ is an emphatic **ts** sound, as in *fits;* it is produced with the tongue touching the alvelar ridge. It is transliterated as *ṣ.*

ק was originally a **k**-sound produced at the back of the throat; in modern Hebrew it is pronounced exactly like כּ **k** above. ק is transliterated as *q.*

ר is a tongue-trilled **r**.

שׂ with a dot over the *left-hand* corner is **s**. It is usually transliterated as *ś.*

שׁ with a dot over the *right-hand* corner is pronounced **sh.** It is transliterated as *š.* שׂ and שׁ were originally one letter. In unpointed or unvocalized texts they are still represented by ש without a dot. To the present day the Samaritans pronounce both letters like *sh.*

ת with or without a *dagesh* is pronounced **t.** (In some theological seminaries and Ashkenazi Jewish communities outside Israel ת without a *dagesh* is pronounced like **th** in *think.*)

2. Phonetic Transcriptions

Note carefully the following distinguishing transcriptions.

(ʼ) for א and (ʻ) for ע
(h) for ה and (ḥ) for ח
(ḥ) for ח and (kh) for כ
(ṭ) for ט and (t) for ת
(k) for כּ and (q) for ק
(s) for ס and (ś) for שׂ and (š) for שׁ

The Consonants of Modern Hebrew

	Plain Consonants		Emphatic and Emphatic-like Consonants		
	Voiced	Unvoiced	Voiced	Unvoiced	Sonants
Labial	b ב v ו, ב	p פּ f פ			m מ
Dental	d ד z ז	t ת s ס ś שׂ		ṭ ט ṣ צ	n נ
Lateral					l ל
Trill					r ר
Palatal	g ג	k כּ š שׁ		q ק	
Glide					y י
Velar				kh כ, ח[1]	
Laryngeal (Guttural)			ʿ ע[2]	ḥ ח[2]	
Laryngeal Glottal (Guttural)		ʾ א ע[1] h ה			

[1] by non-Oriental speakers
[2] by Oriental speakers — original sounds

3. Foreign Loan Words and Proper Names in the Hebrew Alphabet

Certain sounds found in foreign words and proper names do not exist in Hebrew. When such words or names are transliterated into Hebrew, the following modified letters are used:
ג׳ represents the soft sound of **g** (as in *gem*):

ג׳וֹרְג׳	George	נְיוּ־גֶ׳רְסִי	New Jersey

ז׳ represents the sound of the French **j**

זַ׳ן	Jean	זַ׳ק	Jacques

צ׳ represents the sound of **ch** (as in *church*):

צֶ׳רְצִ׳יל	Churchill	בַּנְץ׳	Bunche
צַ׳רְלִי	Charlie	צַ׳פְּלִין	Chaplin

Exercises

A. Pronounce each letter in the alphabet loudly, at least five times.

B. Distinguish between the following letters by adding the appropriate transcriptions:

ה	and	ח	ת	and	ח
ד	and	ר	ם	and	מ
ד	and	ך	ע	and	צ
ע	and	ץ	ם	and	ס
ג	and	נ	ו	and	ז

C. Write the Hebrew for the following transcriptions.

l	d	v	s	ṭ
r	m	ʼ	q	h
p	t	ʻ	ś	y
b	k	ḥ	g	š

D. Transliterate the following.

מה טבו אהליך יעקב/משכנותיך ישראל
אשרי האיש אשר לא הלך בעצת רשעים

E. Choose a three-line Hebrew excerpt from any page of this textbook, or from a Hebrew-language Bible, and transliterate it.

Lesson 4

Ancient Scripts · Early Hebrew

The Greek Alphabet

Square Script · Rashi Script

Cursive Script

History of the Hebrew Alphabet

1. Ancient Scripts

In ancient days, Hebrew was written in the same Semitic alphabet used by the Moabites, Hebrews, Aramaeans, and Phoenicians. It is commonly known as the Phoenician, Canaanite, or Paleo-Hebrew script. Inscriptions discovered in the Sinai peninsula on potsherds and other objects indicate that as early as the sixteenth century B.C.E. an alphabetic writing existed. This writing is generally believed to be the beginning of the Canaanite writing system. The Old Hebrew alphabet was probably derived from this Canaanite-Phoenician script.

In 1929, a large number of cuneiform inscriptions, dating from the fifteenth century B.C.E. and written in alphabetic script, were discovered in the north Syrian town of Ugarit, known today as Ras Shamra. The language of these inscriptions is now called Ugaritic. It is clear from some of these tablets that the present order of the Hebrew alphabet is identical with the Ugaritic alphabet, probably the oldest in recorded history.

2. Early Hebrew

The earliest examples of the ancient Semitic script occur on the famous Moabite stone of King Mesha (ninth century B.C.E.), on the inscriptions discovered in the Pool of Siloam (about 700 B.C.E.), and on the Lachish

Fragment of inscription found in the Siloam tunnel

inscriptions. All of these names are mentioned in the Bible. This early writing is known by the generic name of Phoenician script.

3. The Greek Alphabet

It is generally agreed that the Greeks adopted the Semitic alphabet, with some modifications and additions, along with the names and order of the letters, from the Phoenician traders who frequented their isles from about the ninth century B.C.E. It is obvious that the Greek names *alpha, beta, gamma, delta,* etc. are Semitic names and correspond to *ah-leph, beht, gee-mel, dah-let,* etc.

The relationship between the Greek and Phoenician scripts can be clearly seen below. The corresponding Hebrew letters are given for reference.

4. Square Script

About the fifth and fourth centuries B.C.E. the Aramaic language assumed growing influence throughout the Middle East, and the Aramaic script was adopted for Hebrew use. This script eventually became known as the Ashuri (Hebrew for Assyrian) or square script. From this square script, the Hebrew letters we use today in printed form were developed.

Fragment of a letter written by Bar Kokhba, second century C.E.

ונצעק אל יי אלהי
אבותינו כמה
שנ ויהי בימים הרבים ההם
וימת מלך מצרים ויאנחו
בני ישר מן העבודה ויזע
ויזעקו ותעל שועתם אל
האלהים מן העבודה
וישמע יי את קולנו
כמה שנ וישמע
אלהים את נאקתם ויזכור
אלהים את בריתו את אברהם

Square script.
A page from the "Bird's Head Haggadah," c. 1300

Jewish tradition ascribes this change in script to the scribe Ezra (fifth century B.C.E.), but the scientific view is that the shift in writing forms was a gradual process over a long period of time. For a while both the early Hebrew and the Aramean letters were used, as is evidenced not only by the Maccabean coins of the second century B.C.E., but also by the Dead Sea Scrolls, believed to be of the second and first centuries B.C.E. Here we find some scrolls of the Pentateuch written in Phoenician script, some in early Aramaic or square script, and a few others in both scripts. Later, the ancient form of writing was abandoned, although it has been preserved until the present day by the Samaritans in Israel and Jordan.

Relationship Among Alphabets

Hebrew	Phoenician	Greek
א	𐤀	Α
ד	𐤃	Δ
ה	𐤄	Ε
ט	𐤈	Θ
כ	𐤊	Κ
ל	𐤋	Λ
מ	𐤌	Μ
נ	𐤍	Ν
שׁ	𐤔	Σ
ת	𐤕	Τ

5. Rashi Script

About the thirteenth century, a Rabbinic script, used mainly for religious treatises and commentaries, was developed. (See below.) It became known as Rashi script because it was used for Rashi's commentaries on the Bible and the Talmud. (*Rashi* is a Hebrew acronym for **R**abbi **Sh**lomo **Y**itzhaqi [1040–1105], a great talmudic scholar and commentator.)

6. Cursive Script

About the end of the eighteenth century another script, known as German or cursive, was developed. It was used in correspondence and in secular and informal documents which were not generally printed. The cursive script is now in common use, since it can be written more rapidly than the square script. When writing modern Hebrew, use the cursive script, as shown below.

In some universities and seminaries outside Israel, where the main interest is in biblical Hebrew, only the square script is used. When writing Hebrew in the square script, use the simplified letters.

The Hebrew Alphabet through the Centuries

English Equivalent	Phoenician	Square (Printed)	Square (Simplified)	Rashi	Cursive[1]
'	𐤀	א	א	א	א
b v	𐤁	ב	ב	ב	ב
g	𐤂	ג	ג	ג	ג
d	𐤃	ד	ד	ד	ד
h	𐤄	ה	ה	ה	ה
v	𐤅	ו	ו	ו	ו
z	𐤆	ז	ז	ז	ז
ḥ	𐤇	ח	ח	ח	ח
ṭ	𐤈	ט	ט	ט	ט
y	𐤉	י	י	י	י
k kh	𐤊	כ ך	כ	כ ך	כ ך
l	𐤋	ל	ל	ל	ל
m	𐤌	מ ם	מ ם	מ ם	מ ם
n	𐤍	נ ן	נ ן	נ ן	נ ן
s	𐤎	ס	ס	ס	ס
'	𐤏	ע	ע	ע	ע
p f	𐤐	פ ף	פ ף	פ ף	פ ף
ṣ	𐤑	צ ץ	צ ץ	צ ץ	צ ץ
q	𐤒	ק	ק	ק	ק
r	𐤓	ר	ר	ר	ר
ś š	𐤔	ש	ש	ש	ש
t	𐤕	ת	ת	ת	ת

[1] *Begin writing each letter as the arrow indicates.*

Exercises

A. Transcribe the following into English letters.

אב, עם, בת, אם, צבא, חבר, זק, פה, שמים, ילד, גר,
כנען, חלום, טוב, כסף, שלום, קול, עץ

B. Write each letter of the alphabet, including the final forms, at least three times in cursive or simplified square script (depending on your interest).

C. Write the following in cursive script.

בקר, ערב, בטח, אף, שנה, שלום, מלך, עץ, גדול, זאת

D. Rewrite exercise A above in cursive script.

E. Write the following in cursive *or* square script.

יצחק, יעקב, שלום, אסתר, שלמה, למך, אלוף, מצרים,
ירושלים, ירדן, פרץ, גד, זכריה, טוביה

F. Describe the different scripts of the Hebrew alphabet.

G. This survey of the development of Hebrew script is, of necessity, very brief. It is advisable to read the article under ''Alphabet'' in a standard reference book or encyclopedia. Those interested in biblical archaeology should also read articles under ''Mesha,'' ''Lachish,'' and ''Siloam.'' The works by I.J. Gelb, *A Study of Writing,* and D.Diringer, *The Story of the Alphabet,* or *Writing,* are fascinating and rewarding.

Lesson 5

Vowel Signs · The Shva

The Ḥataph · The Furtive Pataḥ

The Dagesh

Reading Hebrew

The Development of Vowel Signs

The Hebrew Bible was originally written without vowels. In ancient times the Jews understood from the context of the sentence how each word was to be pronounced, just as you would recognize these unvocalized English words by their context: *Th qck brwn fx jmps vr th lzy dg.*

But when Hebrew ceased to be a spoken language of daily use, several systems of vowel signs were invented by Jewish grammarians to help the public read Hebrew texts accurately. Our present system, known as Tiberian vocalization, was probably developed during the ninth or tenth century by Jewish scholars of Tiberias in Palestine. Since the text of the Bible was regarded as sacred, the Rabbis did not effect any changes in it, but added the vowel signs above, below and inside the consonants.

Modern Hebrew books and newspapers are usually printed without vowels, with the exception of grammars, dictionaries, Hebrew texts for beginners, poetry and printed Bibles.

1. The Vowel Signs

Traditionally, Hebrew has 10 vowels, divided into short and long vowels. In general, the difference between the long and short vowels is one of quantity, of extending the sound, and is not readily distinguishable in speech. However, it is important to know which vowels are long and which are short, because this difference is relevant to many rules of grammar.

Name and Sign	Equivalent English Sound	Description	
Short Vowels			
Pataḥ	a in *card*	a short horizontal dash below the consonant	אַ
Seghol	e in *pen*	three dots forming an equilateral triangle below the consonant	אֶ
Ḥiriq	i in *sit*	one dot below the consonant	אִ
Qubbuṣ	u in *pull*	three dots placed diagonally below the consonant	אֻ
Qamaṣ Qaṭan	o in *hop*	looks like a miniature capital T below the consonant	אָ
Long Vowels			
Qamaṣ	[1]ā in *card*	looks like a miniature capital T below the consonant	אָ
Ṣereh	ē in *prey*	two horizontal dots below the consonant	אֵ
	ē in *prey*	two horizontal dots below the consonant, followed by the letter י	אֵי
Ḥiriq	ī in *marine*	one dot below the consonant followed by י	אִי
Shuruq	ū in *flute*	a dot in the middle of the letter ו	וּ
Ḥolam	ō in *lore*	a dot above the letter ו	אוֹ
Holam, without the letter ו	ō in *lore*	a dot over left-hand corner of the consonant	אֹ

[1] *The diacritical sign used over the English vowels indicates the corresponding Hebrew long vowel.*

Pronunciation of Vowels—The above English transcriptions of the vowels seek to approximate the true phonetic sound of the Hebrew. Only by practice is one able to pronounce Hebrew correctly. Listening to a native-speaker on a record or tape is helpful.

In contrast to English, a Hebrew vowel, like a Hebrew consonant, can be pronounced in only one way. Once you have reproduced the correct sound of the vowels and consonants you are assured that you are reading Hebrew correctly. Knowledge of Hebrew reading can be easily mastered by any beginner in fewer than six lessons.

There are, generally speaking, two main systems of pronunciation: the *Ashkenazi* or German, which originated among Central and East European Jews and was carried to all countries to which those Jews have emigrated (Western Europe, North and South America, etc.); and the *Sephardi* or Spanish, used by Jews of Spanish and Portuguese stock living in Europe and America, and by Jews in Middle Eastern countries. In Israel, and in universities throughout the world, the Sephardi pronunciation has been adopted, since it is generally believed that it is nearest to the original pronunciation of Hebrew. The Sephardi pronunciation is used in this book.

Placement of Vowels—Vowels are written in the same fashion whether used with printed (square) or written (cursive) Hebrew letters.

Most vowels are placed *under* the consonants.

Two vowels, namely וּ *ū* and וֹ *ō*, are placed *after* the consonant. When the *ḥolam* וֹ appears without the letter ו the dot of the vowel is placed over the left-hand corner of the consonant, for example לֹ.

When the vowels are omitted in writing unvocalized Hebrew, the letters ו and י used with the long vowels are retained:

דּוֹד — דוד　　הַשִּׁיר — השיר　　שָׁלוֹם — שלום

Syllabification—The Hebrew syllable is formed by a consonant and a vowel, with the vowel following the consonant.

ל and ָ is read לָ *lā*　　ל and ֻ is לֻ *lu*

י and וּ is יוּ *yū*　　מ and וֹ is מוֹ *mō*

A syllable may also be formed by a vowelled consonant followed by a vowel-less consonant, like גַּל *gal,* שָׁם *šām,* דוֹד *dōd* and בֵּן *bēn.* Such a syllable is a regarded as a *closed* syllable.

2. The Shva

The *shva* is a sign composed of two dots in a straight vertical line ְ. It is not, strictly speaking, a vowel, but is placed under a letter to indicate the *absence* of a vowel. Thus פְּרִי is pronounced *prī.*

The *shva* sign is usually omitted when it occurs at the end of a word. Only the final letter ךְ and sometimes תְּ (with *dagesh)* take a *shva* at the end of a word בָּרוּךְ לָךְ יָשַׁבְתְּ אַתְּ.

There are, generally speaking, two kinds of *shvas*:

The Vocal Shva —The *shva* that occurs

a) at the beginning of a word, as in בְּנֵי שְׁלֹמֹה, or
b) at the beginning of a syllable following a closed vowel, such as מְ in יִשְׁ·מְרוּ, or
c) following a long vowel, such as תְ in כָּ·תְבוּ,

assumes a semi-vowel quality on the order of a short *seghol* ֶ .

בְּנֵי	is pronounced	*b*^{e}*ni*
שְׁלֹמֹה		*sh*^{e}*lomo*
יִשְׁמְרוּ		*yish-m*^{e}*ru*
כָּתְבוּ		*ka-t*^{e}*vu*

In modern spoken Hebrew, however, the semi-vowel quality is often ignored. Thus the above are pronounced *bni*, *shlomo, yishmru* and *katvu.*

The Silent or Quiescent Shva —A *silent shva* indicates that the consonant is vowel-less. It occurs in closed syllables and at the end of words.

סִפְרִי	*sif-ri* (here the פ is vowel-less)
אֶלְמַד	*el-mad* (here ל and ד are vowel-less)

3. The Compound Shva or Ḥataph

Four letters in the Hebrew alphabet ע ח ה א, known as *gutturals* or *laryngeals,* have special peculiarities. We have already observed that their pronunciation presents some difficulty. For this very reason, they cannot take a *shva* at the beginning of a word or a syllable; instead, they assume one of the following compound signs below the guttural:

אֳ	pronounced	o as in *hop*;	called *ḥataph qamaṣ*
אֲ		a as in *card*;	*ḥataph pataḥ*
אֱ		e as in *pen*;	*ḥataph seghol.*

Examples

אֳנִיָּה	*oniyya*
עֲבוֹדָה	*avoda*
אֱלֹהִים	*elohim*

These are, in effect, "helping" vowels, to enable the reader to pronounce the syllable.

4. The Furtive Pataḥ

When the guttural letters ע ח ה occur at the end of the word, because of their peculiar pronunciation, a *pataḥ* (known as a *furtive pataḥ)* is placed under the guttural to facilitate its pronunciation. The *pataḥ* usually follows an accented consonant with a long vowel.

יוֹדֵעַ	pronounced	*yo-de-a*
רוּחַ		*ru-aḥ*
גָּבוֹהַּ		*ga-vo-ah*

Note that חַ at the end of a word is pronounced *aḥ,* not *ḥa.*

In due course you will experience no difficulties in reading these forms correctly. Knowing the peculiarities of the gutturals will help you understand many grammatical rules and avoid errors.

5. The Dagesh

The *dagesh* is a dot placed inside the letters. All the letters with the exception of the gutturals א ה ח ע and the ר may take the *dagesh*. We have already noted in Lesson 2 that the letters ב כ פ ת assume the hard sound when a *dagesh* appears in them. The addition of a *dagesh* to other letters does not change their pronunciation for all practical purposes.

There are two kinds of *dagesh:*

The Weak or Lene Dagesh—The *weak dagesh* דָּגֵשׁ קַל is inserted in the consonants ב ג ד כ פ ת (**BeGaD KeFaT**) when the latter appear at the beginning of the word

בַּיִת גַּן דָּבָר כָּךְ פֶּה תּוֹרָה

or at the beginning of syllable, if preceded by a closed syllable

יִשְׁפֹּט מַלְכֵּנוּ יִכְתֹּב

The Strong or Forte Dagesh—The *strong dagesh* דָּגֵשׁ חָזָק is inserted to compensate for a missing letter, or to indicate a doubling of the consonant

מִלָּה	really stands for	מִלְלָה
אַתָּה		אַנְתָּה
יִסַּע		יִנְסַע
נִקַּח		נִלְקַח
מִשָּׁם		מִן שָׁם
נִפֹּל		נִנְפֹּל

A consonant with a *strong dagesh* turns the preceding syllable into a closed one: סִפּוּר is equivalent to סִפְ־פּוּר *sip-pūr*, consisting of two closed syllables.

מִלָּה is equivalent to מִלְ־לָה *mil-lā*, consisting of a closed syllable and an open one.

In both words the syllable preceding the *strong dagesh* is a closed one.

A more complete treatment of the *dagesh* will appear later in the book.

6. Reading Hebrew

Reading is an indispensable aspect of learning any language, It is, therefore, important that you cultivate the art of reading Hebrew carefully, from the very beginning of your studies.

Two crucial elements in achieving skill in reading Hebrew are 1) correct pronunciation, and 2) syllabic stress. It is important not to slur syllables and run words into one another.

In every word in the Hebrew language, there is one syllable on which the main stress falls. The beginning reader must discover which syllable that is, and then pronounce it with exaggerated emphasis. Most words in Hebrew are stressed on the last syllable. When this is not the case, the accented syllable will be indicated in the vocabulary through Lesson 17 of this book, by a symbol < placed over the consonant, to guide the beginning reader to pronounce the word correctly.

*A Torah scroll is written on parchment,
with quill and special ink*

This is an important matter. If the wrong syllable is stressed, the entire meaning of the word may be changed. For instance:

חֵרֵשׁ *ḥērēsh* (with the accent on the last syllable) means *deaf,*
חֶ֫רֶשׁ *ḥeresh* (with the accent on the first syllable) means *quiet.*

From the very beginning, therefore, be careful to read correctly. Note that the symbol < is not part of the diacritical signs of the Hebrew language.

Exercises

The assignment for this lesson is mainly reading. You must be able to read correctly *and* fluently. Read each of the following exercises aloud five times. Ask someone who knows Hebrew to listen to your reading.

A. Illustrations of syllables.

דָ בַ לִ מָ נִ תַ גַ דִ תֵ פֶּ לֶ כִּ שֵׁ סַ לוֹ יוּ שָׁ לֵ

נִ יֵ נוֹ טַ רֵ פוּ כָּ מִי מֶ

עֶ נִ חִי בוּ חַ קֹ אוֹ זִ

פֵּ פֵ צָ נַ טֶ קוּ בַ וֶ תֵ עָ הוֹ גַ שָׁ דֵ תֹ סִ אֶ

B. Closed syllables. כַּף, עֵץ, פֶּן, אִם, אַף, רָץ, דַּי, גַּל, עַל, אֶל
שִׁיר, קוֹל, עִיר, סוּס, זִיו, דּוּד, אִישׁ, טוֹב, אוֹר

C. Words consisting of two syllables, open and closed.

יָשַׁב, לָמַד, לָקַח, יָדַע, עָמַד
מֶ֫לֶךְ, גֶּ֫שֶׁם, עֶ֫רֶב, פֶּ֫רַח, צֶ֫בַע
שָׁלוֹם, וִילוֹן, בָּרוּךְ, אָדוֹן, מָלוֹן

D. Words with the last syllable having the sound of *ie* as in the *tie.*

מָתַי, אֲדוֹנָי, עֵינַי, דַּי, שִׁירַי
חַי, דּוֹדַי, דּוֹדוֹתַי, שַׁי, אוּלַי

E. Sets of words containing letters that look alike and may be confused.

בּ b   כּ k

בַּיִת, הַבַּיִת, בְּכוֹר, בַּד
כֶּלֶב, הַכֶּלֶב, כָּבוֹד, כַּד

ג גּ g   נ n

גָּר, גַּם, גַּנִּי, גַּג, עוּגָה
נֵר, נָם, אֲנִי, נָתַן, חַנָּה

ב v   כ kh

טוֹב, לֵב, עֲרָבָה, טוֹבָה, עוֹבֵר
הָלְכָה, כָּכָה, בְּרָכָה, מִיכָה, מוֹכֵר

ד d   ר r

דּוֹד, דֹּב, דָּוִד, דֶּרֶךְ, דָּבָר
רֹאשׁ, רַב, עָשִׁיר, רֶכֶב, בֶּרֶךְ

ה h   ח kh

הֵם, הָיָה, הַיּוֹם, הָאָב, אַהֲבָה
אַח, חָיָה, חַיִּים, הַחֹם, אַחִים

ו v   ז z

דָּוִד, וִילוֹן, וָו, וֶרֶד, וְהַסּוּס
זָנָב, זוּג, הַזֶּה, וְזֹאת, זוּז

ט t   מ m

טִפָּה, עֵט, בֶּטַח, לְאַט, מִטָּה
בָּמָה, מֶלַח, מֶלֶךְ, מֵצַח, מַיִם

ס s   ם final m

סוֹד, סוּס, נִסָּה, מַס, כִּסֵּא
יוֹם, מַיִם, קוּם, מִסִּים, סַמִּים

שׂ s   שׁ sh

שָׂשׂוֹן, שָׂמֵחַ, שָׂם, נָשָׂא, יִשְׂרָאֵל
שִׁשָּׁה, שְׁלֹשָׁה, שָׁם, שֶׁעָשָׂה, שָׁאוּל

ע'   צ ts

עַם, עָשָׂה, יָדַע, עָבַר, עֵצִים
צוֹם, צָרִיךְ, צֶלַע, עֵצָה, צָעִיר

F. Sets of words containing different letters that have the same pronunciation.

ב ו v

אָב, אָבִיב, לֵב, גֶּרֶב, אָבִיו
וָו, זָוִית, גֵּו, עַכְשָׁו

ט ת t

תַּלְמִיד, אֱמֶת, כִּתָּה, כָּתַב, תּוֹדָה
טֶבַע, מְעַט, מִטָּה, קָטָן, טוֹבָה

א' ע'[1]

אָח, אֵם, אָמַר, מָצָא, אֶעֱמֹד
עַם, עִם, עָמַד, שָׁמַע, אֶעֱשֶׂה

ח כ' kh

צָחַק, שָׁלַח, חַיִּים, אָח, קְחוּ
זָכַר, מָלַךְ, חֲכָמִים, כָּךְ, לְכוּ

כּ ק k

כַּד, כָּבוֹד, מַכָּה, חִכָּה, קַר
קַל, קָדוֹשׁ, קֻפָּה, חֻקָּה, רַק

ס שׂ s

סַל, נֵס, נָסַע, סוּסִים, סִפְרִיָּה
שַׂר, שָׂם, נָשָׂא, שָׂשׂוֹן, יִשְׂרָאֵל

[1] *For non-Oriental readers.*

G. General drills in reading. Remember, in Hebrew most words are stressed on the last syllable.

רְאֵה, בְּנִי, אֱגוֹז, אֳנִיָּה, אֱמֶת, פְּרָחִים, אֲנִי
חֲלוֹם, שְׁלֹמֹה, עֲבוֹדָה, חֲבֵרִים, יַעֲשֶׂה, חֲמִשָּׁה, אֲדוֹנָי

אֶסְתֵּר, יִצְחָק, סִפְּרֵנוּ, יִקְרָא, מַלְכֵּנוּ, תַּלְמִיד, יַרְדֵּן, יַלְדָּה, מַרְאֶה, בִּנְיָמִין, מַלְכְּכֶם, תִּכְתְּבוּ, דַּרְכֵּךְ

יוֹדֵעַ, תַּפּוּחַ, שָׂמֵחַ, רוּחַ, לוּחַ, שִׂיחַ, מָשִׁיחַ, גָּבוֹהַּ, יָדוּעַ, מָלוּחַ

מַחְבֶּרֶת, מִשְׁלַחַת, מַעֲרֶכֶת, מִשְׁפַּחַת, מִסְעָדָה, מַמְלָכָה, מִסְפָּרַיִם, מִשְׁקָפַיִם, מַמְתַּקִּים

H. Beginning with this lesson, and in future lessons, you will find a Hebrew passage marked *Rapid Reading.* You are expected to read this passage aloud fluently *and* correctly. Practice it until you can read it with ease. Experience shows that this practice will enable you to read Hebrew correctly by the end of two weeks and fluently by the end of six weeks. The following Rapid Reading passage is composed of the first and twenty-third verses of Chapter 1 of the Book of Genesis. If you happen to be familiar with these verses in Hebrew, substitute the last section of Exercise G, above.

בְּרֵאשִׁית בָּרָא אֱלֹהִים אֵת הַשָּׁמַיִם וְאֵת הָאָרֶץ.
וַיְהִי עֶרֶב וַיְהִי בֹקֶר יוֹם חֲמִישִׁי.

Lesson 6

Gender · Personal Pronouns

The Conjunction AND ו

The Definite Article THE ה

The Possessive Preposition OF שֶׁל

תַּרְגִּילֵי קְרִיאָה Reading Practice

1 הַסֵּפֶר וְהַשֻּׁלְחָן
2 הַבֵּן וְהַבַּת
3 אִישׁ וְאִשָּׁה
4 הַסּוּס שֶׁל הַדּוֹד
5 הַמְּכוֹנִית שֶׁל הַמּוֹרֶה
6 רוּת הִיא הַמּוֹרָה שֶׁל יוֹסֵף
7 רָחֵל הִיא הַדּוֹדָה שֶׁל רוּת
8 גְּבֶרֶת רָחֵל הִיא אֵם וְאִשָּׁה
9 דָּוִד הוּא תַּלְמִיד וְרָחֵל הִיא תַּלְמִידָה
10 הַגִּנָּה שֶׁל הַבַּיִת
11 הַקּוֹל שֶׁל רָחֵל
12 הַבַּיִת שֶׁל הַדּוֹדָה וְהַגַּן שֶׁל הַדּוֹד
13 אָדוֹן יוֹסֵף הוּא הַדּוֹד שֶׁל דָּוִד
14 גְּבֶרֶת רוּת הִיא הַמּוֹרָה שֶׁל רָחֵל

Note Most words in Hebrew are stressed on the last syllable. Through Lesson 17, vocabulary words which do not follow this pattern will be marked with a symbol < placed over the consonant of the syllable which is to be stressed.

מִלּוֹן VOCABULARY

Nouns	Feminine		Masculine	
	אֵם	mother	אָב	father
	דּוֹדָה	aunt	דּוֹד	uncle
	יַלְדָּה	girl	יֶ֫לֶד	boy
	תַּלְמִידָה	student, pupil	תַּלְמִיד	student, pupil
	סוּסָה	mare	סוּס	horse
	בַּת	daughter	בֵּן	son
	גְּבֶ֫רֶת	lady, Mrs., Miss, Ms.	אָדוֹן	gentleman, sir, Mr.

Nouns	Feminine		Masculine	
	אִשָּׁה	woman, wife	אִישׁ	man, person
	מוֹרָה	teacher	מוֹרֶה	teacher
	מְנוֹרָה	lamp	לַיְלָה	night
	תּוֹרָה	law, Torah	סֵפֶר	book
	רַכֶּבֶת	train	בַּיִת	house
	תְּמוּנָה	picture	יוֹם	day
	דֶּלֶת	door	שָׂדֶה	field
	מְכוֹנִית	car	שֻׁלְחָן	table
	גִּנָּה	small garden	גַּן	garden
Proper Names	רוּת	Ruth	יוֹסֵף	Joseph
	רָחֵל	Rachel	דָּוִד	David
Auxiliary Words	הַ־	the	שֶׁל	of
	וְ־	and		
Personal Pronouns				
	הוּא	he, it (m.)	הִיא	she, it (f.)

1. Gender

The Hebrew language has only two genders: masculine and feminine. All nouns in Hebrew, whether or not they refer to male or female beings, are either masculine (m.) or feminine (f.). There is no neuter noun in Hebrew.

Note This is the same, for instance, in French: *the town* = *la ville* (f.) and *the book* = *le livre* (m.). Obviously, words indicating males are masculine: אָב *father* סוּס *horse*; and words indicating females are feminine: אֵם *mother* סוּסָה *mare*.
There is no special form to indicate the masculine nouns, but the feminine nouns are easily recognized by the suffix ת or ָה (with the vowel ָ under the consonant preceding the ה).
תּוֹרָה *law* דוֹדָה *aunt* גְּבֶרֶת *lady, Miss, Mrs., Ms.* דֶּלֶת *door* רַכֶּבֶת *train*

The absence of ת or ָה at the end of a noun usually indicates a masculine gender: סוּס *horse* אִישׁ *man* סֵפֶר *book.* There are, however, exceptions.

שָׂדֶה *field,* ends with ה but has no ָ in the preceding consonant; therefore it is masculine.

לַיְלָה *night*, is an exception to the rule; although ending with ה ָ it is masculine. Actually, לַיְלָה is a lengthened form of לַיִל *night*, and the latter is masculine.

בַּיִת *house*, although ending in ת, is masculine because the ת is part of the root of the word and not a suffix of the feminine gender.

2. Personal Pronouns

The personal pronouns הוּא *he, it* (m.) and הִיא *she, it* (f.) can also be used to express the English present tense form **is.** We shall see later (Lesson 10) that personal pronouns in Hebrew can also be used to express the other English present tense forms **am** and **are.** This is due to the fact that in Hebrew the present tense of the verb **to be** is not expressed, but is implied. Thus

יוֹסֵף תַּלְמִיד	Joseph (is) a student.
הוּא מוֹרֶה	He (is) a teacher.

Personal pronouns are sometimes used for **is, am,** etc., to provide emphasis.

דָּוִד **הוּא** הַמּוֹרֶה	David *is* the teacher.
	(It is David who is the teacher.)

3. The Conjunction AND ו

And is usually expressed in Hebrew by וְ prefixed to the following word.

אִישׁ	a man
אִישׁ וְאִשָּׁה	a man and a woman
וְאִישׁ	and a man
יוֹם וְלַיְלָה	day and night

If the first letter of the word has a *dagesh*, it is omitted when וְ is added.

דֶּלֶת	door
תַּלְמִיד	pupil
וְדֶלֶת	and a door
וְתַלְמִיד	and a pupil

Note that the conjunction וְ is a prefix; it cannot stand alone.

4. The Definite Article THE ה

Hebrew has no special words to express the indefinite article *a* or *an*.

אִישׁ	man, a man	עֶרֶב	evening, an evening

In order to express the definite article **the,** the prefix הַ is attached to the noun, and a *dagesh,* known as *strong dagesh,* is placed in the first letter of the noun.

סֵפֶר	a book	הַסֵּפֶר	the book
שֻׁלְחָן	a table	הַשֻּׁלְחָן	the table

If the word begins with a *dagesh*, no additional *dagesh* is necessary when הַ is prefixed.

בַּת	a daughter	הַבַּת	the daughter
דֶּלֶת	a door	הַדֶּלֶת	the door

Note that the *dagesh* in הַבַּת and הַדֶּלֶת is a *strong dagesh.*

When the conjunction **and** and the definite article **the** occur together, both prefixes are attached to the noun.

בַּיִת a house   הַבַּיִת the house   וְהַבַּיִת and the house

Note that the definite article הַ is a prefix; it cannot stand alone.

An ulpan *student learns the use of the definite article*

5. The Possessive Preposition OF

The preposition שֶׁל means **of,** and implies possession. This is a commonly used preposition in spoken Hebrew, indicating a possessive relationship with the noun following it.

הַסֵּפֶר שֶׁל רוּת	the book of Ruth, or, Ruth's book
הַמְּכוֹנִית שֶׁל הַדּוֹד	the car of the uncle, or, the uncle's car

Self-Correcting Exercises

Many lessons hereafter will include self-correcting exercises for written and oral drill. These will prove to be useful for testing your knowledge of the material covered in the chapter and evaluating the progress you have made. The example דֻּגְמָא given at the beginning of each section should help you to do the exercise תַּרְגִּיל. If you write the answers, do not vocalize them. Answers to these exercises appear at the end of this book.

A. The Definite Article ה and the Conjunction ו.

דֻּגְמָא:
1 בַּיִת, שָׂדֶה
בַּיִת וְשָׂדֶה
הַבַּיִת וְהַשָּׂדֶה

2 יוֹם, לַיְלָה
יוֹם וְלַיְלָה
הַיּוֹם וְהַלַּיְלָה

תַּרְגִּיל:
1 בַּיִת, שָׂדֶה
2 יוֹם, לַיְלָה
3 מוֹרֶה, תַּלְמִידָה
4 מוֹרָה, תַּלְמִיד
5 דּוֹד, דּוֹדָה
6 יַלְדָּה, יֶלֶד
7 סוּס, סוּסָה
8 שֻׁלְחָן, דֶּלֶת
9 תְּמוּנָה, סֵפֶר

B. The use of שֶׁל *of, belonging to.*

דֻּגְמָא:
1 הַגַּן שֶׁל הַבַּיִת (הַסּוּס, יוֹסֵף)
הַסּוּס שֶׁל יוֹסֵף

2 הַדֶּלֶת שֶׁל הָרַכֶּבֶת (הַסֵּפֶר, הַמּוֹרֶה)
הַסֵּפֶר שֶׁל הַמּוֹרֶה

תַּרְגִּיל:
1 הַגַּן שֶׁל הַבַּיִת (הַסּוּס, יוֹסֵף)
2 הַדֶּלֶת שֶׁל הָרַכֶּבֶת (הַסֵּפֶר, הַמּוֹרֶה)
3 הַבֵּן שֶׁל הַמּוֹרֶה (הַשֻּׁלְחָן, הַתַּלְמִידָה)
4 הַסּוּס שֶׁל הַיֶּלֶד (הַבַּת, הַדּוֹד)
5 הַגַּן שֶׁל הַדּוֹד (הַגַּנָּה, הַדּוֹדָה)
6 הַתְּמוּנָה שֶׁל הַגַּנָּה (הַתְּמוּנָה, הַגַּן)
7 הַבַּיִת שֶׁל הַדּוֹד (הַסֵּפֶר, הַתּוֹרָה)
8 הַבַּת שֶׁל הַמּוֹרֶה (הַבֵּן, הַדּוֹד)

Exercises

A. Translate the following words into English and identify their gender. Write *m.* for masculine, and *f.* for feminine.

1 סֵפֶר
2 מְנוֹרָה
3 גְּבֶרֶת
4 שֻׁלְחָן
5 יוֹם
6 לַיְלָה
7 תּוֹרָה
8 דֶּלֶת
9 רַכֶּבֶת
10 בַּיִת
11 מוֹרֶה
12 גַּן
13 גִּנָּה
14 שָׂדֶה
15 מְכוֹנִית
16 סוּס

B. Translate.

1 סֵפֶר, הַסֵּפֶר
2 שֻׁלְחָן, הַשֻּׁלְחָן, הַמְּנוֹרָה וְהַשֻּׁלְחָן
3 בֵּן, הַבֵּן וְהַבַּת
4 דֶּלֶת, הַדֶּלֶת, וְהַדֶּלֶת
5 בֵּן, הַבַּת, הַבֵּן וְהַבַּת
6 יוֹם, וְיוֹם, הַיּוֹם וְהַלַּיְלָה
7 תַּלְמִיד, וְתַלְמִיד, וְתַלְמִידָה
8 הַבַּיִת שֶׁל הַמּוֹרָה
9 סוּס, סוּס וְסוּסָה, הַסּוּס וְהַסּוּסָה
10 תּוֹרָה, וְתוֹרָה, הַסֵּפֶר שֶׁל הַתּוֹרָה
11 הַמּוֹרֶה שֶׁל הַתַּלְמִיד וְהַדּוֹדָה שֶׁל הַיֶּלֶד
12 הַסּוּס שֶׁל הַיֶּלֶד וְהַמְּכוֹנִית שֶׁל הַיַּלְדָּה

Tel Aviv, viewed from Jaffa. The Shalom Tower is Israel's "skyscraper"

Jerusalem and the terraced hills of Judea

C. Place the appropriate personal pronouns הוּא or הִיא in the following blanks.

Example: יוֹסֵף הוּא אִישׁ   רָחֵל הִיא תַּלְמִידָה

1 רָחֵל____ מוֹרָה.
2 רוּת____ תַּלְמִידָה.
3 יוֹסֵף____ דּוֹד.
4 אַבְרָהָם____ תַּלְמִיד.
5 רוּת____ הַתַּלְמִידָה וְיוֹסֵף____ הַתַּלְמִיד.
6 רָחֵל____ דּוֹדָה וְאַבְרָהָם____ דּוֹד.
7 רוּת____ הַבַּת וְיוֹסֵף____ הַבֵּן.
8 רָחֵל____ אִשָּׁה וְאַבְרָהָם____ אִישׁ.

D. Translate into unvocalized Hebrew, substituting הוּא or הִיא for the verb *is.*

1 Rachel is the teacher of Ruth.
2 Ruth is the mother of Joseph and of David.
3 Joseph is the son of Ruth, and Rachel is the daughter of Joseph.
4 Mr. David is Rachel's uncle. (Translate: the uncle of Rachel.)
5 Mrs. Ruth is David's and Rachel's aunt (the aunt of David and of Rachel). (Use שֶׁל twice, to indicate two possessive relationships.)

E. Translate into English.

1 הַשָּׂדֶה שֶׁל הַגְּבֶרֶת
2 הַדּוֹדָה שֶׁל רוּת
3 הַבֵּן שֶׁל אַבְרָהָם
4 הַשֻּׁלְחָן שֶׁל רָחֵל
5 הַתַּלְמִידָה שֶׁל הַמּוֹרָה
6 הַמּוֹרֶה שֶׁל הַיֶּלֶד
7 הַדֶּלֶת שֶׁל הַמְּכוֹנִית
8 הַסּוּס שֶׁל רָחֵל
9 הַסֵּפֶר שֶׁל יוֹסֵף וְשֶׁל רָחֵל
10 הַמּוֹרָה שֶׁל הַבֵּן וְשֶׁל הַבַּת

F. Rapid Reading: Read the following text over and over again until you can read it correctly and fluently, at normal reading speed.

יֵשׁ לִי גַּן וּבְאֵר יֵשׁ לִי — מִדֵּי שַׁבָּת בָּא מַחֲמַדִּי
וַעֲלֵי בְּאֵרִי תָּלוּי דְּלִי — מַיִם זַכִּים יֵשְׁתְּ מִכַּדִּי

G. Read the following unvocalized text.

ילד, הילד, הילד והילדה, איש ואשה, הספר של הדוד, יום ולילה, הבית והשדה, התמונה של הגברת, הדלת של המכונית, הגן של הבית.

Tiberias, on the shores of the Sea of Galilee

Lesson 7

Adjectives

The Definite Article before א ע ר

תַּרְגִּילֵי קְרִיאָה Reading Practice

דָּוִד הוּא חָבֵר שֶׁל יוֹסֵף. דָּוִד תַּלְמִיד. גַּם יוֹסֵף תַּלְמִיד. רוּת הִיא חֲבֵרָה טוֹבָה שֶׁל רָחֵל. הַשֵּׁם שֶׁל הַחֲבֵרָה שֶׁל רוּת הוּא שָׂרָה. שָׂרָה הִיא תַּלְמִידָה וְרוּת הִיא תַּלְמִידָה. הַמּוֹרֶה שֶׁל שָׂרָה וְשֶׁל רוּת הוּא יוֹסֵף. יוֹסֵף מוֹרֶה טוֹב. הוּא אִישׁ צָעִיר. רוּת הִיא תַּלְמִידָה טוֹבָה וְיַלְדָּה יָפָה. רָחֵל הִיא יַלְדָּה גְּדוֹלָה וְטוֹבָה. הַחֶדֶר שֶׁל הַמּוֹרֶה גָּדוֹל.

הַסֵּפֶר הַלָּבָן עַל הַשֻּׁלְחָן הַגָּדוֹל.
הַיַּלְדָּה הַיָּפָה וְהַגְּדוֹלָה עִם הַיֶּלֶד הַקָּטָן.
אִישׁ צָעִיר מִן הַבַּיִת הַלָּבָן.
אֶל הַבַּיִת הַגָּדוֹל, תַּחַת הָעֵץ הַיָּפֶה.
מִן הַבֹּקֶר, הַמִּשְׁפָּחָה בְּלִי בַּיִת.

אִישׁ זָקֵן עִם אִשָּׁה צְעִירָה.
הַיַּלְדָּה תַּחַת הַשֻּׁלְחָן וְהַיֶּלֶד עַל הַכִּסֵּא.
מִן הַבַּיִת הַקָּטָן וְאֶל הַשָּׂדֶה הַגָּדוֹל.
הַבֵּן הַיָּפֶה וְהַבַּת הַיָּפָה.
אֶל הַמִּטָּה הַקְּטַנָּה.

The sabra (cactus) plant lends its name to the native Israeli

מִלּוֹן   VOCABULARY

Adjectives	Feminine	Masculine	
	טוֹבָה	טוֹב	good
	רָעָה	רַע	bad
	יָפָה	יָפֶה	nice, beautiful
	גְּדוֹלָה	גָּדוֹל	big
	קְטַנָּה	קָטָן	small
	זְקֵנָה	זָקֵן	old (for persons, animals, etc.)
	יְשָׁנָה	יָשָׁן	old (for things)
	צְעִירָה	צָעִיר	young
	שְׁחוֹרָה	שָׁחוֹר	black
	לְבָנָה	לָבָן	white

Nouns					
	חֲבֵרָה	friend (f.)	חָבֵר	friend (m.)
	מִשְׁפָּחָה	family	כִּסֵּא	chair
	כִּתָּה	class	שֵׁם	name
	מִטָּה	bed	בֹּקֶר	morning
	בַּיִת	house, home	עֶרֶב	evening
	עֵץ	tree	חֶדֶר	room
	רַכֶּבֶת	train	שִׁיר	song

Prepositions				
	אֶל	to	מִן	from
	עַל	on	תַּחַת	under
	עִם	with	בְּלִי	without

1. Adjectives

The following examples show the relationship of the adjective to the noun in Hebrew.

אִישׁ טוֹב   a good man   יֶלֶד גָּדוֹל   a big boy

אִשָּׁה טוֹבָה   a good woman   יַלְדָּה גְּדוֹלָה   a big girl

In English, the adjective remains unchanged whether it is used to describe a masculine or feminine noun, in singular or plural. Thus we say: a good man, a good daughter, good sons, good daughters. In Hebrew, as in French or Spanish, every adjective changes in agreement with the noun it modifies.

בַּיִת יָפֶה   a beautiful house   אִשָּׁה יָפָה   a beautiful woman

From the above examples you have also noticed that in Hebrew the adjective is always placed after the noun.

שֵׁם טוֹב	a good name	עֵץ גָּדוֹל	a big tree

From Lesson 6 we know that feminine nouns usually end with ה ָ; accordingly, in order to form the feminine of adjectives, we usually add ה ָ to the masculine form.

(f.) טוֹבָה	(m.) טוֹב	good
(f.) יָפָה	(m.) יָפֶה	beautiful

Note that the feminine of יָפֶה is יָפָה (not יָפֶהָה); no additional ה is necessary.

The definite article הַ followed by a strong *dagesh* is joined to both the noun and the adjective as a prefix. In other words, if the noun is definite, then the adjective must also be made definite by adding the definite article.

הַיֶּלֶד הַגָּדוֹל	the big boy (the boy, the big)
הַדּוֹדָה הַזְּקֵנָה	the old aunt (the aunt, the old)

Note the masculine and feminine forms of the following adjectives.

Feminine	Masculine	
זְקֵנָה	זָקֵן	old
גְּדוֹלָה	גָּדוֹל	big, large
לְבָנָה	לָבָן	white
צְעִירָה	צָעִיר	young

The feminine forms of these adjectives illustrate an important rule in Hebrew grammar: If the masculine noun or adjective having two syllables begins with the long vowel *qamaṣ* ָ as in גָּדוֹל or לָבָן, the *qamaṣ* is changed into a *shva* ְ when the feminine is formed.
This rule governs many words in Hebrew. Learn it carefully.

Note that the feminine of קָטָן small, is קְטַנָּה (not קְטָנָה).

Summary: Adjectives always follow the noun they qualify.

Adjectives change to agree with the noun in gender and number.

If the noun is definite, the adjective must also be definite.

2. The Definite Article ה before א ע ר

In Lesson 6 we learned that the definite article is הַ prefixed to the noun, followed by a strong *dagesh:*

סֵפֶר	book	הַסֵּפֶר	the book

However, since the gutturals א and ע, and the ר do not take a *dagesh*, when the definite article is added to a word beginning with א ע or ר it becomes הָ (with a *qamaṣ).* The long vowel is used instead of the short vowel_ to compensate for the loss of the *dagesh.*

אָב	father	הָאָב	the father
אִישׁ	man	הָאִישׁ	the man
עֶרֶב	evening	הָעֶרֶב	the evening
עֵץ	tree	הָעֵץ	the tree
רַכֶּבֶת	train	הָרַכֶּבֶת	the train

This rule does not apply to a word beginning with עָ.
We shall discuss the definite article further in future lessons.

"Sabras" reflect the diverse backgrounds of Israel's population

Self-Correcting Exercises

A. Use of the prepositions אֶל עַל תַּחַת עִם בְּלִי מִן

דֻּגְמָא:
1 הַיֶּלֶד — הַסּוּס (מִן, עַל)
הַיֶּלֶד עַל הַסּוּס
2 הַמּוֹרֶה — הַסֵּפֶר (בְּלִי, תַּחַת)
הַמּוֹרֶה בְּלִי הַסֵּפֶר

תַּרְגִּיל:
1 הַיֶּלֶד — הַסּוּס (מִן, עַל)
2 הַמּוֹרֶה — הַסֵּפֶר (בְּלִי, תַּחַת)
3 הָאִשָּׁה — הַבֵּן (עִם, מִן)
4 הַתְּמוּנָה — הַסֵּפֶר (מִן, אֶל)
5 הַבֵּן — הַמּוֹרֶה (אֶל, עִם)
6 הַסֵּפֶר — הַשֵּׁם (עַל, בְּלִי)
7 הַסֵּפֶר — הַשֻּׁלְחָן (עַל, אֶל)
8 הַשִּׁיר — הַסֵּפֶר (תַּחַת, מִן)
9 הַמּוֹרֶה — הַכִּתָּה (עַל, בְּלִי)
10 הַסּוּס — הָעֵץ (תַּחַת, עַל)

B. Use of adjectives.

דֻּגְמָא:
1 אִשָּׁה טוֹבָה (אִישׁ)
אִישׁ טוֹב
2 הַבַּיִת הַקָּטָן (הַמִּשְׁפָּחָה)
הַמִּשְׁפָּחָה הַקְּטַנָּה

תַּרְגִּיל:
1 אִשָּׁה טוֹבָה (אִישׁ)
2 הַבַּיִת הַקָּטָן (הַמִּשְׁפָּחָה)
3 הַתְּמוּנָה הַיָּפָה (הַגַּן)
4 הָאִישׁ הַזָּקֵן (הַדּוֹדָה)
5 הַבַּיִת הַלָּבָן (הַדֶּלֶת)
6 הַמְּכוֹנִית הַשְּׁחוֹרָה (הַכִּסֵּא)
7 הַתַּלְמִיד הַצָּעִיר (הַמּוֹרָה)
8 גַּן יָפֶה (גִּנָּה)
9 הָרַכֶּבֶת הַגְּדוֹלָה (הַכִּסֵּא)
10 עֶרֶב טוֹב (חֲבֵרָה)

Exercises

A. Add an adjective to the following nouns and translate.

Example: יֶלֶד a boy יֶלֶד טוֹב a good boy.

Feminine

1 אֵם ________
2 אִשָּׁה ________
3 דּוֹדָה ________
4 יַלְדָּה ________
5 הָרַכֶּבֶת ________
6 הַדֶּלֶת ________
7 הַמּוֹרָה ________
8 הַבַּת ________

Masculine

9 הָאָב ________
10 אִישׁ ________
11 בַּיִת ________
12 הַסּוּס ________
13 הַלַּיְלָה ________
14 יוֹם ________
15 הַשִּׁיר ________
16 שֵׁם ________

B. Add the missing preposition.

1 אִישׁ______ סוּס (עַל, אֶל)
2 הַיֶּלֶד______ הַיַּלְדָּה (עִם, מִן)
3 הַסֵּפֶר______ הַשֻּׁלְחָן (תַּחַת, עִם)
4 הָאִשָּׁה הַצְּעִירָה______ הַסּוּס הַלָּבָן (בְּלִי, מִן)
5 מִן הַבַּיִת______ הַשָּׂדֶה (אֶל, עַל)

C. Rewrite the following sentences by adding an appropriate preposition selected from the following list: בְּלִי עִם שֶׁל מִן עַל תַּחַת

1 הַסֵּפֶר שֶׁל יוֹסֵף______ הַשֻּׁלְחָן.
2 רוּת הִיא הַדּוֹדָה______ דָּוִד.
3 הַיֶּלֶד______ הָעֵץ הַגָּדוֹל.
4 הָאִשָּׁה______ הַבַּיִת הַיָּפֶה.
5 הַמְּכוֹנִית הַיָּפָה______ הַמּוֹרֶה.

D. Translate into English.

1 אִישׁ זָקֵן עִם אִשָּׁה צְעִירָה וְיָפָה
2 הַיֶּלֶד הַקָּטָן בְּלִי הָאֵם
3 הַמִּשְׁפָּחָה הַגְּדוֹלָה מִן הַבַּיִת הַיָּפֶה
4 הַחֶדֶר הַגָּדוֹל וְהַלָּבָן הוּא שֶׁל הַמּוֹרָה
5 עִם הַסּוּס אֶל הַשָּׂדֶה הַגָּדוֹל
6 הַסֵּפֶר הַיָּשָׁן שֶׁל הָאִישׁ הַזָּקֵן

E. Translate into Hebrew (without vowels). Remember that זָקֵן old, is used with people, and יָשָׁן old, is used with things.

1 The girl from the big house
2 The teacher of the class without a student
3 The white horse from the small field
4 The young student with the old book
5 A small boy without a mother and father
6 The old aunt on the white horse

F. Rapid Reading.

טוֹב שֵׁם מִשֶּׁמֶן טוֹב. אִם אֵין אֲנִי לִי מִי לִי.
הָבָה נָגִילָה, הָבָה נְרַנְּנָה.

G. Read the following unvocalized text.

הספר הלבן על הכסא הקטן
רות היא תלמידה טובה ויפה
הסוס תחת העץ של הגן
הילד הגדול והילדה הקטנה בלי המשפחה
אל השדה, מן הבית, על השלחן

Lesson 8

מִבְחָן Review Quiz for Lessons 1–7

A. Choose the correct answer(s) to complete the following statements:

1 The Hebrew alphabet consists of:
28 letters 22 letters 26 letters 24 letters

2 Hebrew is a Semitic language. The following also belong to the Semitic group of languages:
Persian Sanskrit Phoenician Arabic Aramaic Turkish

3 The Hebrew letters consist of:
vowels or consonants vowels only vowels and consonants consonants only

B. Answer "true" or "false" to the following statements:

1 In most Hebrew words the accent is on the last syllable.

2 Sometimes Hebrew words may be divided at the end of a line.

3 The Hebrew Bible was originally written without vowels.

4 The Hebrew letters have numerical values.

5 All feminine nouns in the singular end in ָה or ת.

6 Adjectives may be placed either before or after the noun they qualify.

7 Adjectives never take the definite article.

8 The roots of most Hebrew verbs consist of three letters.

C. Choose the correct answer(s):

1 The following are long vowels:
(◌ַ)   (◌ֶ)   (◌ֻ)   (◌ֵ)   (וֹ)   (◌ִ)

2 The number of vowels in Hebrew is:
eight   nine   ten   twelve

3 The following are masculine nouns:

1 גְּבֶרֶת   4 בֵּן   7 שָׂדֶה   10 מְכוֹנִית
2 בַּיִת   5 תְּמוּנָה   8 רָחֵל   11 עֶרֶב
3 דֶּלֶת   6 לַיְלָה   9 מוֹרֶה   12 דָּוִד

4 The following letters are gutturals:

1 ר   3 ע   5 א   7 ב
2 כ   4 ת   6 ח   8 ה

5 The following four definite articles are incorrectly vocalized:

1 הָדֶלֶת   3 הַלַּיְלָה   5 הַרַכֶּבֶת   7 הָעֶרֶב
2 הָאִישׁ   4 הַסֵּפֶר   6 הָשִׁיר   8 הַבַיִת

D. In each of the following groups one item does not belong with the others. Pick out the item and explain why it does not belong.

Example: תְּמוּנָה   שִׁיר   רַכֶּבֶת   אִשָּׁה

In this group the word שִׁיר is the item which does not belong because it is masculine, whereas the remaining words are feminine. (Some of the groups permit two or three possibilities.)

1 פ מ ב ג
2 ל מ פ כ
3 מ ק ב ע
4 (◌ַ)   (◌ֶ)   (וּ)   (◌ֻ)
5 (◌ָ)   (◌ֻ)   (וֹ)   (◌ְ)
6 Arabic,   Aramaic,   Akkadian,   Persian

E. Write the Hebrew of the following words (without vowels).

1 lamp evening old (person) old (thing)
woman voice night field car

2 train door house name light tree book man day

3 a beautiful day good night the white horse
under the small tree the old man the old car
to the beautiful girl and the black door on the small bed
from the white house

F. Write the English for the following.

1 רַכֶּבֶת גְּדוֹלָה
2 בְּלִי הַבַּת הַצְּעִירָה
3 מִן הַבַּיִת אֶל הַשָּׂדֶה
4 אִישׁ צָעִיר וְיָפֶה
5 הַסּוּס הַגָּדוֹל וְהַיֶּלֶד הַקָּטָן
6 הַגַּן שֶׁל הַמּוֹרֶה

Yad Vashem memorializes those who perished in the Holocaust.

Lesson 9

Formation of Plural Nouns

Formation of Plural Adjectives

תַּרְגִּילֵי קְרִיאָה Reading Practice

דָּוִד הוּא מוֹרֶה וְרָחֵל הִיא מוֹרָה. דָּוִד וְרָחֵל הֵם מוֹרִים צְעִירִים וְטוֹבִים. רוּת וְשָׂרָה הֵן תַּלְמִידוֹת טוֹבוֹת. יַעֲקֹב תַּלְמִיד וְיִשְׂרָאֵל תַּלְמִיד. יַעֲקֹב וְיִשְׂרָאֵל הֵם תַּלְמִידִים טוֹבִים. הַכִּתּוֹת גְּדוֹלוֹת וְהַתַּלְמִידִים טוֹבִים.

1. הַתַּלְמִידִים הַטּוֹבִים מִן הַכִּתּוֹת הַגְּדוֹלוֹת.
2. הַמִּטּוֹת הַקְּטַנּוֹת שֶׁל הַדּוֹדוֹת הַזְּקֵנוֹת.
3. הַסּוּסִים הַשְּׁחוֹרִים עִם הַסּוּסוֹת הַלְּבָנוֹת.
4. הַשִּׁירִים הַיָּפִים שֶׁל הַיְלָדוֹת[1] הַקְּטַנּוֹת.
5. הַדּוֹדוֹת הַזְּקֵנוֹת שֶׁל הַיְלָדִים[1] הַגְּדוֹלִים.
6. הַסּוּסִים הַלְּבָנִים עִם הָעֵצִים הַגְּדוֹלִים.
7. הַשִּׁירִים הַיָּפִים מִן הַכְּפָרִים הַקְּטַנִּים.
8. הַמּוֹרוֹת וְהַמּוֹרִים הַצְּעִירִים בְּלִי תַּלְמִידִים.

[1] *When the letter yod י is vocalized with a shva ְ the dagesh following the definite article הַ is usually omitted.*

מִלּוֹן VOCABULARY

Masculine Nouns

Plural	Singular	
סוּסִים	סוּס	horse
שִׁירִים	שִׁיר	song
תַּלְמִידִים	תַּלְמִיד	pupil, student
מוֹרִים	מוֹרֶה	teacher
כְּפָרִים	כְּפָר	village
עֵצִים	עֵץ	tree
כַּדּוּרִים	כַּדּוּר	ball
שִׁעוּרִים	שִׁעוּר	lesson

Masculine Adjectives

Plural	Singular	
טוֹבִים	טוֹב	good
רָעִים	רַע	bad
יָפִים	יָפֶה	nice, beautiful
גְּדוֹלִים	גָּדוֹל	big, large
קְטַנִּים	קָטָן	small, little
זְקֵנִים	זָקֵן	old (persons)
יְשָׁנִים	יָשָׁן	old (things)
צְעִירִים	צָעִיר	young
שְׁחוֹרִים	שָׁחוֹר	black
לְבָנִים	לָבָן	white

Feminine Nouns

Plural	Singular	
דּוֹדוֹת	דּוֹדָה	aunt
סוּסוֹת	סוּסָה	mare
מְנוֹרוֹת	מְנוֹרָה	lamp
תַּלְמִידוֹת	תַּלְמִידָה	student, pupil
תְּמוּנוֹת	תְּמוּנָה	picture
מוֹרוֹת	מוֹרָה	teacher
בְּרָכוֹת	בְּרָכָה	blessing, greeting
מִשְׁפָּחוֹת	מִשְׁפָּחָה	family
כִּתּוֹת	כִּתָּה	class, classroom
מִטּוֹת	מִטָּה	bed

מִלּוֹן VOCABULARY

Feminine Adjectives

Plural	Singular	
טוֹבוֹת	טוֹבָה	good
רָעוֹת	רָעָה	bad
יָפוֹת	יָפָה	nice, beautiful
גְּדוֹלוֹת	גְּדוֹלָה	big, large
קְטַנּוֹת	קְטַנָּה	small, little
צְעִירוֹת	צְעִירָה	young
זְקֵנוֹת	זְקֵנָה	old

Note carefully the plural of the following feminine nouns

Plural	Singular	
יְלָדוֹת	יַלְדָּה	girl
נְעָרוֹת	נַעֲרָה	young girl
גְּבָרוֹת	גְּבֶרֶת	lady

Nouns with Adjectives

Masculine

סוּסִים שְׁחוֹרִים	black horses
תַּלְמִידִים טוֹבִים	good pupils
מוֹרִים זְקֵנִים	old teachers
עֵצִים גְּדוֹלִים	big trees

Feminine

מִשְׁפָּחוֹת גְּדוֹלוֹת	big families
מוֹרוֹת צְעִירוֹת	young teachers
כִּתּוֹת קְטַנּוֹת	small classes
תְּמוּנוֹת יָפוֹת	nice pictures

Proper Names

יַעֲקֹב	Jacob	שָׂרָה	Sarah
יִשְׂרָאֵל	Israel	תָּמָר	Tamar

Unrolling the 2,000-year-old Dead Sea Scrolls

Formation of Plural Nouns and Adjectives

Masculine nouns and adjectives generally form their plural by adding ִים to the singular.

שִׁירִים	songs	שִׁיר	song
כְּפָרִים	villages	כְּפָר	village
גְּדוֹלִים	large (m.pl.)	גָּדוֹל	large (m.s.)

Feminine nouns and adjectives generally form their plural by dropping the ָה and adding וֹת to the singular.

מְנוֹרוֹת	lamps	מְנוֹרָה	lamp
דוֹדוֹת	aunts	דוֹדָה	aunt
קְטַנּוֹת	little (f.pl.)	קְטַנָּה	little (f.s.)

As learned previously (Lesson 7), adjectives always follow the noun, and always agree with the nouns they modify.

כְּפָרִים יָפִים	beautiful villages
כַּדּוּרִים לְבָנִים	white balls
תְּמוּנוֹת גְּדוֹלוֹת	large pictures

When one adjective modifies both masculine and feminine nouns at the same time, the masculine form is used.

הַמּוֹרִים וְהַמּוֹרוֹת הַצְּעִירִים	the young teachers (m. and f.)
הַדּוֹדִים וְהַדּוֹדוֹת הַטּוֹבִים	the good uncles and aunts

Dual Number—There is another kind of plural, known as *dual number*, for the double members of the body, such as eyes or hands, and for things which are found in pairs, such as trousers and scales. The dual number will be dealt with in a later lesson.

Self-Correcting Exercises

A. Singular and Plural.

דֻּגְמָא: 1 תַּלְמִיד טוֹב
תַּלְמִידִים טוֹבִים
2 הַמִּשְׁפָּחָה הַגְּדוֹלָה
הַמִּשְׁפָּחוֹת הַגְּדוֹלוֹת

תַּרְגִּיל: 1 תַּלְמִיד טוֹב
2 הַמִּשְׁפָּחָה הַגְּדוֹלָה
3 הַדּוֹדָה הַזְּקֵנָה
4 הַשִּׁיר הַקָּטָן
5 הַמּוֹרָה הַטּוֹבָה
6 הַגְּבֶרֶת הַצְּעִירָה
7 הַבְּרָכָה הַגְּדוֹלָה
8 הַכְּפָר הַיָּפֶה
9 הָעֵץ הַקָּטָן
10 מִטָּה גְּדוֹלָה

B. Genders and Numbers.

דֻּגְמָא: 1 הַסּוּס הַלָּבָן תַּחַת הָעֵץ הַגָּדוֹל
הַסּוּסִים הַלְּבָנִים תַּחַת הָעֵצִים הַגְּדוֹלִים
2 הַכִּתָּה הַגְּדוֹלָה שֶׁל הַתַּלְמִיד הַטּוֹב
הַכִּתּוֹת הַגְּדוֹלוֹת שֶׁל הַתַּלְמִידִים הַטּוֹבִים

The Qumran caves, where the Dead Sea Scrolls were found

*The Isaiah Scroll, found in its entirety, is dated to the end of the Second
Temple period, about 100 B.C.E. Isaiah 8:9 begins on the second line of
this section of the scroll*

תַּרְגִּיל: 1 הַסוּס הַלָּבָן תַּחַת הָעֵץ הַגָּדוֹל
2 הַכִּתָּה הַגְּדוֹלָה שֶׁל הַתַּלְמִיד הַטוֹב
3 הַמִּשְׁפָּחָה הַגְּדוֹלָה עִם הַיֶּלֶד הַצָּעִיר
4 הַתְּמוּנָה הַיָּפָה שֶׁל הַכְּפָר הַקָּטָן
5 הַיַּלְדָּה הַצְּעִירָה עִם הַדּוֹד הַזָּקֵן
6 הַמּוֹרֶה הַטוֹב בְּלִי הַתַּלְמִיד הָרָע
7 הַבְּרָכָה הַגְּדוֹלָה עַל הַמִּשְׁפָּחָה הַטוֹבָה
8 הַחֲבֵרָה הַטוֹבָה עִם הַיֶּלֶד הַקָּטָן
9 הַשִּׁיר הַיָּפֶה שֶׁל הַיַּלְדָּה הַיָּפָה
10 הַדּוֹדָה הַזְּקֵנָה שֶׁל הַתַּלְמִיד הַצָּעִיר

Exercises

A. Write the plural of the following phrases. Note that before words beginning with א ע ר the definite article is הָ (not הַ).

7 הָעֵץ הַגָּדוֹל	4 מוֹרֶה צָעִיר	1 סוּס לָבָן
8 הַכַּדּוּר הַלָּבָן	5 הַדּוֹד הַזָּקֵן	2 כְּפָר קָטָן
9 הַסֵּפֶר הַיָּשָׁן	6 הַתַּלְמִיד הָרָע	3 תַּלְמִיד טוֹב

B. Write the plural of the following phrases.

5 מִשְׁפָּחָה גְּדוֹלָה	3 תַּלְמִידָה צְעִירָה	1 סוּסָה שְׁחוֹרָה
6 הַיַּלְדָּה הַצְּעִירָה	4 הַמּוֹרָה הַטוֹבָה	2 מְנוֹרָה לְבָנָה

C. Change to the singular.

5 מִטּוֹת גְּדוֹלוֹת	3 תְּמוּנוֹת יָפוֹת	1 תַּלְמִידוֹת טוֹבוֹת
6 כְּפָרִים קְטַנִּים	4 דּוֹדִים זְקֵנִים	2 סוּסִים שְׁחוֹרִים

D. Rewrite in the feminine.

7 הַמּוֹרִים הַטוֹבִים	4 הַתַּלְמִיד הַקָּטָן	1 דּוֹד טוֹב
8 הַדּוֹדִים הַזְּקֵנִים	5 הַסוּסִים הַלְּבָנִים	2 מוֹרֶה צָעִיר
9 הַיֶּלֶד הַגָּדוֹל	6 הַתַּלְמִידִים הָרָעִים	3 סוּס יָפֶה

E. Complete the set.

Example: סוּס לָבָן סוּסָה לְבָנָה סוּסִים לְבָנִים סוּסוֹת לְבָנוֹת

1 דּוֹד זָקֵן 3 הַמּוֹרֶה הַצָּעִיר
2 תַּלְמִיד טוֹב 4 הַסוּס הַלָּבָן

F. Add an appropriate adjective to the following nouns, and translate.

Example: a small tree עֵץ קָטָן עֵץ

1 סוּס, כִּתָּה, שָׂדֶה, בַּיִת, אֵם, גְּבֶרֶת, לַיְלָה, שִׁיר, דּוֹדָה, אָב

2 כַּדּוּרִים, דּוֹדוֹת, מוֹרִים, מְנוֹרוֹת, עֵצִים, תְּמוּנוֹת, סְפָרִים, דּוֹדִים, תַּלְמִידִים.

G. Rapid Reading.

עֲלֵי גִבְעָה, גִבְעָה קְטַנָּה
יָשְׁבָה יַלְדָּה, שְׁמָהּ שׁוֹשַׁנָּה
סֵפֶר הָיָה לָהּ בְּיָדָהּ,
בְּלִי הֶרֶף בּוֹ לָמְדָה:
אָלֶף בֵּית,
אָלֶף בֵּית!

H. Read the following unvocalized text.

1 הסוסים הלבנים והסוסות הלבנות.

2 המורים והמורות הצעירים.

3 התלמידים הטובים מן הכיתות הגדולות.

4 הכפרים הקטנים והעצים היפים.

The priceless scrolls are housed in the Shrine of the Book

Lesson 10

Personal Pronouns · Segholate Nouns
Some Irregular Plurals
The Conjunction AND וְ before Shva
Present Tense of the Verb TO BE

מִי וָמִי Who's Who

— אַתָּה יוֹסֵף?
— כֵּן, אֲנִי יוֹסֵף. אֲנִי תַּלְמִיד בָּאוּנִיבֶרְסִיטָה.
— אַתְּ חַנָּה?
— לֹא, אֲנִי לֹא חַנָּה, אֲנִי מִרְיָם. הִיא חַנָּה.
— יוֹסֵף תַּלְמִיד טוֹב?
— כֵּן, הוּא תַּלְמִיד טוֹב.

— יוֹסֵף, חַנָּה וַאֲנִי — אֲנַחְנוּ תַּלְמִידִים.
— אַתֶּם תַּלְמִידִים טוֹבִים?
— כֵּן, אֲנַחְנוּ תַּלְמִידִים טוֹבִים. הֵם תַּלְמִידִים לֹא טוֹבִים.
— חַנָּה וְלֵאָה, אַתֶּן מוֹרוֹת?
— לֹא, לֹא! אֲנַחְנוּ תַּלְמִידוֹת. מִרְיָם וְרָחֵל — הֵן מוֹרוֹת.

מִלּוֹן	VOCABULARY
אוּנִיבֶרְסִיטָה	university
כֵּן	yes
לֹא	no
רָחֵל	Rachel
לֵאָה	Leah
מִרְיָם	Miriam, Mary
חַנָּה	Hannah
כֹּהֵן	Cohen

1. Personal Pronouns

Singular

אֲנִי	I
אַתָּה	you (thou) (m.s.)
אַתְּ	you (thou) (f.s.)
הוּא	he (it)
הִיא	she (it)

Plural

אֲנַחְנוּ	we
אַתֶּם	you (m.pl.)
אַתֶּן	you (f.pl.)
הֵם	they (m.)
הֵן	they (f.)

The pronoun **it** is translated הוּא or הִיא according to whether it stands for a masculine or a feminine noun.

2. Segholate Nouns

A large number of Hebrew nouns, both masculine and feminine, can be grouped together under the name *segholates*. These nouns have two syllables, with the first syllable accented, and the second taking the vowel ֶ *seghol*.

The following nouns are of this type:

Plural	Singular	
יְלָדִים	יֶלֶד	boy
גְּבָרִים	גֶּבֶר	man, gentleman
מְלָכִים	מֶלֶךְ	king
כְּרָמִים	כֶּרֶם	vineyard
מְשָׁקִים	מֶשֶׁק	farm, household
סְפָרִים	סֵפֶר	book
בְּגָדִים	בֶּגֶד	garment
גְּשָׁמִים	גֶּשֶׁם	rain
כְּלָבִים	כֶּלֶב	dog
דְּגָלִים	דֶּגֶל	flag

However, when the second or third letter of the segholate noun is a guttural א ע ח the second syllable takes *pataḥ* instead instead of *seghol*. The following nouns are of this type:

Plural	Singular	
נְעָרִים	נַעַר	youth, boy
נְחָלִים	נַחַל	river
שְׁעָרִים	שַׁעַר	gate
פְּרָחִים	פֶּרַח	flower
צְבָעִים	צֶבַע	color

Note It is an important peculiarity of the gutturals that they usually prefer the vowel *pataḥ* to any other vowel.

For two other peculiarities of the gutturals, review Lesson 5. Remember that the accent of all the segholate nouns in the singular is on the first syllable.

In the plural, all masculine segholate nouns follow a vocalized pattern of ְ ָ ִים

Plural	Singular	
יְלָדִים	יֶלֶד	boy
סְפָרִים	סֵפֶר	book
פְּרָחִים	פֶּרַח	flower
מְלָכִים	מֶלֶךְ	king
נְעָרִים	נַעַר	youth
שְׁעָרִים	שַׁעַר	gate

3. Irregular Plurals

These frequently used nouns have irregular plural forms:

Plural	Singular	
אֲנָשִׁים	אִישׁ	man
נָשִׁים	אִשָּׁה	woman, wife
בָּנִים	בֵּן	son
בָּנוֹת	בַּת	daughter

4. The Conjunction AND וּ before Shva

In Lesson 6 you learned that the regular prefix for **and** is וְ. However, before a word beginning with *shva*, the prefix for **and** is וּ.

דְּגָלִים וּסְפָרִים	flags and books
גְּבָרוֹת וּגְבָרִים	ladies and gentlemen
בְּלִי תַּלְמִידִים וּבְלִי סְפָרִים	without students and without books

5. Present Tense of the Verb TO BE

As you have probably observed by now, the present tense of **to be** is not expressed in Hebrew. The Hebrew language has no special words for the English verb forms **am**, **are** or **is**; they are understood from the context. When you translate into English, you must add the appropriate English form of the verb **to be**.

מֹשֶׁה אִישׁ	Moses (is) a man
אֲנִי תַּלְמִיד	I (am) a pupil
אֲנַחְנוּ תַּלְמִידִים	we (are) students
אַתָּה הָאִישׁ	you (are) the man
הַמֶּלֶךְ זָקֵן	the king (is) old

but

הַמֶּלֶךְ הַזָּקֵן	the old king

6. Biblical Word List

From now on you will find a list of biblical words in each lesson.

The words chosen will be those which occur frequently in the Hebrew Bible — from 100 to 5000 times each. After mastering about 250 to 300 words, you will be able to read and understand easy narrative passages from the Bible without much difficulty.

Most of the Hebrew words in the Bible are also used in post-biblical and modern Hebrew as well. Hence this study of biblical vocabulary is also important for the study of modern Hebrew texts.

The Western Wall, remnant of the wall around the Temple Mount

Study the list with the following suggestions in mind:

1 Read each word aloud five times and note its meaning.
2 Cover the Hebrew column and test yourself.
3 Cover the English column and see if you know the meaning of the Hebrew words.
4 Finally, cover the Hebrew column and write the Hebrew corresponding to the English word, with or without vowels.

Biblical Word List No. 1 (nouns occurring 500 to 5000 times)

אָב	father
אָדָם	man, Adam
בַּ֫יִת	house
אָח	brother
אִישׁ	man

Self-Correcting Exercises

A. Personal Pronouns

דֻּגְמָא:
1 הָאִישׁ הַטּוֹב (הוּא)
   הוּא טוֹב
2 הָאִשָּׁה הַיָּפָה (הִיא)
   הִיא יָפָה

תַּרְגִּיל:
1 הָאִישׁ הַטּוֹב
2 הָאִשָּׁה הַיָּפָה
3 הַדּוֹד הַזָּקֵן
4 הַדּוֹדָה הַיָּפָה
5 הַכְּפָר הַגָּדוֹל
6 הַסֵּפֶר הַלָּבָן
7 הַתְּמוּנָה הַקְּטַנָּה
8 הָעֵץ הַגָּדוֹל
9 הַמְּכוֹנִית הַשְּׁחוֹרָה

B. Gender and Number

דֻּגְמָא:
1 דָּוִד יֶלֶד טוֹב (רָחֵל)
   רָחֵל יַלְדָּה טוֹבָה
2 רָחֵל מוֹרָה טוֹבָה (רָחֵל וְרוּת)
   רָחֵל וְרוּת מוֹרוֹת טוֹבוֹת

תַּרְגִּיל:
1 דָּוִד יֶלֶד טוֹב (רָחֵל)
2 רָחֵל מוֹרָה טוֹבָה (רָחֵל וְרוּת)
3 שָׂרָה תַּלְמִידָה צְעִירָה (דָּוִד)
4 יַעֲקֹב דּוֹד טוֹב (רוּת)
5 יוֹסֵף מוֹרֶה יָפֶה (רוּת וְרָחֵל)
6 אַבְרָהָם אָב צָעִיר (רָחֵל)
7 דָּוִד אִישׁ זָקֵן (שָׂרָה)
8 מִרְיָם חֲבֵרָה טוֹבָה (מִרְיָם וְרָחֵל)
9 יוֹסֵף בֵּן צָעִיר (מִרְיָם)
10 רָחֵל תַּלְמִידָה טוֹבָה (יוֹסֵף וְיַעֲקֹב)

C. Personal Pronouns

דֻּגְמָא:
1 הוּא יֶלֶד טוֹב (הֵם)
   הֵם יְלָדִים טוֹבִים
2 אַתָּה מוֹרֶה טוֹב (אַתֶּם)
   אַתֶּם מוֹרִים טוֹבִים

תַּרְגִּיל:
1 הוּא יֶלֶד טוֹב (הֵם)
2 אַתָּה מוֹרֶה טוֹב (אַתֶּם)
3 הִיא יַלְדָּה יָפָה (הוּא)
4 אַתֶּם יְלָדִים גְּדוֹלִים (אַתָּה)
5 הוּא הַמֶּלֶךְ הַזָּקֵן (הֵם)
6 הִיא חֲבֵרָה טוֹבָה (הֵן)
7 אַתָּה בֵּן צָעִיר (הִיא)
8 אַתְּ תַּלְמִידָה צְעִירָה (הִיא)
9 אֲנִי דּוֹד צָעִיר (אַתְּ)
10 הוּא כֶּלֶב שָׁחוֹר (הֵם)

Exercises

A. Translate the following into English.

1 אֲנַחְנוּ תַּלְמִידִים טוֹבִים
2 הֵן יְלָדוֹת טוֹבוֹת
3 הֵם תַּלְמִידִים מִן הַכְּפָר הַקָּטָן
4 אַתֶּם אֲנָשִׁים צְעִירִים
5 אַתָּה גֶּבֶר יָפֶה
6 אֲנִי יֶלֶד קָטָן
7 הוּא עַל הַסּוּס
8 הַבַּת הַצְּעִירָה שֶׁל הַמִּשְׁפָּחָה
9 אַתֶּן נָשִׁים צְעִירוֹת וְיָפוֹת
10 הִיא הַמּוֹרָה הַטּוֹבָה

B. Write the plural of the following.

1 מֶלֶךְ
2 גֶּבֶר
3 גְּבֶרֶת
4 אִשָּׁה *
5 יַלְדָּה
6 אִישׁ *
7 בֵּן *
8 בַּת *
9 פֶּרַח
10 נַעַר
11 חֲבֵרָה
12 בֶּגֶד

* *Irregular plurals.*

Archaeological excavations at the southern wall of the Temple Mount

C. Write the following in plural form.

1 אֲנִי נַעַר צָעִיר וְיָפֶה
2 הוּא מֶלֶךְ רָע
3 אַתְּ מוֹרָה רָעָה
4 הוּא כֶּלֶב שָׁחוֹר וְגָדוֹל
5 הִיא אִשָּׁה יָפָה
6 הִיא סוּסָה גְדוֹלָה וְיָפָה
7 אַתָּה גֶּבֶר צָעִיר וְיָפֶה
8 אֲנִי תַּלְמִידָה טוֹבָה
9 הוּא בֵּן טוֹב וְהִיא בַּת טוֹבָה
10 אַתָּה אִישׁ טוֹב

D. Translate into Hebrew.

1 I am the teacher (m.) of the big class, and they (m.) are students.
2 The girls are young and beautiful.
3 The small room is white and nice.
4 The students (f.) are from the big village.
5 You are good students (f.).
6 We are a small family.

E. Add a suitable personal pronoun, but do not use the same pronoun more than once.

1 ______ אִישׁ רָע
2 ______ תַּלְמִיד שֶׁל כִּתָּה גְדוֹלָה
3 ______ מוֹרָה צְעִירָה
4 ______ בָּנִים טוֹבִים
5 ______ תַּלְמִידוֹת צְעִירוֹת
6 ______ נַעַר צָעִיר
7 ______ גְּבָרִים יָפִים
8 ______ דּוֹדָה זְקֵנָה
9 ______ אִשָּׁה בְּלִי יְלָדִים

F. Translate into Hebrew, without vowels.

1 a good book; the good book; the book is good
2 the good son and the beautiful daughter
3 the sons are big and the daughters are small and beautiful
4 the books are good; the good books
5 they are old men; the women are from the village
6 the black picture is on the white book
7 the white horse is under the small tree
8 the teacher (m.) is without the books
9 a great day; the great day; the day is great
10 good year; the good year; the year is good

G. Rapid Reading

אִם אֵין אֲנִי לִי מִי לִי? / וְאִם לֹא עַכְשָׁו אֵימָתַי?
הִנֵּה מַה טּוֹב וּמַה נָּעִים / שֶׁבֶת אַחִים גַּם יָחַד.

H. Read the following unvocalized text.

אתה תלמיד טוב? כן, אני תלמיד טוב.
המורה והמורה בלי ספרים ובלי תלמידים.
אתן נשים צעירות ויפות.
הבנים והבנות עם המשפחה.

The Western Wall is never without worshippers offering personal prayers

A fourth century synagogue in Galilee

Lesson 11

חֲזָרָה Review of Grammatical Principles in Lessons 1–10

1 The main peculiarities of the Semitic language are (Lesson 1):

a) Guttural letters
b) Three root letters for most verbs
c) Meaning depending on form, or pattern, of words
d) Pronominal suffixes to nouns, verbs, and prepositions
e) Common basic vocabulary

2 The following are among the Semitic languages (Lesson 1): Hebrew, Arabic, Ugaritic, Aramaic, Samaritan, Syriac, Phoenician, and Ethiopic.

3 The Hebrew alphabet consists of 22 letters, all consonants. Each letter has a numerical value (Lesson 2).

4 Five letters have final forms: ך ם ן ף ץ (Lesson 2).

5 Six letters take a *dagesh* at the beginning of the word or a syllable: ב ג ד כ פ ת conveniently pronounced *BeGaD KeFaT*. (Lesson 2).

6 Hebrew is read and written from right to left (Lesson 2).

7 There are four guttural letters: א ה ח ע (Lesson 3).

8 Hebrew has several scripts. Those used today are the square script, for printing, and the cursive script, for writing (Lesson 4).

9 There are five long vowels ָ ֵ וֹ ִי וּ (Lesson 5).

10 There are five short vowels: ַ ֶ ִ ָ ֻ (Lesson 5).

11 The *shva* ְ is used to denote the absence of a vowel (Lesson 5).

12 There are two different pronunciations of Hebrew: Sephardi or Spanish; and Ashkenazi or German (Lesson 5).

13 The gutturals never begin a word with a *shva*; instead they assume a *ḥataph* (Lesson 5).

14 The gutturals and the letter ר do not take a *dagesh* (Lesson 5).

15 There are two kinds of *dagesh:* lene, or weak (for the letters ב ג ד כ פ ת only) and forte, or strong (Lesson 5).

16 The definite article is the prefix הַ followed by a strong *dagesh* (Lesson 6).

17 A word ending in ָה or ת is feminine. Exceptions are לַיְלָה (m.) and בַּיִת (m.) (Lesson 6).

18 Before the gutturals א ע and the letter ר, the definite article is הָ instead of הַ. (This rule does not apply to a word beginning with עָ) (Lesson 7).

19 To form the feminine of an adjective, add ָה to the masculine form (Lesson 7).

20 An adjective changes in agreement with the noun it modifies (Lesson 7).

21 An adjective follows the noun it modifies (Lesson 7).

22 The definite article is added to both the noun and the modifying adjective (Lesson 7).

23 The masculine plural of nouns and adjectives ends in ִים (Lesson 9).

24 The feminine plural of nouns and adjectives ends in וֹת (Lesson 9).

25 The personal pronouns are (Lesson 10):

אֲנִי אַתָּה אַתְּ הוּא הִיא אֲנַחְנוּ אַתֶּם אַתֶּן הֵם הֵן

26 The present tense of *to be* is not expressed in Hebrew. The words *are*, *am* and *is* are understood from the context (Lesson 10).

מֹשֶׁה אִישׁ	Moses (is) a man
הוּא אִישׁ גָּדוֹל	He (is) a great man
אַתָּה הַמּוֹרֶה	You (are) the teacher

27 Segholate nouns have two syllables; the first is accented and the second has the vowel *seghol* ֶ. However, if the second or third letter of the segholate noun is a guttural, the vowel of the second syllable is *pataḥ* ַ (Lesson 10).

28 The plural of segholate masculine nouns follows the pattern ְ ָ ִים (Lesson 10).

נַעַר — נְעָרִים	boy, youth	יֶלֶד — יְלָדִים	boy
נַחַל — נְחָלִים	river	סֵפֶר — סְפָרִים	book
פֶּרַח — פְּרָחִים	flower	כֶּרֶם — כְּרָמִים	vineyard

29 The following words have irregular plurals (Lesson 10).

אִישׁ — אֲנָשִׁים	man	בֵּן — בָּנִים	son
אִשָּׁה — נָשִׁים	woman, wife	בַּת — בָּנוֹת	daughter

Biblical Word List No. 1 (Lesson 10). אָב, אָדָם, בַּיִת, אָח, אִישׁ

Note Make sure you understand these grammatical rules by referring back to the lessons indicated.

It is also important to make sure that you can translate all the vocabulary contained in Lessons 1–10, from Hebrew to English and from English to Hebrew. The latter should also be done in writing, with or without vowels. If you intend to take courses in biblical Hebrew, always insert the vowels when writing Hebrew.

Exercises

A. Write groups of words or sentences to illustrate the rules reviewed in Lesson 11 under:

1 Section 16 (Example: סוּס, הַסּוּס)   7 Section 24

2 Section 18   8 Section 26

3 Section 19   9 Section 27

4 Section 20   10 Section 28

5 Section 21   11 Section 29

6 Section 23 (Example: סוּס, סוּסִים)

B. Write each of the following phrases in (a) the feminine singular; (b) the masculine plural; and (c) the feminine plural.

Example: דּוֹד טוֹב,   דּוֹדָה טוֹבָה,   דּוֹדִים טוֹבִים,   דּוֹדוֹת טוֹבוֹת

1 יֶלֶד צָעִיר   2 הַסּוּס הַלָּבָן   3 אֲנִי מוֹרֶה   4 אִישׁ זָקֵן

C. Review all of the vocabulary contained in Lessons 1–10.

Outdoor cafes are popular in Israel's warm climate

Lesson 12

Verbal Roots

Verbal Patterns

Tenses

Active Participles of *Qal* Verbs

מִשְׁפָּחָה וַחֲבֵרִים Family and Friends

דָּוִד, רָחֵל וְשָׂרָה הוֹלְכִים אֶל מִשְׁפַּחַת[1] כֹּהֵן. מִשְׁפַּחַת כֹּהֵן הִיא מִשְׁפָּחָה גְּדוֹלָה: הָאָב, הָאֵם, הַבֵּן יוֹסֵף, הַבַּת רִבְקָה וְהַבַּת רוּת. רוּת לוֹמֶדֶת. הִיא תַּלְמִידָה בָּאוּנִיבֶרְסִיטָה. רִבְקָה הִיא יַלְדָּה קְטַנָּה. יוֹסֵף כּוֹתֵב סְפָרִים וְשִׁירִים. הָאָב כֹּהֵן הוּא אִישׁ צָעִיר. הָאֵם כֹּהֵן הִיא אִשָּׁה יָפָה.

– יוֹסֵף לֹא פֹּה הַיּוֹם, אוֹמֵר הָאָב.
– אֵיפֹה הוּא? אוֹמֶרֶת רָחֵל.
– הוּא יוֹשֵׁב תַּחַת הָעֵץ עִם יַעֲקֹב. הֵם כּוֹתְבִים מִכְתָּבִים.
– וְרוּת?
– רוּת יוֹשֶׁבֶת עַל כִּסֵּא וְלוֹמֶדֶת עִבְרִית.

דָּוִד, רָחֵל וְשָׂרָה יוֹשְׁבִים עִם מִשְׁפַּחַת כֹּהֵן. הֵם הוֹלְכִים אֶל הָאֻלְפָּן. הֵם לוֹמְדִים עִבְרִית. הַכִּתּוֹת שֶׁל הָאֻלְפָּן גְּדוֹלוֹת. הַמּוֹרָה עוֹמֶדֶת וְהַתַּלְמִידִים יוֹשְׁבִים וְלוֹמְדִים עִבְרִית.

[1] *Literally, the family of... (i.e., the Cohen family). This construct form will be dealt with in Lesson 28.*

מִלּוֹן	VOCABULARY
פֹּה	here
שָׁם	there
הַיּוֹם	the day, today
אֵיפֹה	where
מִכְתָּב	letter (correspondence)
עִבְרִית	Hebrew
אֻלְפָּן	ulpan (intensive Hebrew class), studio
שָׁלוֹם	hello, goodbye, peace (literally)
קַל	easy
קָשֶׁה	difficult, hard

1. Verbal Roots

In common with other Semitic languages, the roots of almost all Hebrew verbs consist of three consonants:

אכל	eat	למד	learn

Note that the root has no vowels.

However, for convenience in studying, vowels are added

אָכַל	eat	גָּמַר	finish
לָמַד	learn, study	נָתַן	give
כָּתַב	write	הָלַךְ	walk, go
אָמַר	say	סָגַר	shut
יָשַׁב	sit	עָמַד	stand
נָפַל	fall	שָׁמַר	guard, watch, keep

Regular or **strong verbs** are verbs which preserve their three root letters throughout the different verbal inflections.

כתב	*root*	שמר	*root*
כָּתַבְתִּי	I wrote	שָׁמַרְתִּי	I guarded
אֶכְתֹּב	I shall write	אֶשְׁמֹר	I shall guard
אֲנִי כּוֹתֵב	I am writing	אֲנִי שׁוֹמֵר	I am guarding

Weak verbs are verbs which contain one or more of the weak consonants

א ה ו י, or have the consonant נ in the initial position. On occasion such consonants may be silent, or may be omitted altogether.

קום	*root*
קַמְתִּי	I got up (The consonant ו is omitted.)
נפל	*root*
אֶפֹּל	I shall fall (The initial נ is omitted.)

Weak verbs will be dealt with in later lessons.

In addition to the verbal inflections retaining the root letters of the verb, all nouns associated by meaning with the verb will also contain the same root letters.

כתב	*root*
כּוֹתֵב	writes
כְּתִיבָה	writing
כְּתִיב	spelling
מִכְתָּב	letter
הַכְתָּבָה	dictation
לְהִתְכַּתֵּב	to correspond

In Hebrew only one root was used; English required the use of five different stems. Knowledge of Hebrew roots enables one to amass a sizeable vocabulary in a relatively short time.

The communal kitchen in a kibbutz

Working in the fields

2. Verbal Patterns

Hebrew verbs may be used in one or more of seven **patterns** or **structures** which are called בִּנְיָנִים.

Each pattern usually modifies the meaning of the verb.
In one pattern of the verb root כתב, we form כָּתַב *he wrote;* in another pattern of the same root we form הִכְתִּיב *he dictated* (he caused someone to write.) See Grammar Supplement, p. 277.

The simplest pattern of verbs is known as **qal** קַל, meaning **light** or **easy.** The verbs listed above are all of the **qal** pattern.

3. Tenses

Strictly speaking, biblical Hebrew has no tenses similar to those used in English, French or German. Action is regarded as either complete or incomplete. Hence most Bible scholars prefer to call a complete action *perfect,* and an incomplete action *imperfect.* For our purpose, we shall simply regard these two kinds of action as tenses. They are treated as such in modern Hebrew.

The **past** tense expresses a *complete action.*

אֲנִי לָמַדְתִּי   I studied, I have studied, I had studied, I did study.

The **future** tense expresses an *incomplete action.*

אֲנִי אֶסְגֹּר   I shall shut, I shall be shutting.

In the **present** tense אֲנִי יוֹשֵׁב means I am sitting, I sit, I do sit.

4. Active Participles of Qal Verbs

The **present tense** הֹוֶה is based on **active participles,** corresponding to English present participles ending in -ing. The participles are usually formed by inserting the vowel וֹ after the first letter of the root and pointing the second letter of the root with ֵ *ṣereh*. The accent is on the last syllable.

אוֹכֵל	eating	גּוֹמֵר	finishing
לוֹמֵד	learning	נוֹתֵן	giving
כּוֹתֵב	writing	הוֹלֵךְ	going, walking
אוֹמֵר	saying	סוֹגֵר	shutting
יוֹשֵׁב	sitting	עוֹמֵד	standing
שׁוֹמֵר	guarding, keeping	נוֹפֵל	falling

The participles agree with the nouns and pronouns associated with them.

הָאִישׁ הוֹלֵךְ	the man is walking
הַתַּלְמִידָה כּוֹתֶבֶת	the student (f.) is writing
הַיְלָדִים[1] לוֹמְדִים	the boys are learning
הַדּוֹדוֹת עוֹמְדוֹת	the aunts are standing

The following are the forms of the active participles in the *qal* pattern.

כתב	למד	*root*
כּוֹתֵב	לוֹמֵד	masc. sing.
כּוֹתֶבֶת[2]	לוֹמֶדֶת[2]	fem. sing.
כּוֹתְבִים	לוֹמְדִים	masc. plural
כּוֹתְבוֹת	לוֹמְדוֹת	fem. plural

Biblical Word List No. 2 (verb roots occurring 500–5,000 times)

אָכַל	eat
אָמַר	say
בּוֹא	come
דִּבֵּר	speak
הָיָה	be, exist

[1] *When the definite article is attached to a word beginning with* יְ *(the letter* י *with shva), the dagesh is usually omitted.*

[2] *In biblical Hebrew an alternate form for the feminine singular active participle can occasionally be found:* כּוֹתְבָה, לוֹמְדָה.

Self-Correcting Exercises

A. Masculine and feminine present tense verb forms.

דֻּגְמָא: 1 הַתַּלְמִיד לוֹמֵד. (הַתַּלְמִידָה) 2 הַמּוֹרוֹת יוֹשְׁבוֹת. (הַמּוֹרִים)
הַתַּלְמִידָה לוֹמֶדֶת. הַמּוֹרִים יוֹשְׁבִים.

תַּרְגִּיל: 1 הַתַּלְמִיד לוֹמֵד. (הַתַּלְמִידָה)
2 הַמּוֹרוֹת יוֹשְׁבוֹת. (הַמּוֹרִים)
3 הָאִשָּׁה אוֹכֶלֶת. (הָאִישׁ)
4 הַסּוּס עוֹמֵד. (הַסּוּסִים)
5 הַבַּת יוֹשֶׁבֶת. (הַבֵּן)
6 הֵם נוֹפְלִים. (הִיא)
7 הַכְּלָבִים אוֹכְלִים. (הַכֶּלֶב)
8 אֲנַחְנוּ קוֹרְאוֹת. (אַתֶּם)
9 אֲנִי גּוֹמֶרֶת. (הֵן)
10 שָׂרָה וְרָחֵל לוֹמְדוֹת. (דָּוִד וְיוֹסֵף)

B. The present tense.

דֻּגְמָא: 1 הָאִישׁ____ שִׁיר. (כתב) 2 אַתֶּן____ אֶל הַכְּפָר. (הלך)
הָאִישׁ כּוֹתֵב שִׁיר. אַתֶּן הוֹלְכוֹת אֶל הַכְּפָר.

תַּרְגִּיל: 1 הָאִישׁ ____ שִׁיר. (כתב)
2 אַתֶּן ____ אֶל הַכְּפָר. (הלך)
3 הַתַּלְמִיד ____ סֵפֶר. (קרא)
4 הֵם ____ עִבְרִית. (למד)
5 הִיא ____ אֶל הָאֻלְפָּן. (הלך)
6 דָּנִי ____ פְּרָחִים. (נתן)
7 הַתַּלְמִידוֹת ____ שִׁיר קָטָן. (למד)
8 הַסּוּסִים ____ עַל יַד הַשַּׁעַר. (עמד)
9 רָחֵל וְרוּת ____ מִכְתָּבִים. (כתב)
10 הַיַּלְדָּה הַקְּטַנָּה ____ מִן הַכִּסֵּא. (נפל)

Exercises

A. Write the Hebrew roots, without vowels, of the following verbs.

1 finish	3 write	5 sit	7 guard	9 give
2 eat	4 say	6 go	8 shut	10 stand

B. Write the principal forms of the active participles of the following verbs.

Example: לָמַד — לוֹמֵד, לוֹמֶדֶת, לוֹמְדִים, לוֹמְדוֹת

9 אָכַל	7 הָלַךְ	5 גָּמַר	3 אָמַר	1 נָתַן
10 שָׁמַר	8 סָגַר	6 כָּתַב	4 יָשַׁב	2 עָמַד

C. Complete the missing forms of the following verbs.

1 הַתַּלְמִיד לוֹמֵד, הַתַּלְמִידָה____, הַתַּלְמִידִים____, הַתַּלְמִידוֹת____

2 הַמּוֹרֶה יוֹשֵׁב, הַמּוֹרָה____, הַמּוֹרִים____, הַמּוֹרוֹת____

3 הַיֶּלֶד אוֹמֵר, הַיַּלְדָּה____, הַיְלָדִים____, הַיְלָדוֹת____

4 הַסּוּס עוֹמֵד, הַסּוּסָה____, הַסּוּסִים____, הַסּוּסוֹת____

5 הַדּוֹד נוֹתֵן, הַדּוֹדָה____, הַדּוֹדִים____, הַדּוֹדוֹת____

A community of peers in a kibbutz

D. (a) Read aloud, and (b) translate the following.

1 הָאִישׁ יוֹשֵׁב תַּחַת הָעֵץ עִם הַכֶּלֶב.
2 הַתַּלְמִידָה לוֹמֶדֶת מִן הַסֵּפֶר.
3 הָאִשָּׁה הוֹלֶכֶת מִן הַכְּפָר.
4 הַמּוֹרִים כּוֹתְבִים עַל הַתְּמוּנָה.
5 הַמִּשְׁפָּחָה הוֹלֶכֶת מִן הַבַּיִת אֶל הַגַּן.
6 הַסּוּס הַלָּבָן שָׁם, וְהַכֶּלֶב הַשָּׁחוֹר פֹּה.
7 אֵיפֹה הַתַּלְמִידִים? הַתַּלְמִידִים לֹא פֹּה. הֵם הוֹלְכִים אֶל הָאֻלְפָּן.

E. Complete the story by adding the correct participle forms of the verbs (with vowels).

הַתַּלְמִידִים____ (כתב) מִכְתָּבִים. הַמּוֹרָה רוּת____ (אמר): ״שָׁלוֹם תַּלְמִידִים.
הַיּוֹם יוֹם יָפֶה, אֲנַחְנוּ____ (למד) עִבְרִית.״ הַתַּלְמִידִים____ (כתב)
וְהַתַּלְמִידוֹת____ (כתב). הַמּוֹרָה____ (אמר): ״רָחֵל, אַתְּ____ (עמד)?
אַתְּ לֹא____ (ישב) עַל הַכִּסֵּא.״ רָחֵל____ (אמר): ״אֲנִי____ (הלך) אֶל
הַשָּׂדֶה. אֲנִי לֹא____ (למד).״

F. Supply the correct participle form of the following verbs.

1 הַתַּלְמִיד ____ שִׁיר (לָמַד)
2 הַמּוֹרָה ____ שָׁלוֹם (אָמַר)
3 הָאִשָּׁה ____ סֵפֶר (כָּתַב)
4 הַדּוֹד ____ עַל הַכִּסֵּא (יָשַׁב)
5 הֵם ____ דֶּלֶת (סָגַר)
6 אַתֶּם ____ סֵפֶר (נָתַן)
7 הוּא ____ שִׁירִים יָפִים (כָּתַב)
8 הֵן ____ אֶל הַכְּפָר (הָלַךְ)
9 הִיא ____ עִם חָבֵר (אָכַל)
10 אֲנַחְנוּ (m.) ____ עַל הַשֻּׁלְחָן (עָמַד)

G. With which of the roots listed in section 1 of this lesson are the following words closely associated?

1 food
2 saying
3 study
4 lock
5 meeting (noun)
6 to teach
7 student
8 train
9 to feed
10 dictation
11 settle
12 spelling (how to write a word)
13 gift
14 attitude, position
15 correspondence
16 scholar

H. Read the following paragraph and then translate it into Hebrew. (Be careful with the gender.)

Shalom Joseph,

I study Hebrew. I am a student of the ulpan. We are learning and writing beautiful songs. The classes of the ulpan are small. The teacher is young and a nice man. We learn Hebrew with the teachers. We read and write without books. We are a small family.

Rachel.

I. Rapid Reading.

עַל שְׁלֹשָׁה דְּבָרִים הָעוֹלָם עוֹמֵד: עַל הַתּוֹרָה, עַל הָעֲבוֹדָה וְעַל גְּמִילוּת חֲסָדִים.
הָבָה נָגִילָה וְנִשְׂמְחָה. הָבָה נְרַנְּנָה. עוּרוּ אַחִים בְּלֵב שָׂמֵחַ.

J. Read the following unvocalized text.

דוד ורחל הולכים אל השדה.
המורה עומד והמורה יושבת.
התלמידים לומדים עברית מן הספרים.
הוא איש צעיר והיא זקנה.
היום הם הולכים אל האלפן.
המשפחה הולכת מן הבית אל השדה.

Children in a kibbutz are cared for as a group

Lesson 13

Unattached Prepositions

Prefixed Prepositions

בָּאוּנִיבֶרְסִיטָה In the University

דָּוִד וְרָחֵל הֵם סְטוּדֶנְטִים. הֵם לוֹמְדִים עִבְרִית בָּאוּנִיבֶרְסִיטָה. הֵם לוֹמְדִים בַּבֹּקֶר. בַּכִּתָּה לוֹמֵד דָּוִד אֵצֶל הַמּוֹרָה רוּת. הוּא יוֹשֵׁב עַל־יַד הַסְּטוּדֶנְטִית רָחֵל. הוּא נוֹתֵן לְרָחֵל סְפָרִים וְרָחֵל נוֹתֶנֶת לְדָוִד סְפָרִים בְּעִבְרִית. הַמּוֹרָה עוֹמֶדֶת לִפְנֵי הַכִּתָּה, עַל־יַד הַלּוּחַ. הִיא כּוֹתֶבֶת שִׁירִים עַל הַלּוּחַ הַשָּׁחוֹר.

אַחֲרֵי הַשִּׁעוּר, דָּוִד וְרָחֵל הוֹלְכִים אֶל הַגַּן הַגָּדוֹל מוּל הָאוּנִיבֶרְסִיטָה. הֵם יוֹשְׁבִים שָׁם וְאוֹכְלִים. בָּעֶרֶב הוֹלְכִים דָּוִד וְרָחֵל לְקוֹנְצֶרְט בָּעִיר. אַחֲרֵי הַקּוֹנְצֶרְט הֵם הוֹלְכִים אֶל הַבַּיִת שֶׁל דָּוִד. שָׁם הֵם לוֹמְדִים עִבְרִית בְּלִי הַמּוֹרָה. דָּוִד כּוֹתֵב עִבְרִית כְּמוֹ רָחֵל. רָחֵל כּוֹתֶבֶת סִפּוּר עַל הַמַּבּוּל.

מִלּוֹן	VOCABULARY
סְטוּדֶנְט, סְטוּדֶנְטִית	student (m., f.)
שִׁיר	poem
לוּחַ	blackboard (m.)
שִׁעוּר	lesson
מוּסִיקָה	music
עִיר	city (f.)
סִפּוּר	story
מַבּוּל	flood
מַיִם	water
חַלּוֹן	window (m.)
שָׁנָה	year

1. Unattached Prepositions

אֶל	to
עַל	upon, on, about
מִן	from
תַּחַת	under
בְּלִי	without
עַד	until
כְּמוֹ	like, as
עִם	with (somebody)
לִפְנֵי	before, in front of, ago
אַחֲרֵי	after, beyond
אֵצֶל	near to (a person), with, at
בֵּין	between, among
עַל־יַד	by, near, next to
מוּל	opposite

These prepositions are used as **separate** words, and are sometimes known as **simple prepositions.**

כְּמוֹ סוּס	like a horse
עַל־יַד הַלּוּחַ	near the blackboard
אַחֲרֵי הַמַּבּוּל	after the flood
לִפְנֵי הַמּוֹרֶה	before the teacher
מוּל הַחַלּוֹן	opposite the window
בְּלִי מַיִם	without water
בֵּין הָעֵצִים	between the trees
עַד הַבֹּקֶר	until the morning
אֶל הָעִיר	to the city
מִן הַסִּפּוּר	from the story

2. Prefixed Prepositions

לְ—	for, to
בְּ—	in, with, by (a tool, object, etc.), at
כְּ—	like, as
מִ—	from

Note use of בְּ—

בְּגַן	at home (in the home)
בְּמְכוֹנִית	by car
בְּמַיִם	with water
but	
עִם הָאִישׁ	with the man

These prepositions are always used as **prefixes** and cannot stand alone. They are usually known as **prefixed** or **inseparable prepositions.**

There are only four inseparable prepositions.

לְ—	to, for (shortened from אֶל *to*)
לְאִישׁ·	to a man, for a man
בְּ—	in, with, by, at (probably from בַּיִת *house,* therefore, *in*)
בְּיוֹם	in a day, בְּכַדּוּר with a ball
כְּ—	like, as (probably from כֵּן *yes, so,* or from כְּמוֹ *like)*
כְּעֵץ	like a tree
מִ—	from (shortened from מִן *from*)
מִבַּיִת	from a house; מִשָּׁם from there

The inseparable preposition מִ— will be dealt with more fully in a later lesson, since it is not used in the same way as the other three prepositions.

The Hebrew University, Givat Ram campus, Jerusalem

The vowel under the prepositions בְּ— כְּ— לְ— is *shva.*

לְיוֹם	to a day
בְּלַיְלָה	in a night
לְיוֹסֵף	to Joseph
כְּאִישׁ	like a man
בְּשָׁנָה	in a year
כְּמֹשֶׁה	like Moses

If the noun to which the preposition is attached begins with *shva,* לְ— כְּ— בְּ— become בִּ— כִּ— לִ—, because words in Hebrew never begin with two *shvas.* This is an important rule in Hebrew phonology.

לִבְרָכָה	for a blessing
כִּשְׁמוּאֵל	like Samuel
בִּסְפָרִים	in books
בִּמְכוֹנִית	by car

If the first letter of the noun has a *dagesh* (e.g., it begins with one of the letters of BeGaD KeFaT ב ג ד כ פ ת), the *dagesh* is omitted when בְּ— כְּ— לְ— is prefixed.

גַּן	garden
לְגַן	to a garden
דֶּלֶת	door
כְּדֶלֶת	like a door

When one of the prepositions בְּ— כְּ— לְ— is placed before a noun with a definite article, the ה is omitted, but the preposition *inherits* its vowel.

הַסֵּפֶר	the book
בַּסֵּפֶר	in the book (בְּ+הַ+סֵפֶר)
הָאִישׁ	the man
לָאִישׁ	to the man (לְ+הָ+אִישׁ)
הָאָב	the father
כָּאָב	like the father
הָעֶרֶב	the evening
בָּעֶרֶב	in the evening

Remember (see Lesson 7), if the noun contains the definite article, the adjective must also be made definite by adding the definite article ה.

בַּסֵּפֶר הַטּוֹב	in the good book (in the book, the good)

Be careful to distinguish between

לְבַיִת	to *a* house, and
לַבַּיִת	to *the* house
כְּאִישׁ	like *a* man, and
כָּאִישׁ	like *the* man
בְּסֵפֶר טוֹב	in *a* good book, and
בַּסֵּפֶר הַטּוֹב	in *the* good book
כִּתְמוּנָה יָפָה	like *a* beautiful picture, and
כַּתְּמוּנָה הַיָּפָה	like *the* beautiful picture
לְעִיר גְּדוֹלָה	to *a* big city, and
לָעִיר הַגְּדוֹלָה	to *the* big city

Note that עִיר *city* (*town*) is feminine.

Biblical Word List No. 3

דֶּרֶךְ	way (f.)
לֵב	heart
קוֹל	voice
רֹאשׁ	head
שִׁבְעָה	seven

Self-Correcting Exercises

A. Simple prepositions.

דֻּגְמָא: 1 הַמּוֹרֶה עוֹמֵד ___ הַתַּלְמִידִים. (עַל, לִפְנֵי)
הַמּוֹרֶה עוֹמֵד לִפְנֵי הַתַּלְמִידִים.

2 הֵן הוֹלְכוֹת ___ הַקּוֹנְצֶרְט. (אֶל, עַל)
הֵן הוֹלְכוֹת אֶל הַקּוֹנְצֶרְט.

תַּרְגִּיל: 1 הַמּוֹרֶה עוֹמֵד ___ הַתַּלְמִידִים. (עַל, לִפְנֵי)
2 הֵן הוֹלְכוֹת ___ הַקּוֹנְצֶרְט. (אֶל, עַל)
3 רוּת עוֹמֶדֶת ___ הַחַלּוֹן. (אֶל, מוּל)
4 הוּא לוֹמֵד עִבְרִית ___ מוֹרֶה. (בֵּין, בְּלִי)
5 גְּבֶרֶת כֹּהֵן יוֹשֶׁבֶת ___ הָעֵצִים. (תַּחַת, אֶל)
6 הַתַּלְמִידוֹת קוֹרְאוֹת עִבְרִית ___ הַמּוֹרָה. (כְּמוֹ, עַד)
7 רוּת לוֹמֶדֶת ___ דָּנִי. (עִם, בֵּין)
8 דָּנִי קוֹרֵא סְפָרִים מִן הַבֹּקֶר ___ הָעֶרֶב. (עַל, עַד)
9 הַיַּלְדָּה הַקְּטַנָּה נוֹפֶלֶת ___ הָעֵץ. (מִן, כְּמוֹ)
10 הַסְּטוּדֶנְטִים יוֹשְׁבִים ___ הַלּוּחַ. (עַל יַד, כְּמוֹ)

B. Prefixed prepositions.

דֻּגְמָא: 1 הָאִישׁ יוֹשֵׁב, בַּיִת (בּ)
הָאִישׁ יוֹשֵׁב בַּבַּיִת.

2 דָּוִד נוֹתֵן סֵפֶר, מוֹרָה (ל)
דָּוִד נוֹתֵן סֵפֶר לַמּוֹרָה.

תַּרְגִּיל: 1 הָאִישׁ יוֹשֵׁב, בַּיִת (בּ)
2 דָּוִד נוֹתֵן סֵפֶר, מוֹרָה (ל)
3 הָאָב הוֹלֵךְ אֶל הַקּוֹנְצֶרְט, עֶרֶב (בּ)
4 הֵם הוֹלְכִים, עִיר גְּדוֹלָה (ל)
5 הִיא יָפָה, תְּמוּנָה (כּ)
6 הַתַּלְמִידִים לוֹמְדִים, גַּן (בּ)
7 הוּא אוֹכֵל, סוּס (כּ)
8 הַתַּלְמִידוֹת לוֹמְדוֹת, לַיְלָה (בּ)
9 הֵן יוֹשְׁבוֹת, מְכוֹנִית גְּדוֹלָה (בּ)
10 רָחֵל לוֹמֶדֶת, אוּנִיבֶרְסִיטָה (בּ)

Students from abroad at Bar-Ilan University

Exercises

A. Translate into English.

1 בְּלִי סְפָרִים
2 עַל הָעֵץ
3 אַחֲרֵי הָאִישׁ
4 לִפְנֵי שָׁנָה
5 עַל יַד הַלּוּחַ
6 מוּל הַבַּיִת
7 אֶל הַשָּׂדֶה
8 עַד הָעֶרֶב
9 בֵּין הָעֵצִים
10 עִם הַמּוֹרֶה
11 מִן הָרַכֶּבֶת
12 אֵצֶל הָאִישׁ
13 תַּחַת הַמִּטָּה
14 לִפְנֵי הַקּוֹנְצֶרְט
15 כְּמוֹ מַיִם

B. Translate into English.

1 כְּיֶלֶד
2 כַּיֶּלֶד
3 לְיוֹם
4 לַיּוֹם
5 בְּעִיר
6 בָּעִיר
7 לְמוֹרֶה
8 לַמּוֹרֶה
9 כְּאִישׁ
10 כָּאִישׁ
11 בְּבַיִת
12 בַּבַּיִת
13 לִבְרָכָה
14 כִּמְנוֹרָה
15 כַּמְּנוֹרָה

C. Translate into English.

1 דָּוִד הוֹלֵךְ מִן הַבַּיִת אֶל הַשָּׂדֶה.
2 יַעֲקֹב לוֹמֵד עִם רוּת מִן הַבֹּקֶר עַד הָעֶרֶב.
3 אֲנַחְנוּ לוֹמְדִים עִבְרִית בְּלִי מוֹרָה.
4 אֲנִי כּוֹתֶבֶת מִכְתָּב לְחָבֵר.
5 הוּא יוֹשֵׁב עַל הַכִּסֵּא.
6 הַסֵּפֶר תַּחַת הַשֻּׁלְחָן.
7 הַמּוֹרֶה עוֹמֵד לִפְנֵי הַכִּתָּה וְאוֹמֵר: ״שָׁלוֹם תַּלְמִידִים.״
8 אַחֲרֵי הַשִּׁעוּר אַתֶּם הוֹלְכִים לְקוֹנְצֶרְט.
9 רוּת לוֹמֶדֶת אֵצֶל הַמּוֹרֶה יוֹסֵף.
10 הוּא יוֹשֵׁב עַל־יַד הָאִשָּׁה הַצְּעִירָה.
11 בָּעֶרֶב, הַבֵּן יוֹשֵׁב מוּל הָאָב.
12 אֲנִי לֹא כּוֹתֶבֶת שִׁירִים יָפִים כְּמוֹ דָּוִד.

D. Translate into Hebrew.

1 like the good teacher
2 like a good student
3 from the university
4 among the young horses
5 without the beautiful friend (f.)
6 with a nice song
7 to the good mother
8 in the class
9 under the trees
10 on the table

E. Write ten sentences of at least four words each, using in each sentence one of the following prepositions.

לִפְנֵי אֵצֶל, עַד, אַחֲרֵי, בֵּין, מוּל, עַל, מִן, תַּחַת, בְּלִי

F. Rapid Reading.

בֵּין נְהַר פְּרָת וּנְהַר חִדֶּקֶל / עַל הָהָר מִתַּמֵּר דֶּקֶל

אָנֹכִי ה' אֱלֹהֶיךָ אֲשֶׁר הוֹצֵאתִיךָ מֵאֶרֶץ מִצְרַיִם מִבֵּית עֲבָדִים

G. Read the following unvocalized text.

המורה עומדת על יד הלוח לפני הכתה. היא כותבת שירים על הלוח השחור. אחרי השעור דוד ורחל הולכים אל הגן. הם יושבים שם ואוכלים. בערב הם הולכים אל הקונצרט.

Mechanical Engineering Building, Haifa Technion

Lesson 14

Conjugation of the Present Tense
Parts of the Body

הַגּוּף The Body

בָּרֹאשׁ יֵשׁ עַיִן, אַף, פֶּה וְאֹזֶן. בָּרֹאשׁ אֲנַחְנוּ חוֹשְׁבִים. בַּפֶּה אֲנַחְנוּ אוֹכְלִים. בַּפֶּה יֵשׁ שֵׁן גְדוֹלָה.

בַּיָּד אֲנַחְנוּ עוֹבְדִים וְכוֹתְבִים. בָּרֶגֶל אֲנַחְנוּ הוֹלְכִים. בַּבֹּקֶר אֲנַחְנוּ הוֹלְכִים מִן הַבַּיִת אֶל הָאוּנִיבֶרְסִיטָה.

הַתַּלְמִידִים יוֹשְׁבִים עַל הַכִּסֵּא וְאוֹכְלִים תַּפּוּחִים. דַּלְיָה יוֹשֶׁבֶת עַל יַד שְׁלֹמֹה. בַּיָּד שֶׁל דַּלְיָה יֵשׁ סֵפֶר. בַּסֵּפֶר יֵשׁ סִפּוּרִים בְּעִבְרִית. בַּשִּׁעוּר כּוֹתְבִים הַתַּלְמִידִים שִׁירִים. הַתַּלְמִידוֹת בַּכִּתָּה עוֹבְדוֹת וְלוֹמְדוֹת. הַמּוֹרָה עוֹבֶדֶת וְלֹא לוֹמֶדֶת. הַתַּלְמִידִים חוֹשְׁבִים בְּעִבְרִית. הֵם לוֹמְדִים עִבְרִית.

מִלּוֹן	VOCABULARY
דַּלְיָה	Dalia (a girl's name)
שְׁלֹמֹה	Solomon
מֹשֶׁה	Moses
תַּפּוּחַ, תַּפּוּחִים	apple (pronounced *tah-poo-ah*), apples
רֹאשׁ	head
מֵצַח	forehead
עַיִן	eye
אֹזֶן	ear
אַף	nose
פֶּה	mouth
שֵׁן	tooth

לָשׁוֹן	tongue
יָד	hand
אֶ֫צְבַּע	finger
זְרוֹעַ	arm
רֶ֫גֶל	foot
בֶּ֫רֶךְ	knee
צֵלָע	rib
גַּב	back
שַׁד	breast
עֶ֫צֶם	bone
בֶּ֫טֶן	belly
יֵשׁ	there is, there are
אֵין	there is not, there are not

Here are two new verbs.

חָשַׁב	think
עָבַד	work

1. Present Tense of the Regular Verbs

אֲנִי הוֹלֵךְ	I go, I am going, I do go (m.)
אֲנִי הוֹלֶכֶת	I go, I am going, I do go (f.)
אַתָּה הוֹלֵךְ	You (thou) go, you are going, you do go (m.)
אַתְּ הוֹלֶכֶת	You (thou) go, you are going, you do go (f.)
הוּא הוֹלֵךְ	he (it) goes, he is going, he does go
הִיא הוֹלֶכֶת	she (it) goes, she is going, she does go
אֲנַחְנוּ הוֹלְכִים	we go, we are going, we do go (m.)
אֲנַחְנוּ הוֹלְכוֹת	we go, we are going, we do go (f.)
אַתֶּם הוֹלְכִים	you go, you are going, you do go (m.pl.)
אַתֶּן הוֹלְכוֹת	you go, you are going, you do go (f.pl.)
הֵם הוֹלְכִים	they go, they are going, they do go (m.)
הֵן הוֹלְכוֹת	they go, they are going, they do go (f.).

All regular verbs are conjugated as follows in the present tense:

m.s.	אֲנִי, אַתָּה, הוּא:	xוֹxֵx	חוֹשֵׁב, אוֹכֵל, עוֹבֵד
f.s.	אֲנִי, אַתְּ, הִיא:	xוֹxֶxֶת	חוֹשֶׁבֶת, אוֹכֶלֶת, עוֹבֶדֶת
m.pl.	אֲנַחְנוּ, אַתֶּם, הֵם:	xוֹxְxִים	חוֹשְׁבִים, אוֹכְלִים, עוֹבְדִים
f.pl.	אֲנַחְנוּ, אַתֶּן, הֵן:	xוֹxְxוֹת	חוֹשְׁבוֹת, אוֹכְלוֹת, עוֹבְדוֹת

As noted in Lesson 12, the present tense is formed by using the personal pronouns or nouns with the appropriate participles.

הָאִישׁ עוֹבֵד	the man is working
הִיא הוֹלֶכֶת	she goes
אֲנַחְנוּ אוֹכְלִים	we (m.) are eating
הַמּוֹרוֹת עוֹמְדוֹת	the teachers (f.) are standing

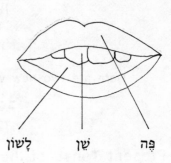

פֶּה   שֵׁן   לָשׁוֹן

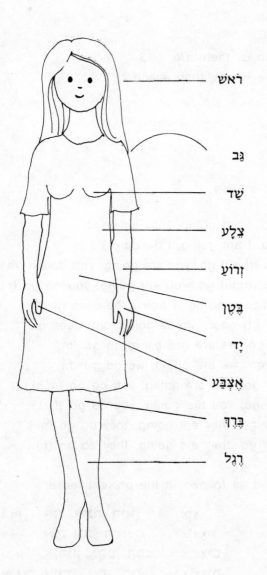

רֹאשׁ

גַּב

שַׁד

צֵלָע

זְרוֹעַ

בֶּטֶן

יָד

אֶצְבַּע

בֶּרֶךְ

רֶגֶל

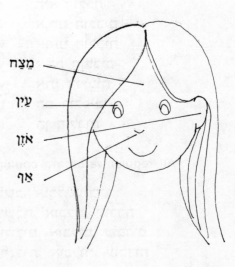

מֵצַח

עַיִן

אֹזֶן

אַף

2. Parts of the Body

Nouns denoting **organs of the body** which come in **pairs** are usually **feminine.**

	יָד	hand
	רֶגֶל	foot
	בֶּרֶךְ	knee
	עַיִן	eye
	אֹזֶן	ear
	זְרוֹעַ	arm
Exception:	שַׁד	breast (masculine)

The following **multiple parts of the body** are also **feminine:**

אֶצְבַּע	finger
שֵׁן	tooth
צֵלָע	rib
עֶצֶם	bone

Most of the parts of the body which do not come in pairs are **masculine.**

	פֶּה	mouth
	רֹאשׁ	head
	אַף	nose
	גַּב	back
	מֵצַח	forehead
Exceptions:	לָשׁוֹן	tongue (feminine)
	בֶּטֶן	belly (feminine)

Biblical Word List No. 4

יָלַד	give birth
יָצָא	go out
הָלַךְ	go
יָדַע	know
יָשַׁב	sit

Self-Correcting Exercises

A. Present tense, singular and plural.

דֻּגְמָא: 1 אֲנִי יוֹשֵׁב עַל הַכִּסֵּא. (הֵם)   2 אֲנַחְנוּ זוֹכְרוֹת שִׁיר יָפֶה. (אַתְּ)
הֵם יוֹשְׁבִים עַל הַכִּסֵּא.   אַתְּ זוֹכֶרֶת שִׁיר יָפֶה.

תַּרְגִּיל: 1 אֲנִי יוֹשֵׁב עַל הַכִּסֵּא. (הֵם)
2 אֲנַחְנוּ זוֹכְרוֹת שִׁיר יָפֶה. (אַתְּ)
3 אַתָּה הוֹלֵךְ לַקּוֹנְצֶרְט. (הֵן)
4 אֲנַחְנוּ נוֹפְלִים עַל הָרֹאשׁ. (הִיא)
5 הִיא עוֹבֶדֶת בַּשָּׂדֶה. (אַתָּה)
6 אַתֶּם עוֹמְדִים מוּל הַדֶּלֶת. (הוּא)
7 אֲנִי שׁוֹמֶרֶת עַל הַבַּיִת. (אַתֶּן)
8 אֲנַחְנוּ חוֹשְׁבוֹת עַל הַמּוֹרֶה. (אַתֶּם)
9 הֵן לוֹמְדוֹת עִבְרִית בָּעֶרֶב. (הֵם)
10 אֲנִי סוֹגֶרֶת עַיִן. (הִיא)

B. Gender of parts of the body.

דֻּגְמָא: 1 יָד גְּדוֹלָה (אַף)   2 רֹאשׁ קָטָן (רֶגֶל)
אַף גָּדוֹל   רֶגֶל קְטַנָּה

תַּרְגִּיל: 1 יָד גְּדוֹלָה (אַף)   6 שֵׁן לְבָנָה (זְרוֹעַ)
2 רֹאשׁ קָטָן (רֶגֶל)   7 עַיִן יָפָה (אַף)
3 פֶּה גָּדוֹל (לָשׁוֹן)   8 מֵצַח קָטָן (בֶּרֶךְ)
4 בֶּטֶן גְּדוֹלָה (מֵצַח)   9 אֶצְבַּע קְטַנָּה (רֶגֶל)
5 אֹזֶן יָפָה (רֹאשׁ)   10 גַּב גָּדוֹל (צֵלָע)

*Open-air markets
are sources of bargains*

Exercises

A. Write the full conjugation of the present tense of יָשַׁב *sit,* and סָגַר *shut,* using vowels.

B. Identify the gender of each noun on the following list. State the reason for your decision. Add any appropriate adjective to each noun, and translate the phrase into English.
Example: דֶּלֶת — f., because it ends in ת. דֶּלֶת שְׁחוֹרָה a black door.

1 מִטָּה
2 גְּבֶרֶת
3 יָד
4 שִׁיר
5 לַיְלָה
6 אֵם
7 בַּיִת
8 פֶּה
9 רֶגֶל
10 שֵׁן
11 לָשׁוֹן
12 רֹאשׁ

C. Rewrite this exercise using the correct form of the adjective.

1 אִישׁ ___ (צָעִיר, צְעִירָה)
2 מְנוֹרָה ___ (יָפֶה, יָפָה)
3 יָד ___ (גָּדוֹל, גְּדוֹלָה)
4 פֶּה ___ (קָטָן, קְטַנָּה)
5 לָשׁוֹן ___ (רָע, רָעָה)
6 לַיְלָה ___ (טוֹב, טוֹבָה)
7 בַּיִת ___ (לָבָן, לְבָנָה)
8 רֶגֶל ___ (קָטָן, קְטַנָּה)
9 עַיִן ___ (שָׁחוֹר, שְׁחוֹרָה)
10 אַף ___ (קָטָן, קְטַנָּה)

D. Write the appropriate form of each verb in the present tense.

1 אֲנִי (גמר)
2 אַתֶּם (הלך)
3 הֵם (עמד)
4 הוּא (סגר)
5 אַתְּ (ישב)
6 הֵן (אכל)
7 אֲנַחְנוּ (עבד)
8 הִיא (כתב)
9 אַתֶּן (חשב)
10 אַתָּה (נתן)
11 הָאִישׁ (עבד)
12 הַבַּת (למד)
13 הַנָּשִׁים (הלך)
14 הָאֲנָשִׁים (הלך)
15 הַתַּלְמִידוֹת (כתב)

Fresh fish is cooked to order at a seaside restaurant

E. Write each sentence in feminine singular, masculine plural, and feminine plural.

Example: אֲנִי יוֹשֵׁב בַּכִּתָּה　　אֲנִי יוֹשֶׁבֶת בַּכִּתָּה

אֲנַחְנוּ יוֹשְׁבִים בַּכִּתָּה　　אֲנַחְנוּ יוֹשְׁבוֹת בַּכִּתָּה

1 אֲנִי לוֹמֵד עִבְרִית וְכוֹתֵב שִׁירִים.

2 אֲנִי יוֹשֵׁב עַל הַכִּסֵּא וְאוֹכֵל. אַתָּה עוֹמֵד בַּחֶדֶר וְלוֹמֵד. אֵיפֹה אַתָּה עוֹמֵד?

F. Read aloud and translate.

1 אֲנַחְנוּ אוֹכְלִים מִן הַיָּד אֶל הַפֶּה.

2 הַתַּלְמִידוֹת הוֹלְכוֹת אֶל הַשָּׂדֶה.

3 רָחֵל לוֹמֶדֶת מִן הַסֵּפֶר.

4 אֲנִי אוֹכֵל עִם הַמּוֹרֶה הַצָּעִיר.

5 הָאִישׁ הַזָּקֵן אוֹכֵל.

6 הָאֵם עוֹמֶדֶת וְהָאָב יוֹשֵׁב.

7 הוּא יוֹשֵׁב בַּגָּן עִם הַגְּבֶרֶת הַצְּעִירָה.

8 אֲנַחְנוּ הוֹלְכִים בָּרֶגֶל.

9 הֵן אוֹכְלוֹת תַּפּוּחִים מִן הָעֵץ.

10 הִיא עוֹבֶדֶת בַּיּוֹם וְלוֹמֶדֶת בַּלַּיְלָה.

G. Translate into Hebrew, without vowels.

1. The man says, "I am the teacher."
2. The black dog is standing under the tree.
3. The uncles are learning, and the aunts are writing.
4. You are good pupils (m.).
5. Sarah is a good woman. She gives flowers to the boys.

H. Rapid Reading.

אַל תִּרְאוּנִי שֶׁאֲנִי שְׁחַרְחֹרֶת

דּוֹדִי לִי וַאֲנִי לוֹ　　שְׁחוֹרָה אֲנִי וְנָאוָה　　בְּנוֹת יְרוּשָׁלַיִם

I. Read the following unvocalized text.

בראש יש עין, אף, פה ואזן. בראש אנחנו חושבים. בפה אנחנו אוכלים. ביד אנחנו עובדים וכותבים. ברגל אנחנו הולכים.

Lesson 15

Classification of Weak Verbs

Constructing Verb Forms

Past Tense of Regular Verbs

זֶה לֹא יָפֶה!   That's Not Nice!

הַתַּלְמִידִים יָשְׁבוּ בַּכִּתָּה וְלָמְדוּ. הַמּוֹרָה עָמְדָה. הִיא אָמְרָה לַתַּלְמִידִים:
– שָׁלוֹם תַּלְמִידִים, בֹּקֶר טוֹב.
– בֹּקֶר טוֹב – אָמְרוּ הַתַּלְמִידִים.
– הַיּוֹם אֲנַחְנוּ לוֹמְדִים שִׁיר יָפֶה. מִי לָמַד שִׁירִים בַּבַּיִת?
– אֲנַחְנוּ לֹא לָמַדְנוּ שִׁירִים אֶתְמוֹל. הָלַכְנוּ אֶל הַשָּׂדֶה, רָכַבְנוּ עַל סוּסִים וְלֹא לָמַדְנוּ – אָמְרוּ הַתַּלְמִידִים.
– לֹא טוֹב – אָמְרָה הַמּוֹרָה – מַדּוּעַ לֹא לְמַדְתֶּם?
הַתַּלְמִיד יוֹסֵף אָמַר – הַמּוֹרָה, אֲנִי תַּלְמִיד טוֹב. אֲנִי יָשַׁבְתִּי, כָּתַבְתִּי וְלָמַדְתִּי. הֵם לֹא לָמְדוּ.
אָמְרָה הַמּוֹרָה – אַתָּה תַּלְמִיד טוֹב, אֲבָל אַתָּה חָבֵר לֹא טוֹב.

מִלּוֹן	VOCABULARY
בְּרָכָה (בְּרָכוֹת)	blessing(s)
אֲדָמָה	earth, land
מִלָּה (מִלִּים)[1]	word(s)
חָבֵר (חֲבֵרִים)	friend(s) (m.)
לוּחַ (לוּחוֹת)[2]	blackboard(s)
כִּסֵּא (כִּסְאוֹת)[2]	chair(s)

[1] *Note that* מִלָּה *which is feminine, takes the masculine plural ending* ים.

[2] *Note that* לוּחַ *and* כִּסֵּא, *which are masculine nouns, take the feminine plural ending* וֹת.

מִכְתָּב	letter
אֶתְמוֹל	yesterday
אֲבָל	but
מִי	who
מַדּוּעַ	why

Here are some new verbs.

זָכַר	remember
רָכַב	ride
יָצָא	go out
יָדַע	know
עָמַד	stand
קָרָא	read, call
קוּם	get up, rise
שׁוּב	return

1. Classification of Weak Verbs

The Hebrew word for *verb* is פֹּעַל. Since the root of Hebrew verbs always consists of three letters, Jewish grammarians of the Middle Ages conveniently called the first root letter of any verb פ׳ הַפֹּעַל (the פ stands for the first letter of the word פֹּעַל). Similarly, the second root letter is ע׳ הַפֹּעַל, and the third root letter is called ל׳ הַפֹּעַל.

You have learned (Lesson 12) that certain weak verbs contain the consonants א ה ו י or an initial נ in their root. These consonants may on occasion be silent or omitted. Such verbs are classified in the following manner.

The verbs

אָמַר	say
אָכַל	eat

have the weak consonant א as the first letter of the root, that is, in the פ׳ הַפֹּעַל position. They are, therefore, called פ״א (*peh-aleph*) verbs.

The verbs

יָשַׁב	sit
יָדַע	know
יָלַד	give birth

have the weak consonant י as the first letter, פ׳ הַפֹּעַל, of their roots. Such verbs are known as פ״י (*peh-yud*) verbs.

The verbs   רָאָה   see

קָנָה   buy

בָּנָה   build

have the weak consonant ה as the last letter, ל׳ הַפֹּעַל, of their roots, and are called ל״ה (lamed-heh) verbs.

Similarly,   קָרָא   read, call is a ל״א (lamed-aleph) verb;

נָפַל   fall, is a פ״נ (peh-nun) verb;

and the verbs   בּוֹא   come

קוּם   get up

שׁוּב   return are ע״ו (ayin-vav) verbs.

These names are useful in formulating and remembering grammatical rules, and will be referred to in future lessons.

2. Constructing Verb Forms

To conjugate a verb, certain consonants and vowels are added at the beginning, in the middle, or at the end of the three letter verbal root. These prefixes, infixes or suffixes determine the tense, person and gender of the verb form.

For example, the first person singular of the past tense is formed by adding the suffix תִּי to the root.

לָמַד	learn	לָמַדְתִּי	I have learned
יָשַׁב	sit	יָשַׁבְתִּי	I sat
יָדַע	know	יָדַעְתִּי	I knew, I have known

Similarly, the first person singular of the future tense is formed by prefixing א.

גָּמַר	finish	אֶגְמֹר	I shall finish
כָּתַב	write	אֶכְתֹּב	I shall write

3. Past Tense of Regular Verbs

As noted earlier (Lesson 12), the Hebrew language has only one tense to denote the past. The Hebrew past expresses several of the tenses used in English to indicate completed (perfect) action. אָמַרְתִּי I said, I have said, I had said, I did say.

The **past** tense is formed by adding certain **suffixes** to the root letters. These suffixes are the same for the past tense of all Hebrew verbs, *without exception,* and indicate person, gender and number. It is not necessary, therefore, to use the personal pronouns with verbs in the past tense.

אָמַרְתִּי	I said

The suffix תִּי indicates both the personal pronoun אֲנִי and the past tense.

The personal pronouns *may* be used for special emphasis.

יָדַעְתָּ	you (m.s.) knew
אַתָּה יָדַעְתָּ	it was you who knew

In modern Hebrew speech, however, the personal pronouns are frequently used without adding special emphasis or significance.

The following conjugation of the past tense is the model for all regular verbs which keep their three root letters in all verbal forms. This pattern is known as *qal* (see Lesson 12).

שָׁמַר[1]	keep (root)
Singular	
(אֲנִי) שָׁמַרְתִּי	I have kept, I kept, I had kept, etc. (m.,f.)
(אַתָּה) שָׁמַרְתָּ	you have kept, etc. (m.)
(אַתְּ) שָׁמַרְתְּ	you have kept, etc. (f.)
(הוּא) שָׁמַר	he (it) has kept, etc. (m.)
(הִיא) שָׁמְרָה	she (it) has kept, etc. (f.)

[1] *The root in itself does not constitute a word. For convenience, it is pronounced with the vowels of the third person (m.s.) of the past tense — this being the simplest of all verbal forms.*

Ceremonial objects from many Jewish communities, the Israel Museum

Plural

(אֲנַחְנוּ) שָׁמַ֫רְנוּ	we have kept, etc. (m.,f.)
(אַתֶּם) שְׁמַרְתֶּם	you have kept, etc. (m.pl.)
(אַתֶּן) שְׁמַרְתֶּן	you have kept, etc. (f.pl.)
(הֵם) שָׁמְרוּ	they have kept, etc. (m.)
(הֵן) שָׁמְרוּ	they have kept, etc. (f.)

In the second person plural (m. and f.), the *qamaṣ* in the first syllable becomes *shva.* This is due to the shifting of the accent from the second to the third syllable.

שָׁמַ֫רְנוּ but שְׁמַרְתֶּ֫ם and שְׁמַרְתֶּ֫ן

Biblical Word List No. 5

אֲדֹנָי (יְהוָֹה)[1]	Lord
אֱלֹהִים, אֵל[2]	God
אֶרֶץ	land, earth (f.)
אֶחָד	one
יוֹם	day

[1] *The four Hebrew letters* יְהוָֹה *Lord, are often referred to as the* ***tetragrammaton.*** *They are transliterated as Jehovah or Yahweh. Out of religious reverence, however, the Hebrew is read* אֲדֹנָי *(adonai, literally, my lord). This usage is post-biblical, and derives from the Third Commandment, "Thou shalt not bear the name of the Lord, thy God, in vain."*

When writing the Hebrew for Lord, the abbreviated form ה' *is used.*

[2] *Do not confuse* אֵל *God, with* אֶל *to.*

Self-Correcting Exercises

A. Past tense.

דִּגְמָא:

1 מִי לָמַד שִׁירִים בַּבַּיִת? (הַתַּלְמִיד)
הַתַּלְמִיד לָמַד שִׁירִים בַּבַּיִת.

2 מִי קָרָא סְפָרִים בַּכִּתָּה? (רָחֵל)
רָחֵל קָרְאָה סְפָרִים בַּכִּתָּה.

תַּרְגִּיל:

1 מִי לָמַד שִׁירִים בַּבַּיִת? (הַתַּלְמִיד)
2 מִי קָרָא סְפָרִים בַּכִּתָּה? (רָחֵל)
3 מִי סָגַר אֶת הַדֶּלֶת? (הִיא)
4 מִי רָכַב עַל הַסּוּסִים? (הַחֲבֵרִים)
5 מִי חָשַׁב עַל הַמּוֹרֶה? (אַתְּ)
6 מִי עָבַד אֶתְמוֹל בַּשָּׂדֶה? (אֲנַחְנוּ)
7 מִי לָמַד לִקְרֹא עִבְרִית? (הַסְּטוּדֶנְטִים)
8 מִי נָפַל מִן הָעֵץ? (הַיֶּלֶד הַקָּטָן)
9 מִי יָצָא מִן הַבַּיִת? (הָאָב)
10 מִי אָמַר "בֹּקֶר טוֹב" לַתַּלְמִידִים? (הַמּוֹרָה)

B. Past tense.

דִּגְמָא:

1 הוּא לָמַד סִפּוּר יָפֶה. (הִיא)
הִיא לָמְדָה סִפּוּר יָפֶה.

2 הַמּוֹרָה יָשְׁבָה בַּגַּן. (הֵם)
הֵם יָשְׁבוּ בַּגַּן.

תַּרְגִּיל:

1 הוּא לָמַד סִפּוּר יָפֶה. (הִיא)
2 הַמּוֹרָה יָשְׁבָה בַּגַּן. (הֵם)
3 הַיֶּלֶד אָכַל תַּפּוּחַ גָּדוֹל. (הַיַּלְדָּה)
4 הָאָב הָלַךְ אֶל הַכְּפָר. (הָאֵם)
5 הַתַּלְמִידִים לָמְדוּ עִבְרִית. (אֲנַחְנוּ)
6 אַתֶּם כְּתַבְתֶּם שִׁירִים יָפִים. (אַתֶּן)
7 אַחֲרֵי הַקּוֹנְצֶרְט הֵם יָצְאוּ מִן הָעִיר. (הִיא)
8 הֵן יָשְׁבוּ עַל הַכִּסֵּא. (אֲנִי)
9 אַתָּה סָגַרְתָּ חַלּוֹן בַּכִּתָּה. (אַתְּ)
10 הֵם אָמְרוּ "בֹּקֶר טוֹב" לַמּוֹרָה. (הוּא)

Exercises

A. Recite the past tense for the following verbs.

יָשַׁב	sit	גָּמַר	finish
לָמַד	learn, study	כָּתַב	write
רָכַב	ride	זָכַר	remember

B. Write the past tense of סָגַר shut, יָשַׁב sit.

C. Translate into English.

1 יָשְׁבָה
2 כָּתַב
3 לָמַדְנוּ
4 סָגַרְתִּי
5 גְּמַרְתֶּם
6 סָגַרְתָּ
7 הָלְכָה
8 עָמַדְנוּ
9 אָמַר
10 כָּתְבוּ
11 לָמְדָה
12 שָׁמַרְתְּ
13 יְשַׁבְתֶּן
14 לָמְדוּ
15 גָּמַרְתִּי

D. Write the correct form of each verb in the past tense.

1 אֲנִי (ישב)
2 אֲנַחְנוּ (כתב)
3 הֵם (למד)
4 אַתָּה (סגר)
5 אַתֶּן (זכר)
6 הִיא (ידע)
7 אַתְּ (עמד)
8 אַתֶּם (ישב)
9 הֵן (הלך)

E. Rewrite the following paragraph a) in the present tense, first person, feminine, singular (...אֲנִי הוֹלֶכֶת);
b) in the past tense, first person, singular (...אֲנִי הָלַכְתִּי);
c) in the past tense, third person, masculine, singular (...הוּא הָלַךְ).

אֲנִי הוֹלֵךְ אֶל הַכִּתָּה. בַּכִּתָּה אֲנִי יוֹשֵׁב וְלוֹמֵד. אֲנִי כּוֹתֵב עִבְרִית טוֹב. הוּא לֹא לוֹמֵד עִבְרִית. אֲנִי אוֹמֵר: ״אַתָּה לֹא לוֹמֵד עִבְרִית?״ הוּא לֹא אוֹמֵר מִלָּה. אֲנִי הוֹלֵךְ מִן הַכִּתָּה אֶל הַבַּיִת. בַּבַּיִת אֲנִי כּוֹתֵב מִכְתָּב אֶל חָבֵר. אֲנִי כּוֹתֵב מִכְתָּב בְּעִבְרִית. אֲנִי זוֹכֵר שִׁירִים בְּעִבְרִית.

F. Change the following sentences from the present to the past tense.

1 אֲנִי סוֹגֵר דֶּלֶת
2 אַתָּה כּוֹתֵב מִכְתָּבִים בְּעֵט
3 אַתְּ עוֹמֶדֶת בַּכִּתָּה
4 הוּא רוֹכֵב עַל סוּס
5 הִיא לוֹמֶדֶת עִבְרִית
6 אֲנַחְנוּ אוֹכְלִים תַּפּוּחִים
7 אַתֶּם זוֹכְרִים שִׁיר
8 אַתֶּן יוֹשְׁבוֹת עַל הַכִּסֵּא
9 הֵם אוֹמְרִים ״שָׁלוֹם״
10 הֵן גּוֹמְרוֹת סֵפֶר

Mosaic floor
from a sixth century synagogue

The Billy Rose Sculpture Garden, Jerusalem

G. Rewrite the exercise by filling in the blanks

Past	Present	Root	
זָכַרְתִּי	________	________	1
________	אַתֶּם שׁוֹמְרִים	________	2
הֵן רָכְבוּ	________	________	3
________	אֲנַחְנוּ כּוֹתְבִים	________	4
הִיא גָּמְרָה	________	________	5
________	הוּא אוֹמֵר	________	6
אַתֶּם כְּתַבְתֶּם	________	________	7
________	אֲנִי סוֹגֶרֶת	________	8
אַתָּה יָשַׁבְתָּ	________	________	9
אַתֶּן זְכַרְתֶּן	________	________	10

H. Read aloud and translate.

1 הָאִישׁ שָׁמַר עַל הַבַּיִת וְעַל הַיְלָדִים.
2 הָלַכְתִּי אֶל הֶחָבֵר בְּלִי הַסְּפָרִים.
3 הַתַּלְמִידָה יָשְׁבָה תַּחַת הָעֵץ, אָכְלָה תַּפּוּחַ, וְלָמְדָה.
4 הַתַּלְמִידִים כָּתְבוּ סִפּוּר יָפֶה עַל הַלּוּחַ.
5 הַמּוֹרֶה יָצָא מִן הַכִּתָּה וְהָלַךְ אֶל הַגָּן.
6 הוּא לָמַד שִׁיר קָטָן מִן הַסֵּפֶר.

I. Read the following unvocalized text.

התלמידים ישבו בכתה ולמדו. המורה עמדה. היום אנחנו לומדים שיר יפה, אמרה המורה. מי למד אתמול שירים בבית? אנחנו לא למדנו, אמרו התלמידים. הלכנו אל השדה ורכבנו על סוסים.

Lesson 16

Demonstrative Pronouns THIS, THESE
Demonstrative Adjectives THIS, THESE

מִכְתָּב מֵחָבֵר A Letter from a Friend

שָׁלוֹם דָּוִד,

אֲנִי כּוֹתֵב מִכְתָּב קָצָר מִן הַכְּפָר. זֶה כְּפָר יָפֶה וְגָדוֹל. נָסַעְתִּי לַכְּפָר הַזֶּה לִפְנֵי שָׁבוּעַ[1]. בַּדֶּרֶךְ מִן הָעִיר[2] הַגְּדוֹלָה אֶל הַכְּפָר יֵשׁ הָרִים גְּדוֹלִים וְיָפִים. אֲנִי חָבֵר שֶׁל מִשְׁפַּחַת[3] כֹּהֵן. זֹאת מִשְׁפָּחָה גְּדוֹלָה וְטוֹבָה.

נָסַעְתִּי אֶל הַכְּפָר עִם רוּת. רוּת שָׁכְחָה סְפָרִים בַּבַּיִת. הִיא נָסְעָה אֶל הָעִיר. הַסְּפָרִים הָאֵלֶּה הֵם סְפָרִים בְּעִבְרִית. הִיא לוֹמֶדֶת עִבְרִית בַּכְּפָר. אַתָּה שָׁלַחְתָּ לִי סֵפֶר עִם שִׁירִים. תּוֹדָה! הַשִּׁירִים הָאֵלֶּה הֵם יָפִים מְאֹד. אֲנִי קוֹרֵא שִׁירִים וְשׁוֹמֵעַ מוּסִיקָה בַּבֹּקֶר וּבָעֶרֶב.

שָׁלַחְתִּי מִכְתָּבִים אֶל הַחֲבֵרִים. לֹא שָׁכַחְתִּי אֶת הַחֲבֵרִים בָּעִיר. אֲנִי שׁוֹמֵעַ דְּבָרִים טוֹבִים עַל הַחֲבֵרִים הָאֵלֶּה.

בִּבְרָכָה[4], יוֹסֵף

1 הַמַּחְבֶּרֶת הַזֹּאת עַל הַשֻּׁלְחָן הַזֶּה.
2 הָאִשָּׁה הַזֹּאת הִיא אִשָּׁה טוֹבָה.
3 אֵלֶּה הַמּוֹרִים הַטּוֹבִים וְאֵלֶּה הַמּוֹרוֹת הַטּוֹבוֹת.
4 הַתְּמוּנָה הַזֹּאת עַל הַשֻּׁלְחָן.
5 הָאִישׁ הַזֶּה יָצָא מִן הַבַּיִת הַגָּדוֹל.

[1] *a week ago (literally, before a week)*
[2] *remember,* עִיר *is feminine* [3] *the family of (i.e. the Cohen family)*
[4] *greetings (literally, with a blessing)*

Fishermen on the Sea of Galilee

מִלּוֹן	VOCABULARY
שָׁמַע	hear
יָדַע	know
לָקַח	take
שָׁלַח	send
נָסַע	travel
שָׁכַח	forget
סָלַח	forgive
תּוֹדָה	thank you
קָצָר, קָצֵר	short, brief
גָּבֹהַּ (גְּבוֹהִים)	high
מְאֹד	very, very much
הַר (הָרִים)	mountain
עִיר (עָרִים)[1]	city, town (f.)
דֶּרֶךְ (דְּרָכִים)[1]	way (f.)
דָּבָר (דְּבָרִים)	word, thing
שָׁבוּעַ (שָׁבוּעוֹת)[1]	week (m.)
מַחְבֶּרֶת (מַחְבָּרוֹת)	notebook
כְּפָר	village, country (the opposite of city)
זֶה, זאת	this (m.,f.)
אֵלֶּה	these (m.,f.)

[1] *As pointed out previously several masculine nouns have feminine forms in the plural, and several feminine nouns have masculine forms in the plural. These exceptions are relatively few and should be memorized.*

1. The Demonstrative Pronouns THIS, THESE

זֶה	*this* is used for masculine nouns.
זאת	*this* is used for feminine nouns. (**Note** the silent א.)
אֵלֶה	*these* is used for both masculine and feminine nouns.
זֶה אִישׁ	This is a man.
זֶה הָאִישׁ	This is the man.
זאת אִשָּׁה	This is a woman.
זאת הַמַּחְבֶּרֶת	This is the notebook.
אֵלֶה מוֹרִים	These are teachers (m.).
אֵלֶה הַסְּפָרִים	These are the books.
אֵלֶה כִּתּוֹת	These are classrooms.
אֵלֶה הַתְּמוּנוֹת	These are the pictures.

2. The Demonstrative Adjectives THIS, THESE

The demonstative adjectives הַזֶּה ,הַזּאת, and הָאֵלֶה always follow the noun and are used with defined nouns, that is, nouns with the definite article *the,* the prefix —ה.

When demonstrative adjectives are used, the order of words is the reverse of that in English.

הַסֵּפֶר הַזֶּה	this book
הַסֵּפֶר הַלָּבָן הַזֶּה	this white book [the book, the white (one), this (one)]
הַתְּמוּנָה הַיָּפָה הַזּאת	this beautiful picture
הַסִּפּוּרִים הַטּוֹבִים הָאֵלֶה	these good stories

Compare the following:

זֶה הַיֶּלֶד.	This is the boy.
הַיֶּלֶד הַזֶּה	this boy
הַיֶּלֶד הַקָּטָן הַזֶּה	this little boy

זאת הַכִּתָּה.	This is the classroom.
הַכִּתָּה הַזֹּאת	this classroom
הַכִּתָּה הַגְּדוֹלָה הַזֹּאת	this big classroom
אֵלֶּה הַפְּרָחִים.	These are the flowers.
הַפְּרָחִים הָאֵלֶּה	these flowers
הַפְּרָחִים הַיָּפִים הָאֵלֶּה	these beautiful flowers
אֵלֶּה הַתְּמוּנוֹת.	These are the pictures.
הַתְּמוּנוֹת הָאֵלֶּה	these pictures
הַתְּמוּנוֹת הַיָּפוֹת הָאֵלֶּה	these beautiful pictures

Note the difference between זֶה הַיֶּלֶד *this is the boy* and הַיֶּלֶד הַזֶּה *this boy* (the boy, this one). The first is a complete sentence, and the second is not. In the first example זֶה is a pronoun; in the second, הַזֶּה is an adjective. Since the noun is defined, the adjective must be defined too.

General Review of Adjectives, Demonstrative Adjectives, and Demonstrative Pronouns

אִישׁ טוֹב	a good man
הָאִישׁ הַטּוֹב	the good man
הָאִישׁ טוֹב.	The man is good.
זֶה הָאִישׁ.	This is the man.
הָאִישׁ הַזֶּה	this man
זֶה אִישׁ טוֹב.	This is a good man.
הָאִישׁ הַטּוֹב הַזֶּה	this good man
הָאִישׁ הַזֶּה טוֹב.	This man is good.

Biblical Word List No. 6

הַר	mountain
הָרִים	mountains
שָׁנָה	year
בֵּן	son
מֶלֶךְ	king

Self-Correcting Exercises

A. Demonstrative Pronouns.

דֻּגְמָא: 1 הַסֵּפֶר הַגָּדוֹל הַזֶּה
זֶה הַסֵּפֶר הַגָּדוֹל.
2 הַבְּגָדִים הַיָּפִים הָאֵלֶּה
אֵלֶּה הַבְּגָדִים הַיָּפִים.

תַּרְגִיל: 1 הַסֵּפֶר הַגָּדוֹל הַזֶּה
2 הַבְּגָדִים הַיָּפִים הָאֵלֶּה
3 הָאִישׁ הַקָּטָן הַזֶּה
4 הַיָּד הַגְּדוֹלָה הַזֹּאת
5 הַדּוֹדִים הַטּוֹבִים הָאֵלֶּה
6 הָאַף הַקָּטָן הַזֶּה
7 הָעַיִן הַיָּפָה הַזֹּאת
8 הַתְּמוּנוֹת הַיָּפוֹת הָאֵלֶּה
9 הַמּוֹרָה הַצְּעִירָה הַזֹּאת
10 הַבָּנוֹת הַיָּפוֹת הָאֵלֶּה

B. Demonstrative Pronouns.

דֻּגְמָא: 1 הַיֶּלֶד הַזֶּה אוֹכֵל בַּיָּדַיִם. (הַיְלָדִים)
הַיְלָדִים הָאֵלֶּה אוֹכְלִים בַּיָּדַיִם.
2 הַמּוֹרָה הַזֹּאת כּוֹתֶבֶת עַל הַלּוּחַ. (הַמּוֹרוֹת)
הַמּוֹרוֹת הָאֵלֶּה כּוֹתְבוֹת עַל הַלּוּחַ.

תַּרְגִיל: 1 הַיֶּלֶד הַזֶּה אוֹכֵל בַּיָּדַיִם. (הַיְלָדִים)
2 הַמּוֹרָה הַזֹּאת כּוֹתֶבֶת עַל הַלּוּחַ. (הַמּוֹרוֹת)
3 הָאִשָּׁה הַזֹּאת הוֹלֶכֶת בָּרֶגֶל. (הָאֲנָשִׁים)
4 הַסּוּס הַזֶּה עוֹמֵד מוּל הַשַּׁעַר. (הַכְּלָבִים)
5 הַבֵּן הַזֶּה כּוֹתֵב מִכְתָּב לַדּוֹד. (הַבַּת)
6 הַמּוֹרֶה הַזֶּה עוֹמֵד עַל יַד הַלּוּחַ. (הַמּוֹרָה)
7 הָאֲנָשִׁים הָאֵלֶּה שׁוֹמְרִים עַל הַבַּיִת. (הַחֲבֵרָה)
8 הַתַּלְמִידָה הַזֹּאת לוֹמֶדֶת בַּכִּתָּה. (הַתַּלְמִיד)
9 הַנָּשִׁים הָאֵלֶּה זוֹכְרוֹת שִׁיר יָפֶה. (הַתַּלְמִידִים)
10 הַסְּטוּדֶנְטִים הָאֵלֶּה לוֹמְדִים עִבְרִית. (הַיְלָדוֹת)

Exercises

A. Read aloud and translate into English.

1 הַסֵּפֶר הַזֶּה
2 הָאִשָּׁה הַזֹּאת
3 הַיָּד הַזֹּאת
4 הַיֶּלֶד הַזֶּה
5 הַסִּפּוּרִים הָאֵלֶּה
6 זֶה הַבַּיִת
7 הַתְּמוּנוֹת הָאֵלֶּה
8 זֹאת הָאִשָּׁה
9 אֵלֶּה הַמְּנוֹרוֹת

B. Read aloud and translate into English.

1 הָאִישׁ טוֹב
2 הָאִישׁ הַטּוֹב
3 הָאִישׁ הַזֶּה
4 הָאִישׁ הַטּוֹב הַזֶּה
5 זֶה הָאִישׁ הַטּוֹב
6 הַמּוֹרֶה הַזֶּה
7 הַמּוֹרֶה הַצָּעִיר
8 הַמּוֹרֶה הַצָּעִיר הַזֶּה
9 הַמּוֹרֶה הַזֶּה צָעִיר
10 זֶה מוֹרֶה צָעִיר

C. Rewrite exercise B above in the feminine gender.

D. Translate into Hebrew, without vowels.

1 this boy
2 the little boy
3 this little boy
4 This boy is little.
5 This little boy went to the city.
6 this picture
7 this beautiful picture
8 This picture is beautiful.
9 This is the beautiful picture.
10 The beautiful picture is on this blackboard.

The Dead Sea is the lowest point on earth

E. Read aloud and translate into English.

1 זֶה בַּיִת גָּדוֹל
2 זֶה סֵפֶר טוֹב
3 זֶה הָאִישׁ הַצָּעִיר
4 זֹאת מַחְבֶּרֶת עִם שִׁירִים
5 זֹאת אִשָּׁה יָפָה
6 הַמִּשְׁפָּחָה הַטּוֹבָה הַזֹּאת הָלְכָה אֶל הַכְּפָר הַגָּדוֹל
7 הַתַּלְמִידִים הָאֵלֶּה צְעִירִים
8 אֵלֶּה הֵם סוּסִים שְׁחוֹרִים
9 אֵלֶּה דּוֹדוֹת זְקֵנוֹת
10 אֵלֶּה מְנוֹרוֹת יָפוֹת
11 הַתְּמוּנוֹת הָאֵלֶּה גְּדוֹלוֹת
12 אֵלֶּה הָרִים גְּבוֹהִים

F. Rewrite sentences 1 through 6 of exercise E in the plural.

G. Rewrite sentences 7 through 12 of exercise E in the singular.

H. Fill the blanks with a suitable demonstrative adjective (this or these).

1 הַסִּפּוּר _____ יָפֶה
2 הַכִּתָּה _____ קְטַנָּה
3 הַתְּמוּנָה _____ יָפָה
4 הַשַּׁעַר _____ גָּדוֹל
5 הַמּוֹרוֹת _____ צְעִירוֹת
6 הַפְּרָחִים _____ לְבָנִים
7 הַצְּבָעִים _____ יָפִים
8 הַדּוֹדוֹת _____ זְקֵנוֹת

I. Translate into Hebrew. (Review)

1 We remembered.
2 You (m.s.) remembered.
3 He went.
4 She has eaten.
5 She is eating.
6 We (f.) remember.
7 I (f.) am eating.
8 I have eaten.
9 You (f.pl.) are writing.
10 We (m.) remember.

J. Read the following unvocalized text.

שלום דוד,

נסעתי אל הכפר עם רות. היא שכחה ספרים בבית. היא נסעה מן העיר הזאת. אני כותב את המכתב הזה מן הכפר. זה כפר יפה וגדול. אלה התמונות של הכפר.

שלום וברכה, יוסף.

Lesson 17

Relative Pronouns WHO, WHOM, WHICH, THAT

The Hebrew Particle אֶת

בַּהַפְסָקָה During Recess

בַּהַפְסָקָה עוֹמְדוֹת רוּת וְחַנָּה עַל־יַד הַכִּתָּה. יֵשׁ כִּתּוֹת חֲדָשׁוֹת, מוֹרִים חֲדָשִׁים וְתַלְמִידִים חֲדָשִׁים. רוּת אוֹמֶרֶת:

– מִי הוּא הָאִישׁ שֶׁעוֹמֵד שָׁם עַל־יַד הַדֶּלֶת?

– זֶה הַמּוֹרֶה שֶׁל הַכִּתָּה הַגְּדוֹלָה.

– וּמִי הִיא הָאִשָּׁה שֶׁהוֹלֶכֶת אֶל הַחֶדֶר שֶׁל הַמּוֹרִים?

– זֹאת הַמּוֹרָה שֶׁל הַכִּתָּה לְעִבְרִית. הִיא מוֹרָה חֲדָשָׁה.

– שָׁמַעְתְּ מַה שֶּׁעָשָׂה יוֹסֵף? הוּא אָכַל לֶחֶם וְתַפּוּחַ בַּכִּתָּה.

– מָה אָמְרָה הַמּוֹרָה?

– הִיא אָמְרָה שֶׁהַכִּתָּה לֹא מִסְעָדָה.

– אֶתְמוֹל הָלַכְנוּ לַמִּסְעָדָה הַחֲדָשָׁה אֲשֶׁר בָּאוּנִיבֶרְסִיטָה. הָאֹכֶל שָׁם טוֹב.

רוּת אָמְרָה שָׁלוֹם וְהָלְכָה לַכִּתָּה לְעִבְרִית אֲבָל חַנָּה הָלְכָה אֶל הַגָּן.

מִלּוֹן	VOCABULARY
אֹכֶל	food
אֶרֶץ (אֲרָצוֹת)	earth, land (f.)
הִנֵּה	here is, here are
תְּפִלָּה	prayer
עַם	people (m.)
הַפְסָקָה	recess, intermission
חֶדֶר (חֲדָרִים)	room
לֶחֶם	bread

מִסְעָדָה	restaurant
שָׁמַ֫יִם	sky (m.)
יְרוּשָׁלַ֫יִם	Jerusalem
יִשְׂרָאֵל	Israel
אֲשֶׁר, שֶׁ—	who, whom, that, which
מִי	who
מָה, מַה	what
מַה שֶּׁ—	that which, what
חֲלוֹם (חֲלוֹמוֹת)[1]	dream (m.)
חַלוֹן (חַלּוֹנוֹת)[1]	window (m.)
רָאָה	see
בָּנָה	build
חָדָשׁ (חֲדָשִׁים)	new

1. The Relative Pronouns: WHO, WHOM, WHICH, THAT

הָאִישׁ אֲשֶׁר הָלַךְ אֶל הַבַּ֫יִת	the man **who** went to the house
הָאִשָּׁה אֲשֶׁר קָרְאָה מִן הַסֵּ֫פֶר	the woman **who** read from the book
הַשִּׁירִים אֲשֶׁר בַּסֵּ֫פֶר	the songs **which** (are) in the book
הַשִּׁיר אֲשֶׁר לְדָוִד[2]	the song **which** (is) to David (i.e., David's song)
הַסּוּסִים אֲשֶׁר עָמְדוּ תַּ֫חַת הָעֵץ	the horses **which** stood under the tree
הַשִּׁירִים אֲשֶׁר שָׁמַ֫עְתָּ	the songs **that** you have heard
מִי הַיֶּ֫לֶד אֲשֶׁר לָקַ֫חְתָּ אֶל הַגַּן?	Who is the boy **whom** you took to the garden?

From the above examples, you have probably observed that the relative pronoun אֲשֶׁר is invariable for persons and things, for all genders and numbers. The relative pronoun may sometimes be omitted in English. In Hebrew it must always be used.

A contracted form of אֲשֶׁר used as a prefix is —שֶׁ (followed by a *dagesh*, if the following letter is not a guttural or ר). —שֶׁ cannot stand as a separate word.

הַסֵּ֫פֶר אֲשֶׁר לָקַ֫חְתִּי, הַסֵּ֫פֶר שֶׁלָּקַ֫חְתִּי	the book that I took
הָאִישׁ אֲשֶׁר הָלַךְ, הָאִישׁ שֶׁהָלַךְ	the man who went

---

[1] *Note* the irregular plural form.

[2] *Biblical Hebrew usage.*

הָאִשָּׁה אֲשֶׁר אָכְלָה, הָאִשָּׁה שֶׁאָכְלָה	the woman who ate
הַסּוּסִים אֲשֶׁר עָמְדוּ, הַסּוּסִים שֶׁעָמְדוּ	the horses which stood
הַתְּמוּנוֹת אֲשֶׁר לָקַחְתָּ, הַתְּמוּנוֹת שֶׁלָּקַחְתָּ	the pictures that you took
הַיְלָדִים אֲשֶׁר זָכַרְתָּ, הַיְלָדִים שֶׁזָּכַרְתָּ	the boys whom you remembered

הַבַּיִת שֶׁבָּנָה	the house that he built
הָאִישׁ שֶׁאָכַל	the man who ate
הַתַּלְמִידוֹת שֶׁיּוֹשְׁבוֹת בַּכִּתָּה	the students (f.) who are sitting in the classroom
הַשִּׁעוּר שֶׁשָּׁמַעְנוּ הַיּוֹם מִן הַמּוֹרֶה	the lesson which we heard today from the teacher
הָאִישׁ שֶׁרָאָה אֶת הַתְּמוּנָה	the man who saw the picture
הַתְּמוּנָה שֶׁרָאָה הָאִישׁ	the picture that the man saw

The contracted form —שֶׁ is rarely found in the Bible, but it is regularly used in post-biblical, medieval and modern Hebrew texts.

We shall learn more about the use of אֲשֶׁר in later lessons.

Vegetables are grown under plastic to conserve moisture

2. The Hebrew Particle אֶת or אֵת

This is one of the most frequently used words in the Bible, and probably in any Hebrew text. There is no English word equivalent to the Hebrew אֶת. It is merely an indication that **the following noun is a defined direct object of the verb.** It is not translated into English.

הַיֶּלֶד אָכַל תַּפּוּחַ.	The boy ate an apple.
הַיֶּלֶד אָכַל אֶת הַתַּפּוּחַ.	A boy ate **the** apple.
יוֹסֵף רָאָה חֲלוֹם.	Joseph saw a dream.
יוֹסֵף רָאָה אֶת הַחֲלוֹם.	Joseph saw **the** dream.

In these sentences, the verbs **ate** and **saw** are transitive, and therefore they can take a direct object. Apple is the direct object of ate, and dream is the direct object of saw.

The particle אֶת is used when the direct object is defined (i.e., is known and used) with the definite article.

הָאִישׁ רָאָה.	The man saw. (man is *subject)*
הוּא רָאָה אֶת הָאִישׁ.	He saw the man. (man is the *direct object*)
הַיֶּלֶד זָכַר.	The boy remembered. (boy is the *subject)*
הוּא זָכַר אֶת הַיֶּלֶד.	He remembered the boy. (boy is the *direct object)*
מִי לָקַח?	Who took? (who is the *subject*)
אֶת מִי לָקַח?	Whom did he take? (whom is the *direct object)*

From the above examples it is clear that:

a) אֶת governs the direct object when it is defined. (In the last sentence אֶת מִי is the direct object of the verb לָקַח and refers to a definite person.)

הָאִישׁ רָאָה אֶת יוֹסֵף.	The man saw Joseph.
הָעָם בָּנָה אֶת יְרוּשָׁלַיִם.	The people built Jerusalem.

The particle אֶת is used whenever the direct object of the verb is known or defined. In the first sentence, Joseph is a proper noun and therefore represents a definite person. Similarly, Jerusalem, in the second sentence, represents a definite location. Hence אֵת is added when forming these sentences in Hebrew.

b) When translating a simple sentence, you may begin either with the noun or with the verb.

הָאִישׁ לָקַח	the man took
לָקַח הָאִישׁ	the man took

In modern Hebrew, the sentence usually begins with the subject.
In biblical Hebrew, the sentence usually begins with the verb.

c) In biblical Hebrew, אֵת is pointed with ֵ *ṣereh.* When it is hyphenated, it is pointed with ֶ *seghol.*

אֵת הָאִישׁ but אֶת־הָאִישׁ

In post-biblical and modern Hebrew, אֶת is always used, without a hyphen.

d) If there is more than one direct object to the verb, אֶת is repeated before each noun.

בְּרֵאשִׁית בָּרָא אֱלֹהִים	In the beginning God created
אֵת הַשָּׁמַיִם וְאֵת הָאָרֶץ.	the heavens and the earth.
הָאִישׁ לָקַח אֶת הַיֶּלֶד	The man took the boy
וְאֶת הַיַּלְדָּה.	and the girl.
הַיֶּלֶד לָקַח אֶת הַסֵּפֶר	The boy took the book
וְאֶת הַתְּמוּנוֹת.	and the pictures.

e) אֶת is never used after a preposition.

דָּוִד יָשַׁב עַל הָאָרֶץ	David sat on the ground.

The particle אֶת is added when the defined noun is a direct object of the verb, not of the preposition.

Notes

a) אֶרֶץ *(land)* with the definite article ה is always pointed הָאָרֶץ.
The plural is אֲרָצוֹת.
עַם *(people)* becomes הָעָם.
הַר (*mountain*) becomes הָהָר. The plural is הָרִים.

b) הָאָרֶץ *(the land, the country)* may also refer to Israel, which is the land of the Bible.

Biblical Word List No. 7

רָאָה	see
זָכַר	remember
בָּרָא	create
בָּנָה	build
לָקַח	take

Self-Correcting Exercises

A. The participle אֶת.

דֻּגְמָא:

1 הוּא אָכַל לֶחֶם.
הוּא אָכַל אֶת הַלֶּחֶם.

2 אֲנַחְנוּ קוֹרְאִים סְפָרִים.
אֲנַחְנוּ קוֹרְאִים אֶת הַסְּפָרִים.

תַּרְגִּיל:

1 הוּא אָכַל לֶחֶם.
2 אֲנַחְנוּ קוֹרְאִים סְפָרִים.
3 הֵם כָּתְבוּ מִכְתָּבִים.
4 רָחֵל זוֹכֶרֶת שִׁיר.
5 הִיא לָקְחָה פְּרָחִים.
6 אַתֶּם סְגַרְתֶּם שַׁעַר.
7 הַמּוֹרָה קָרְאָה עִתּוֹן.
8 הַדּוֹד בָּנָה בַּיִת.
9 הַתַּלְמִיד רָאָה תְּמוּנָה.
10 הֵם כָּתְבוּ שִׁירִים.

B. The use of שֶׁ—, אֲשֶׁר.

דֻּגְמָא:

1 הָאִישׁ כָּתַב אֶת הַסִּפּוּר. (אֲשֶׁר)
מִי הָאִישׁ אֲשֶׁר כָּתַב אֶת הַסִּפּוּר?

2 הַמּוֹרָה נָתְנָה פְּרָחִים לַתַּלְמִידִים. (שֶׁ־)
מִי הַמּוֹרָה שֶׁנָּתְנָה פְּרָחִים לַתַּלְמִידִים?

תַּרְגִּיל:

1 הָאִישׁ כָּתַב אֶת הַסִּפּוּר. (אֲשֶׁר)
2 הַמּוֹרָה נָתְנָה פְּרָחִים לַתַּלְמִידִים. (שֶׁ־)
3 הָאִשָּׁה הָלְכָה אֶל הַקּוֹנְצֶרְט. (שֶׁ־)
4 הַדּוֹד כָּתַב אֶת הַמִּכְתָּבִים. (שֶׁ־)
5 הַמּוֹרִים אָמְרוּ שָׁלוֹם לַתַּלְמִידִים. (שֶׁ־)
6 הַבַּת הָלְכָה אֶל הַכְּפָר. (אֲשֶׁר)
7 הָאֲנָשִׁים יָשְׁבוּ בַּבַּיִת. (שֶׁ־)
8 הַיְלָדִים אָכְלוּ אֶת הַתַּפּוּחַ. (אֲשֶׁר)
9 הָאִישׁ בָּנָה אֶת הַבַּיִת. (אֲשֶׁר)
10 הַיֶּלֶד זָכַר אֶת הַסִּפּוּר. (שֶׁ־)

Exercises

A. Translate into English.

1 הָאִישׁ שֶׁעָמַד עַל־יַד הַלּוּחַ הוּא הַמּוֹרֶה.
2 הַסֵּפֶר שֶׁלָּקַחְתִּי הוּא סֵפֶר שֶׁל שִׁירִים.
3 הַמּוֹרָה אָמְרָה שֶׁהַתְּמוּנָה יָפָה.
4 דָּוִד הוּא הָאִישׁ שֶׁלָּקַח אֶת הַסֵּפֶר אֶל הַבַּיִת שֶׁל הַמּוֹרֶה.
5 הִיא זָכְרָה אֶת הַיֶּלֶד שֶׁכָּתַב אֶת הַמִּכְתָּב.
6 הַיֶּלֶד לָקַח אֶת הַתְּמוּנָה וְהָאִישׁ לָקַח אֶת הַיֶּלֶד.
7 הַיְלָדִים אָכְלוּ אֶת הַתַּפּוּחַ וְאֶת הַלֶּחֶם.
8 אָכַלְנוּ בַּמִּסְעָדָה אֲשֶׁר בָּאוּנִיבֶרְסִיטָה הַזֹּאת.
9 הַתַּלְמִידִים כָּתְבוּ בַּמַּחְבֶּרֶת אֶת הַסִּפּוּרִים אֲשֶׁר בַּסֵּפֶר.
10 יוֹסֵף זָכַר אֶת הַמּוֹרָה וְאֶת הַתַּלְמִידִים הַחֲדָשִׁים שֶׁיָּשְׁבוּ עַל־יַד הַחַלּוֹן.
11 הִנֵּה הַמּוֹרֶה הַצָּעִיר שֶׁל הַכִּתָּה הַחֲדָשָׁה.
12 הָאִישׁ נָסַע אֶל יְרוּשָׁלַיִם לִפְנֵי שָׁנָה.[1]

B. Translate into Hebrew, without vowels.

1 He read a story. He read the story.
2 The man saw. He saw the man.
3 Who remembered? Whom did he remember?
4 I took a book. We took the book.
5 He ate the apples. He saw apples on the tree.
6 He took the book from the ground.
7 He went to this country a year ago.
8 The man saw the mountain.
9 He saw the man on this mountain.
10 The people (s.)[2] built this land.

C. Translate into Hebrew.

1 I remember the man who took the picture.
2 They remembered the story which they read from the book.
3 Who is the boy who stood under the tree?

[1] לִפְנֵי שָׁנָה, *a year ago (literally, before a year)*

[2] עַם, *people, is generally used with a masculine singular verb.*
הָעָם רָאָה *the people saw.*

4 The student (m.) saw the new teacher (f.) in the garden.
5 This is the teacher (f.) who read this beautiful song.
6 He saw the boys who took the book.
7 The woman remembered the song which she learned in class.
8 The man who went to the city is the teacher.
9 The boy remembered the dream which he saw at night (translate *in the night).*
10 Who is the man who went to the city?

D. Fill in the blanks using any of the following words.

בָּנָה, חֲלוֹם, גַּנִּים, מִי, אֶרֶץ, אֵת, לֶחֶם, הַשָּׁמַיִם

1 הוּא רָאָה _____ בַּלַּיְלָה.
2 _____ רָאָה אֶת יְרוּשָׁלַיִם?
3 אַמֶרִיקָה הִיא _____ גְּדוֹלָה.
4 לָקַחְתִּי ____ הַתַּפּוּחַ מִן הַשֻּׁלְחָן.
5 בַּלַּיְלָה _____ שְׁחוֹרִים.
6 בַּבֹּקֶר אֲנַחְנוּ אוֹכְלִים _____.
7 בָּעִיר הַזֹּאת יֵשׁ _____ יָפִים.
8 הַדּוֹד _____ בַּיִת יָפֶה בְּתֵל־אָבִיב.

A Roman amphitheatre at Bet Shean seated 5000, c. 200 C.E.

E. (Review) Conjugate, in writing, the present and the past of רָכַב *ride.*

F. (Review) Translate the following.

1 I remembered
2 we sat
3 he stood
4 you (f.s.) went
5 they have eaten
6 you (m.s.) finished
7 we (m.) are sitting
8 you (f.pl.) wrote
9 she knew

G. Read the following unvocalized text.

שמעת מה שעשה יוסף? הוא אכל לחם ותפוח בכתה. מה אמרה המורה? היא אמרה שהכתה לא מסעדה. אתמול הלכנו למסעדה של האוניברסיטה. שם האוכל טוב.

Herod's fortress-palace in the Judean desert (1st century C.E.)

A crusader hall, excavated in Acre

Lesson 18

חֲזָרָה Review of Lessons 12–17

1 The simple form of the Hebrew verbs is known as *qal* (Lesson 12).

2 Active participles follow the pattern of xxix (Lesson 12).

יָשַׁב	sit
יוֹשֵׁב	sitting

3 Participles agree with the nouns and pronouns associated with them (Lesson 12).

הָאִשָּׁה הוֹלֶכֶת	הֵן כּוֹתְבוֹת
הַיְלָדִים אוֹכְלִים	הַמּוֹרֶה יוֹשֵׁב

4 The principal forms of the active participles of regular verbs are

לָמַד (root): לוֹמֵד, לוֹמֶדֶת, לוֹמְדִים, לוֹמְדוֹת

כָּתַב (root): כּוֹתֵב, כּוֹתֶבֶת, כּוֹתְבִים, כּוֹתְבוֹת

5 Unattached prepositions stand as separate words (Lesson 13).

אֶל עַל מִן תַּחַת בְּלִי עַד כְּמוֹ עִם לִפְנֵי אַחֲרֵי

אֵצֶל בֵּין עַל־יַד מוּל

6 Prefixed prepositions cannot stand alone (Lesson 13).

—בְּ	in, at, by, with (tools, things, etc.)
—כְּ	like, as
—לְ	to, for
—מִ	from

7 A prefixed preposition used with the definite article inherits the latter's vowel (Lesson 13).

בְּבַיִת	in a house	בַּבַּיִת	in the house
כְּבַיִת	like a house	כַּבַּיִת	like the house
לְבַיִת	to a house	לַבַּיִת	to the house

8 Present tense of the *qal* verbs. Example: יָשַׁב *sit* (Lesson 14).

אֲנִי, אַתָּה, הוּא	יוֹשֵׁב	(xוֹxֵx)
אֲנַחְנוּ, אַתֶּם, הֵם	יוֹשְׁבִים	(xוֹxְxִים)
אֲנִי, אַתְּ, הִיא	יוֹשֶׁבֶת	(xוֹxֶxֶת)
אֲנַחְנוּ, אַתֶּן, הֵן	יוֹשְׁבוֹת	(xוֹxְxוֹת)

9 The following classes of nouns are usually feminine (Lesson 14).

a) Nouns ending in הָ or ת: רַכֶּבֶת, תְּמוּנָה

b) Nouns denoting female beings: אֵם

c) Nouns denoting organs of the body which come in pairs: אֹזֶן, יָד, רֶגֶל, עַיִן.

Note

a) The following parts of the body (more than two) are also feminine: שֵׁן, אֶצְבַּע, צֵלָע, עֶצֶם.

b) The following parts of the body which do not come in pairs, are masculine: רֹאשׁ, גַּב, פֶּה, אַף.

c) Exceptions: לָשׁוֹן *tongue* and בֶּטֶן *belly* are feminine; שַׁד *breast* is masculine.

10 The Hebrew word for *verb* is פֹּעַל. Each Hebrew verb has a root of three letters. We call the first letter of the root פ׳ הַפֹּעַל, the second letter ע׳ הַפֹּעַל and the third ל׳ הַפֹּעַל (Lesson 15).

11 The first letter of the following group of verbs is י: יָשַׁב, יָלַד, יָצָא, יָדַע, יָרַד.
We therefore classify them as פ״י verbs (Lesson 15).

Similarly, רָאָה, בָּנָה	are known as ל״ה verbs.
בָּרָא, קָרָא	are ל״א verbs
בּוֹא, קוּם	are ע״ו verbs.
נָסַע, נָפַל	are פ״נ verbs.

12 Past tense of regular verbs in *qal* (Lesson 15).

אֲנִי	xָxַxְתִּי	אֲנַחְנוּ	xָxַxְנוּ
אַתָּה	xָxַxְתָּ	אַתֶּם	xְxַxְתֶּם
אַתְּ	xָxַxְתְּ	אַתֶּן	xְxַxְתֶּן
הוּא	xָxַx	הֵם	xָxְxוּ
הִיא	xָxְxָה	הֵן	xָxְxוּ

זָכַרְתִּי, זָכַרְתָּ, זָכַרְתְּ, זָכַר, זָכְרָה

זָכַרְנוּ, זְכַרְתֶּם, זְכַרְתֶּן, זָכְרוּ, זָכְרוּ

13 Demonstrative pronouns (Lesson 16).

זֶה	*this*, for masculine singular
זֹאת	*this*, for feminine singular
אֵלֶּה	*these*, for masculine or feminine plural
זֶה אִישׁ	This is a man.
זֹאת אִשָּׁה	This is a woman.
אֵלֶּה יְלָדִים	These are boys.
אֵלֶּה יְלָדוֹת	These are girls.

14 The demonstrative adjectives are the same as the demonstrative pronouns, but must include the definite article (Lesson 16).

הָאִישׁ הַזֶּה	this man
הָאִשָּׁה הַזֹּאת	this woman
הַיְלָדִים הָאֵלֶּה	these boys
הַיְלָדוֹת הָאֵלֶּה	these girls

15 When demonstrative adjectives are used, the order of the words is the reverse of that in English (Lesson 16).

16 The relative pronoun אֲשֶׁר is equivalent to the English *who, whom, which* and *that*. אֲשֶׁר is regularly used in biblical Hebrew (Lesson 17).

17 A contracted form of אֲשֶׁר is —שֶׁ followed by a *dagesh* and used as prefix. This form is regularly used in post-biblical and modern Hebrew. (Lesson 17).

18 The word אֶת is placed before the direct object of the verb when the direct object is defined (Lesson 17).

יוֹסֵף אָכַל אֶת הַלֶּחֶם Joseph ate the bread.

19 If there is more than one direct object, the word אֶת is placed before each one of them (Lesson 17). יוֹסֵף אָכַל אֶת הַלֶּחֶם וְאֶת הַתַּפּוּחַ

20 Note the difference in the following (Lesson 17).

לָקַח הָאִישׁ the man took (*man* is the subject)
לָקַח אֶת הָאִישׁ he took the man (*man* is the object)

Exercises

A. Study the following verbs carefully.

בנה אמר קרא ישב יצא בוא קום נפל ידע נסע ראה

Answer the following questions, taking in consideration *only* the weak consonants and the initial נ.

1 Which of the above are פ״י verbs?
2 Which are ע״ו verbs?
3 Which are פ״נ verbs?
4 Which are ל״ה verbs?
5 Which verb is both ע״ו and ל״א?
6 Which verb is both פ״י and ל״א?

B. Write the present tense of זָכַר *remember.*

C. Write the past tense of כָּתַב *write.*

D. Translate into Hebrew.

1 A young man went to the house.
2 the big house which is near the tree
3 the nice field with the beautiful flowers
4 We eat with the hands.
5 He gave an apple to the horse which stood in the field.
6 Here is the bad boy who took this nice picture from the book.

7 I do not remember the songs.
8 I forgot this young woman.
9 In the night, the sky is black.
10 The boy went to the class without the books which the uncle bought.

E. Use the following words in simple Hebrew sentences, without vowels.

1 אֲשֶׁר 4 עַל 7 שֶׁל 10 לִפְנֵי
2 שֶׁ— 5 בְּלִי 8 אֶל 11 זֹאת
3 זֶה 6 בֵּין 9 מִ— 12 אֶת

F. Add an adjective to each of the following nouns and use them in complete sentences.

Example: סוּס, לָבָן, הַסּוּס הַלָּבָן עוֹמֵד עַל יַד הָעֵץ

1 אִישׁ 3 שָׂדֶה 5 יָד 7 רֶגֶל
2 בַּיִת 4 רֹאשׁ 6 תְּמוּנוֹת 8 שִׁירִים

G. Complete the story by adding the correct verbs, using present or past tense only, then translate it into English.

אֶתְמוֹל בָּעֶרֶב אֲנִי וְרָחֵל ______ (הלך) אֶל הַמִּסְעָדָה הַחֲדָשָׁה אֲשֶׁר עַל יַד הַבַּיִת שֶׁל יוֹסֵף. רָחֵל ______ (שכח) אֶת הַסֵּפֶר שֶׁל הַשִּׁירִים בַּבַּיִת. אֲנִי ______ (אמר) לְרָחֵל: "אַתְּ ______ (הלך) אֶל הַבַּיִת אֲבָל אֲנִי ______ (ישב) וְ______ (קרא) אֶת הַסֵּפֶר שֶׁל הַסִּפּוּרִים." אַחֲרֵי שֶׁרָחֵל ______ (הלך) אֲנִי ______ (אמר): "מִי הָאִשָּׁה הַצְּעִירָה וְהַיָּפָה הַזֹּאת שֶׁ______ (ישב) עַל יַד רוּת?" ______ (אמר) שָׂרָה: "זֹאת מִרְיָם."

Lesson 19

מִבְחָן Review Test for Lessons 1–17

The following is a one-hour review test. It covers Lessons 1 to 17. Work for one hour without interruption.

A. Of the following letters מ ר ג צ ע א ב פ נ

1 Which are gutturals?
2 Which have final forms?
3 Which do not admit *dagesh* at all?
4 Which take *dagesh qal* at the beginning of a word?

B. Rewrite each word with the definite article, with vowels.

1 רֹאשׁ	3 מוֹרֶה	5 בַּיִת
2 לַיְלָה	4 עֶרֶב	6 אִישׁ

C. State whether the following statements are true or false.

1 Hebrew letters have a numerical value.
2 There are 26 letters in the Hebrew alphabet.
3 There are 10 vowels in Hebrew.
4 The division of a word at the end of a line is not permitted.

D. Which four of the following languages belong to the Semitic group: Persian Samaritan Phoenician Sanskrit Arabic Turkish Aramaic.

E. From among the following signs (ֻ) (ֶ) (וֹ) (ְ) (ֵ) (ַ) (וּ)

1 Find three long vowels.
2 Find three short vowels.
3 State which is not a vowel.

F. Identify the gender, writing *m.* for masculine and *f.* for feminine. (Do *not* translate.)

1 תְּמוּנָה	4 בַּיִת	7 רֹאשׁ	10 שֵׁן
2 יָד	5 דֶּלֶת	8 אֶצְבַּע	11 שַׁד
3 לָשׁוֹן	6 אוֹר	9 לַיְלָה	12 אֶרֶץ

G. Write the feminine of the following phrases.

1 תַּלְמִיד טוֹב	3 הַסּוּס הַלָּבָן אוֹכֵל	5 אִישׁ גָּדוֹל
2 הַדּוֹד הַזָּקֵן	4 הוּא מוֹרֶה יָפֶה	6 הַיֶּלֶד הַקָּטָן עָמַד

H. Write the plural of the following, with vowels.

1 תַּלְמִיד טוֹב
2 הַכֶּרֶם הַיָּפֶה
3 הַמּוֹרָה הַצְּעִירָה הַזֹּאת
4 הַפֶּרַח הַלָּבָן הַזֶּה
5 הַשַּׁעַר הַגָּדוֹל
6 הַמּוֹרָה הַטּוֹבָה עוֹמֶדֶת עִם הַתַּלְמִידָה הַצְּעִירָה
7 הַיַּלְדָּה הַקְּטַנָּה לָמְדָה שִׁיר יָפֶה

I. Give the appropriate form of each verb in the present tense.

1 אֲנִי (סגר) (m.)	3 הִיא (אמר)	5 הֵם (גמר)
2 אֲנַחְנוּ (למד) (f.)	4 אַתֶּן (עמד)	6 אַתְּ (נפל)

J. Write the past tense, with vowels, of זָכַר *remember.*

K. Translate into Hebrew, without vowels.

1 the big book	4 this book is big	7 the black eye
2 this book	5 the good year	8 in the house
3 this big book	6 the big nose	9 this night

L. Translate into Hebrew, without vowels.

1 The good teacher (m.) is standing in the field.
2 He went to the field without the little boys.
3 The young teacher (m.) said: "The song is beautiful."
4 The white flowers are under the big tree.
5 These good pupils (m.) remembered the song which they learned.

Artificial ponds, for breeding carp

M. Use each of the following words in a sentence. Each sentence should be at least four words long.

1 מוּל   2 עַד   3 אֲשֶׁר   4 אֶת   5 לִפְנֵי

N. Translate into English.

1 אָמְרָה הָאִשָּׁה אֶל הָאָדָם: לָקַחְתִּי תַּפּוּחַ מִן הָעֵץ.
2 אֲנַחְנוּ הָלַכְנוּ בַּלַּיְלָה מִן הַשָּׂדֶה אֶל הָעִירִ[1] הַגְּדוֹלָה.
3 הוּא עָמַד עַל הָהָר הַזֶּה וְרָאָה אֶת הָאָרֶץ[1] הַיָּפָה.
4 הַמּוֹרֶה זָכַר אֶת הַתַּלְמִידִים אֲשֶׁר לָמְדוּ עִבְרִית לִפְנֵי שָׁנָה.
5 אַתָּה לָקַחְתָּ אֶת הַסֵּפֶר אֲשֶׁר נָתַן הַמּוֹרֶה לַתַּלְמִיד.

[1] *Remember that* עִיר *city, and* אֶרֶץ *land, country, are feminine.* אֶרֶץ *land, but* הָאָרֶץ *the land.*

Lesson 20

Verbs with a ל׳ הַפֹּעַל Guttural
Active Participles of ל״א Verbs
More about Gender

טִיּוּל בְּיִשְׂרָאֵל An Excursion in Israel

אֶתְמוֹל שָׁלַחְתִּי לְרוּת מִכְתָּב. בַּמִּכְתָּב הַזֶּה כָּתַבְתִּי לְרוּת עַל הַטִּיּוּל שֶׁל הַכִּתָּה. לִפְנֵי שָׁבוּעַ נָסַעְנוּ לְטִיּוּל קָצָר בְּיִשְׂרָאֵל.

בַּבֹּקֶר שֶׁל הַטִּיּוּל הָלַכְנוּ אֶל הַכִּתָּה וְשָׁם יָשְׁבוּ כָּל הַתַּלְמִידִים וְקָרְאוּ עִתּוֹנִים. גַּם אֲנִי קָרָאתִי בָּעִתּוֹן סִפּוּר קָצָר עַל אִישׁ שֶׁמָּצָא בָּרְחוֹב כֶּסֶף וְעֵט יָקָר וְנָתַן אֶת הָעֵט וְאֶת הַכֶּסֶף לַמִּשְׁטָרָה. חָשַׁבְתִּי: ״זֶה אִישׁ יָקָר!״ אַחֲרֵי שֶׁקָּרָאתִי אֶת הַסִּפּוּר לָקְחָה הַמּוֹרָה אֶת הַתַּלְמִידִים וְנָסַעְנוּ.

בֹּקֶר יָפֶה וְיוֹם שֶׁל שֶׁמֶשׁ. הַשָּׁמַיִם כְּחֻלִּים וְיָפִים וְהָאֲדָמָה יְרֻקָּה וְחוּמָה. בַּדֶּרֶךְ אָמְרָה הַמּוֹרָה: ״אַתֶּם רוֹאִים אֶת הַר הַכַּרְמֶל. הַר הַכַּרְמֶל הוּא בְּחֵיפָה. בָּעִיר הַזֹּאת יֵשׁ הָרִים וְיָם.״ הָעִיר חֵיפָה לֹא גְּדוֹלָה אֲבָל יָפָה מְאֹד, וְהַר הַכַּרְמֶל יָפֶה. עַל הָהָר יֵשׁ פְּרָחִים צְהֻבִּים, וְרֻדִּים, לְבָנִים, כְּחֻלִּים וַאֲדֻמִּים. אַחֲרֵי שֶׁרָאִינוּ אֶת הַר הַכַּרְמֶל נָסַעְנוּ לַיַּרְדֵּן. לֹא, לֹא, לֹא לְאֶרֶץ יַרְדֵּן – נָסַעְנוּ לַנָּהָר שֶׁהוּא אָרֹךְ וְכָחֹל. הַמַּיִם שֶׁל הַיַּרְדֵּן מְתוּקִים. עַל יַד הַיַּרְדֵּן יָשַׁבְנוּ וְאָכַלְנוּ. אַחֲרֵי הָאֹכֶל חָזַרְנוּ אֶל יְרוּשָׁלַיִם.

הַטִּיּוּל הָיָה יָפֶה וְקָצָר. יָצָאנוּ בַּבֹּקֶר, בָּאוֹר, וְחָזַרְנוּ בָּעֶרֶב, בַּחֹשֶׁךְ. חָשַׁבְתִּי: ״טוֹב שֶׁהַמּוֹרָה חָשְׁבָה עַל הַתַּלְמִידִים וְלָקְחָה אֶת הַתַּלְמִידִים לְטִיּוּל. טוֹב שֶׁאֲנִי תַּלְמִיד בַּכִּתָּה הַזֹּאת.״

מִלּוֹן VOCABULARY

Several words in this vocabulary list have appeared in previous lessons. They are included here for review.

Nouns

מְדִינָה	state
עִתּוֹן	newspaper
סִפּוּר	story
אֲדָמָה	earth
יָם	sea
נָהָר (נְהָרוֹת)	river (m.)
כַּרְמֶל	Carmel
יַרְדֵּן	Jordan
יִשְׂרָאֵל	Israel
יְרוּשָׁלַיִם	Jerusalem
חֵיפָה	Haifa
אֶתְמוֹל	yesterday
טִיּוּל	trip, excursion
שָׁבוּעַ (שָׁבוּעוֹת)	week (m.)
רְחוֹב (רְחוֹבוֹת)	street (m.)
כֶּסֶף	money, silver
עֵט	pen (m.)
מִשְׁטָרָה	police
שֶׁמֶשׁ	sun
אוֹר (אוֹרוֹת)	light (m.)
חֹשֶׁךְ	darkness, dark
אֹכֶל	food

One of the sources of the Jordan River, at Tel Dan

Adjectives

קָצָר, קָצֵר, קְצָרָה	short
אָרֹךְ, אֲרֻכָּה	long
מָתוֹק, מְתוּקָה	sweet
יָקָר, יְקָרָה	dear, expensive

Colors

אָדֹם, אֲדֻמָּה	red
חוּם, חוּמָה	brown
כָּחֹל, כְּחֻלָּה	blue
יָרֹק, יְרֻקָּה	green
צָהֹב, צְהֻבָּה	yellow
וָרֹד, וְרֻדָּה	pink

Verbs

שָׁכַח	forget
יָדַע	know
נָסַע	go (by vehicle), travel
שָׁמַע	hear
חָזַר	come back, return
הָיָה	be
מָצָא	find
עָשָׂה	do, make
שָׁלַח	send
יָצָא	go out

Particles

אֲבָל	but
גַּם	also, as well
אוּלַי	perhaps
כָּל	all
אִם	if
אוֹ	or
עַכְשָׁו	now
לָמָּה	why

1. Verbs with a ל׳ הַפֹּעַל Guttural

In Lesson 12, you learned that the principal forms of the active participle of יָשַׁב *sit* are: יוֹשֵׁב, יוֹשֶׁבֶת, יוֹשְׁבִים, יוֹשְׁבוֹת.

However when the last letter of the root (ל׳ הַפֹּעַל) is a guttural (usually ע or ח) such as נָסַע, סָלַח, שָׁכַח, יָדַע, שָׁלַח the participle is formed as follows:

יוֹדֵעַ, יוֹדַעַת, יוֹדְעִים, יוֹדְעוֹת	knowing
לוֹקֵחַ, לוֹקַחַת, לוֹקְחִים, לוֹקְחוֹת	taking
שׁוֹמֵעַ, שׁוֹמַעַת, שׁוֹמְעִים, שׁוֹמְעוֹת	hearing
שׁוֹלֵחַ, שׁוֹלַחַת, שׁוֹלְחִים, שׁוֹלְחוֹת	sending
נוֹסֵעַ, נוֹסַעַת, נוֹסְעִים, נוֹסְעוֹת	traveling

The guttural in the **masculine and feminine singular** forms takes a special kind of *pataḥ*, called a *furtive pataḥ* (see Lesson 5), in **present tense** conjugations.

יוֹדֵעַ	is pronounced *yo-de-a'* or *yo-de-ya'*
שׁוֹלֵחַ	is pronounced *sho-le-aḥ* or *sho-le-yaḥ*

In the **past tense** of verbs with a ל׳ הַפֹּעַל guttural (ע or ח), only the **second person feminine singular** form is changed. The guttural takes the *furtive pataḥ* instead of *shva*. All the other past tense forms are regular.

	כָּתַבְתְּ	you wrote (f.)
but	יָדַעַתְּ	you knew (f.)
	אָכַלְתְּ	you ate (f.)
but	שָׁלַחַתְּ	you sent (f.)

Note This usage is found in biblical Hebrew. Modern Hebrew retains the *shva* under the guttural: שָׁלַחְתְּ יָדַעְתְּ

2. Active Participles of ל״א Verbs

Because the third root letter of ל״א verbs is a silent consonant, the active participles of such verbs do not follow the regular vowel pattern of *qal* verbs. All ל״א verbs are conjugated as follows in the **present tense**:

קוֹרֵא, קוֹרֵאת, קוֹרְאִים, קוֹרְאוֹת	reading, calling
מוֹצֵא, מוֹצֵאת, מוֹצְאִים, מוֹצְאוֹת	finding

3. More about Gender

In Lesson 13 you learned that the following groups of nouns, although not ending in הָ or ת, are feminine:

a) Nouns denoting female beings;
b) Nouns denoting organs of the body which come in pairs.

Now you can add another group. Names of countries, cities and towns are also feminine. The reason may stem from the fact that they probably were regarded by the ancient Semites as the "mothers" of their inhabitants.

יְרוּשָׁלַיִם	Jerusalem
יִשְׂרָאֵל[1]	Israel
אַמֶרִיקָה	America
יַרְדֵּן[2]	Jordan
מִצְרַיִם	Egypt
צָרְפַת	France
בֶּלְגְיָה	Belgium
אִיטַלְיָה	Italy
יַפָּן	Japan
סְפָרַד	Spain
סִין	China
יָוָן	Greece
תֵּל אָבִיב	Tel Aviv
שִׁיקָגוֹ	Chicago
בַּגְדָד	Baghdad
נְיוּ־יוֹרְק	New York

Note also that the Hebrew words אֶרֶץ *land, earth, country* and עִיר *town, city* are feminine. This is, perhaps, another explanation for the fact that names denoting countries or cities are feminine.

[1] יִשְׂרָאֵל *The people of Israel is masculine.*
יִשְׂרָאֵל *The country of Israel is feminine.*

[2] יַרְדֵּן *Jordan (river) is masculine.*
יַרְדֵּן *Jordan (country) is feminine.*

Biblical Word List No. 8

קוּם	rise, get up
עָלָה	go up
נָתַן	give
קָרָא	read, call
עָשָׂה	do, make
עוֹשֶׂה, עוֹשָׂה, עוֹשִׂים, עוֹשׂוֹת	doing

Self-Correcting Exercises

A. Past tense.

דֻּגְמָא:

1 הַיּוֹם יִצְחָק כּוֹתֵב אֶת הַשִּׁיר.
אֶתְמוֹל יִצְחָק כָּתַב אֶת הַשִּׁיר.

2 הַיּוֹם הֵם זוֹכְרִים אֶת הַסִּפּוּר.
אֶתְמוֹל הֵם זָכְרוּ אֶת הַסִּפּוּר.

תַּרְגִּיל:

1 הַיּוֹם יִצְחָק כּוֹתֵב אֶת הַשִּׁיר.
2 הַיּוֹם הֵם זוֹכְרִים אֶת הַסִּפּוּר.
3 הַיּוֹם הִיא יוֹדַעַת אֶת הַשִּׁעוּר.
4 הַיּוֹם הֵם סוֹגְרִים אֶת הַחַלּוֹן.
5 הַיּוֹם הִיא שׁוֹלַחַת מִכְתָּב.
6 הַיּוֹם הַמּוֹרֶה לוֹקֵחַ אֶת הַתַּלְמִידִים לְטִיּוּל.
7 הַיּוֹם הוּא קוֹרֵא אֶת הָעִתּוֹן.
8 הַיּוֹם אֲנַחְנוּ הוֹלְכִים לַקּוֹנְצֶרְט.
9 הַיּוֹם אַתָּה נוֹסֵעַ לְתֵל אָבִיב.
10 הַיּוֹם אֲנַחְנוּ יוֹשְׁבִים וְאוֹכְלִים בַּכִּתָּה.

A landscape in Galilee

B. Past tense.

דֻּגְמָא: 1 דָּוִד הָלַךְ אֶל הַבַּיִת. (רָחֵל) · אֲבָל רָחֵל לֹא הָלְכָה אֶל הַבַּיִת.
2 הֵם זָכְרוּ אֶת הַשִּׁיר. (אֲנַחְנוּ) · אֲבָל אֲנַחְנוּ לֹא זָכַרְנוּ אֶת הַשִּׁיר.

תַּרְגִּיל: 1 דָּוִד הָלַךְ אֶל הַבַּיִת. (רָחֵל)
2 הֵם זָכְרוּ אֶת הַשִּׁיר. (אֲנַחְנוּ)
3 אַבְרָהָם סָגַר אֶת הַדֶּלֶת. (הֵם)
4 הַמּוֹרָה אָכְלָה תַּפּוּחַ. (הַמּוֹרֶה)
5 אֲנַחְנוּ רָכַבְנוּ עַל הַסּוּסִים. (אַתֶּם)
6 אַתְּ כָּתַבְתְּ מִכְתָּב לַמּוֹרֶה. (הִיא)
7 הוּא עָבַד אֶתְמוֹל בַּשָּׂדֶה. (אֲנַחְנוּ)
8 אֲנִי יָשַׁבְתִּי עַל הַכִּסֵּא הַגָּדוֹל. (אַתָּה)
9 הִיא סָגְרָה אֶת הַפֶּה. (הוּא)
10 אַתָּה שָׁלַחְתָּ מִכְתָּב לַדּוֹד. (הֵם)

Exercises

A. Write the principal forms of the active participles of the following verbs. (Example: the principal forms of כָּתַב are כּוֹתֵב, כּוֹתֶבֶת, כּוֹתְבִים, כּוֹתְבוֹת)

סָגַר shut, close   שָׁלַח send   יָדַע know   שָׁמַע hear

B. Write the present tense of לָקַח *take,* in full.

C. Complete the sentences by adding the correct form of the verb.

1 אֲנִי כָּתַבְתִּי אֶתְמוֹל מִכְתָּב לְרוּת. (אַתְּ, הֵם, אַתֶּן)
2 הַמּוֹרֶה לָקַח אֶת הַמַּחְבֶּרֶת מֵהַתַּלְמִיד. (הַמּוֹרָה, הַמּוֹרִים, הַמּוֹרוֹת)
3 יוֹסֵף נוֹסֵעַ מֵחֵיפָה לִירוּשָׁלַיִם. (רוּת, הַתַּלְמִידִים, אַתֶּן)
4 אֲנִי קוֹרֵא עִתּוֹן בַּבֹּקֶר. (אַתְּ, יוֹסֵף, רוּת וְחַנָּה)
5 אֲנִי לֹא יָדַעְתִּי אֶת הַשִּׁעוּר. (הִיא, אֲנַחְנוּ, הֵם)
6 רָחֵל לֹא שׁוֹמַעַת אֶת הַמּוּסִיקָה הַיָּפָה. (דָּוִד, אַתֶּם, הֵן)

D. Identify the gender of the following and translate.

1 יְרוּשָׁלַיִם
2 אֹזֶן
3 פֶּה
4 תֵּל אָבִיב
5 אֶרֶץ
6 דֶּלֶת
7 עִיר
8 שִׁיקָגוֹ
9 לַיְלָה
10 סְפָרַד
11 אֶצְבַּע
12 מְדִינָה
13 עַיִן
14 רֹאשׁ
15 מִצְרַיִם
16 מֵצַח

E. Read the following story carefully.

1 Translate it into English.

2 Rewrite the story beginning with: אֲנִי שׁוֹאֵל אֶת רוּת. Be careful to use the appropriate number and gender as indicated.

אֲנִי שׁוֹאֵל אֶת דָּוִד: מָה אַתָּה עוֹשֶׂה בָּעֶרֶב?
אוֹמֵר דָּוִד: הָעֶרֶב אֲנִי לֹא עוֹשֶׂה דָּבָר. אֲנִי יוֹשֵׁב בַּבַּיִת.
אֲנִי אוֹמֵר לְדָוִד: לָמָּה?
אוֹמֵר דָּוִד: לִפְנֵי שָׁבוּעַ נָסַעְתִּי לְטִיּוּל. לָקַחְתִּי אֹכֶל וּסְפָרִים. בַּדֶּרֶךְ יָשַׁבְנוּ וְאָכַלְנוּ וַאֲנִי לָקַחְתִּי אֶת הַסְּפָרִים אֶל הָאֹכֶל. יָשַׁבְנוּ, אָכַלְנוּ, קָרָאנוּ, וְשָׁכַחְתִּי אֶת הַסְּפָרִים שָׁם. אֶתְמוֹל שָׁמַעְתִּי שֶׁחָבֵר מִן הַכִּתָּה שֶׁלִּי מָצָא אֶת הַסְּפָרִים. אֲנִי לֹא יוֹדֵעַ אִם הוּא נָתַן אֶת הַסְּפָרִים לְרוּת אוֹ שֶׁהוּא שָׁלַח אֶת הַסְּפָרִים. אֲנִי יוֹשֵׁב בַּבַּיִת. הַסְּפָרִים יְקָרִים מְאֹד. אֲנִי חוֹשֵׁב שֶׁהַסְּפָרִים אֵצֶל רוּת. רוּת אָמְרָה שֶׁהִיא הוֹלֶכֶת אֶל הַבַּיִת שֶׁלִּי אֲבָל הִיא לֹא פֹּה. אוּלַי הִיא קוֹרֵאת עִתּוֹן בָּרְחוֹב וְשָׁכְחָה אֶת הַסְּפָרִים שֶׁלִּי.
עַכְשָׁו אַתָּה שׁוֹאֵל לָמָּה אֲנִי יוֹשֵׁב בַּבַּיִת?

F. Add the missing verbs or the missing personal pronouns.

1	____ כְּתַבְתֶּם	אֲנִי ____	6	____ סָגַרְתָּ	אֲנַחְנוּ ____
2	____ שָׁלַחְתְּ	אַתָּה ____	7	____ סָלַחְנוּ	אַתֶּם ____
3	____ יָדְעוּ	אַתְּ ____	8	____ רָכַב	אַתֶּן ____
4	____ זָכְרָה	הוּא ____	9	____ יָדַעְתִּי	הֵם ____
5	____ לָקְחוּ	הִיא ____	10	____ שְׁמַרְתֶּן	הֵן ____

G. Write the antonyms (opposites) of the following words and use five of the pairs in sentences.

1	גָּדוֹל	4	נָתַן	7	צָעִיר	10	שָׁחוֹר
2	אֶל	5	לַיְלָה	8	זָכָר	11	חָבֵר
3	אָרוֹךְ	6	חֹשֶׁךְ	9	בְּלִי	12	קָצָר

H. Read the following unvocalized text.

בבוקר של הטיול הלכנו אל הכיתה ושם ישבו כל הילדים וקראו עיתונים. גם אני קראתי בעיתון סיפור קצר על איש שמצא ברחוב כסף ועט יקר ונתן את העט ואת הכסף למשטרה.

Lesson 21

Negatives NO, NOT

Declension of Masculine Singular Nouns

Declension of Prepositions

Interrogatives

אוֹי! שָׁכַחְתִּי! Oh! I Forgot!

אֶתְמוֹל בָּעֶרֶב הָלַכְתִּי לַבַּיִת שֶׁל חֲבֵרִי מִיכָאֵל. דָּפַקְתִּי בַּדֶּלֶת. הַדּוֹד שֶׁל מִיכָאֵל פָּתַח אֶת הַדֶּלֶת.

– שָׁלוֹם!

– שָׁלוֹם יוֹסֵף, מַה שְּׁלוֹמְךָ?

– טוֹב, תּוֹדָה. אֵיפֹה מִיכָאֵל?

– הָלַךְ.

– לְאָן?

– לַקּוֹנְצֶרְט.

– אֵיזֶה קוֹנְצֶרְט? מָתַי? זֶה לֹא הַיּוֹם!

– כֵּן, כֵּן, מִיכָאֵל אָמַר שֶׁהַקּוֹנְצֶרְט הוּא הַיּוֹם.

– אוֹי, שָׁכַחְתִּי!

– אֵיפֹה הַקּוֹנְצֶרְט הַזֶּה, שָׁאַל הַדּוֹד שֶׁל מִיכָאֵל.

– זֶה בָּאוּנִיבֶרְסִיטָה. בָּאוּלָם הַגָּדוֹל שֶׁל הָאוּנִיבֶרְסִיטָה. אוֹי, לָמָּה שָׁכַחְתִּי שֶׁיֵּשׁ קוֹנְצֶרְט?

עָמַדְנוּ בַּדֶּלֶת. אָמַר הַדּוֹד שֶׁל מִיכָאֵל – לָמָּה אַתָּה עוֹמֵד בַּדֶּלֶת?

הָלַכְנוּ לַחֶדֶר שֶׁל מִיכָאֵל. דּוֹדוֹ יָשַׁב שָׁם וְאָכַל תַּפּוּחִים.

הַדּוֹד שָׁאַל – מָה אַתָּה לוֹמֵד בָּאוּנִיבֶרְסִיטָה?

אָמַרְתִּי – עִבְרִית.

שָׁאַל הַדּוֹד – רַק עִבְרִית?

אָמַרְתִּי – כֵּן. אֲנִי יוֹדֵעַ רַק מְעַט עִבְרִית וְלֹא הַרְבֵּה.

שָׁאַל הַדּוֹד – כַּמָּה תַּלְמִידִים יֵשׁ בַּכִּתּוֹת לְעִבְרִית?

אָמַרְתִּי – הַרְבֵּה. הַרְבֵּה מְאֹד.
אַחֲרֵי שֶׁיָּשַׁבְנוּ וְאָכַלְנוּ מִגַּנּוֹ שֶׁל הַדּוֹד תַּפּוּחִים טוֹבִים, הָלַכְתִּי אֶל הַבַּיִת,
יָשַׁבְתִּי וְכָתַבְתִּי אֶת סִפּוּרִי – בֶּאֱמֶת סִפּוּר עָצוּב.
מַדּוּעַ לֹא הָלַכְתִּי לַקּוֹנְצֶרְט? כִּי שָׁכַחְתִּי שֶׁיֵּשׁ הַיּוֹם קוֹנְצֶרְט.

מִלּוֹן VOCABULARY

הַרְבֵּה	many, much
רַק	only
דָּפַק	knock
פָּתַח	open
תּוֹדָה	thank you, thanks
בְּבַקָּשָׁה	please
סְלִיחָה	sorry, excuse me
מַה שְּׁלוֹמְךָ?	how are you? (m.s.)
דָּנִיאֵל	Daniel
עָצוּב	sad
שָׂמֵחַ	happy, gay
אוּלָם	hall
עֲשָׂרָה	ten
מְעַט	few, little
לֹא	no, not
אֵין	no, not, there is not
כִּי	because
בֶּאֱמֶת	truly
אֵיזֶה	which

Interrogatives

אֵיפֹה	where
אַיֵּה	where
מַדּוּעַ	why
כַּמָּה	how much, how many
מִי	who
מַה	what
אֵיךְ	how
לְמִי	to whom, whose
לָמָּה	why

מָתַי	when
לְאָן	to where
מֵאַיִן	from where
הַאִם	a particle introducing a question

1. Negatives: No, Not

The negative אֵין means *no, not, there is not, there are not*, etc. Any sentence in the **present** tense may be changed into the negative simply by placing אֵין at the *beginning of the sentence.*

הָאִישׁ בַּבַּיִת.	The man is at home.
אֵין הָאִישׁ בַּבַּיִת.	The man is not at home.
הַתַּלְמִיד כּוֹתֵב.	The student writes (is writing).
אֵין הַתַּלְמִיד כּוֹתֵב.	The student does not write (is not writing).

In spoken Hebrew לֹא is often used instead of אֵין. It is placed immediately *before the verb.*

| הָאִישׁ לֹא בַּבַּיִת. | The man is not at home. |
| הַתַּלְמִיד לֹא כּוֹתֵב. | The student does not write. |

מֹשֶׁה לֹא כָּתַב עַל הַלּוּחַ.	Moses did not write on the blackboard.
לֹא אָכַלְתִּי אֶת הַתַּפּוּחַ.	I have not eaten the apple.
לֹא יָדַעְנוּ אֶת הַדָּבָר הַזֶּה.	We did not know this thing.
הָאִישׁ לֹא הָלַךְ אֶל הָעִיר.	The man did not go to the city.
דָּנִיאֵל לֹא יִכְתֹּב אֶת הַסִּפּוּר הַיּוֹם.	Daniel will not write the story today.

We shall learn more about negatives in future lessons.

2. Declension of Masculine Singular Nouns

In Semitic languages, the possessive adjectives (i.e., *my, your, his*) are not expressed by separate words, but by special suffixes to the noun. These are known as **pronominal suffixes.** When we say we "decline" or "inflect" a noun, we refer to the attaching of these pronominal suffixes to the noun. These suffixes are *regular* and do not change.

Declension of Masculine Nouns in the Singular

The following are the pronominal suffixes to a singular noun.

ֵנוּ	our	ִי	my
ְכֶם	your (m.pl.)	ְךָ	your (m.s.)
ְכֶן	your (f.pl.)	ֵךְ	your (f.s.)
ָם	their (m.)	וֹ	his, its (m.)
ָן	their (f.)	ָהּ[1]	her, its (f.)

Here is the declension of שִׁיר *a song.*

שִׁירֵנוּ	our song	שִׁירִי	my song
שִׁירְכֶם	your song	שִׁירְךָ	your song
שִׁירְכֶן	your song	שִׁירֵךְ	your song
שִׁירָם	their song	שִׁירוֹ	his song
שִׁירָן	their song	שִׁירָהּ	her song

The word שָׁלוֹם means *peace,* and is used in greetings: hello, good-bye, hi, etc. The word can also mean *welfare* or *well-being.* Thus מַה שְּׁלוֹמְךָ? means *how is your welfare?* or *how are you?*

שָׁלוֹם is declined as follows:

שְׁלוֹמֵנוּ	שְׁלוֹמִי
שְׁלוֹמְכֶם	שְׁלוֹמְךָ
שְׁלוֹמְכֶן	שְׁלוֹמֵךְ
שְׁלוֹמָם	שְׁלוֹמוֹ
שְׁלוֹמָן	שְׁלוֹמָהּ

The dot in the third person feminine singular declension is not a *dagesh,* because ה, being a guttural, never takes *dagesh.* The dot is called a *mappiq,* and serves to distinguish the pronominal suffix *her,* from ָה the feminine gender noun ending.

[1] *The suffix* ָהּ *of the third person feminine singular always has a dot called mappiq* מַפִּיק*. See explanation given above.*

In reading, the *mappiq* is pronounced, whereas the *dagesh* is silent.

תַּלְמִידָה	student (f.)	תַּלְמִידָהּ	her student (m.)
דּוֹדָה	aunt	דּוֹדָהּ	her uncle
סוּסָה	mare	סוּסָהּ	her horse
שִׁירָה	poetry, singing	שִׁירָהּ	her song

In contrast to the regularity of the pronominal suffixes, the vowel patterns of some nouns change when they are declined.
These nouns will be studied in Lesson 26.

3. Declension of Prepositions

In Hebrew, prepositions may also be declined. The suffixes are very similar to those used for nouns.

עִם	with	לְ	to
עִמִּי	with me	לִי	to me
עִמָּנוּ	with us	לָכֶם	to you

In spoken Hebrew, the preposition שֶׁל *of* is often used with the appropriate suffix, instead of attaching the pronominal suffix to the noun.

Thus, הַשִּׁיר שֶׁלִּי	is used instead of	שִׁירִי.
הַסִּפּוּר שֶׁלִּי	is used instead of	סִפּוּרִי.

Here is the full declension of שֶׁל.

שֶׁלָּנוּ	our, ours (m. or f.)	שֶׁלִּי	my, mine (m. or f.)
שֶׁלָּכֶם	your, yours (m.)	שֶׁלְּךָ	your, yours (m.)
שֶׁלָּכֶן	your, yours (f.)	שֶׁלָּךְ	your, yours (f.)
שֶׁלָּהֶם	their, theirs (m.)	שֶׁלּוֹ	his, his
שֶׁלָּהֶן	their, theirs (f.)	שֶׁלָּהּ	her, hers

Note that the declension of שֶׁל expresses both the possessive adjective (my, our) and the possessive pronoun (mine, ours).

4. Interrogatives

This lesson contains some of the most important interrogative words.

Note that there are two words for *why* לָמָּה and מַדּוּעַ;
also for *where* אַיֵּה and אֵיפֹה.

Note the usage of לְאָן *where to* and מֵאַיִן *where from*.

A sentence may be made interrogative by
a) adding a question mark;
b) adding the prefix הֲ— to the verb;
c) placing the particle הַאִם at the beginning of the sentence. הַאִם is equivalent to the French ''Est-ce que'' and is not translated into English. It simply turns a declarative sentence into an interrogative one.

שָׁמַעְתָּ אֶת הַדָּבָר הַזֶּה.	You heard this thing.
שָׁמַעְתָּ אֶת הַדָּבָר הַזֶּה?	Have you heard this thing?
הֲשָׁמַעְתָּ אֶת הַדָּבָר הַזֶּה?	
הַאִם שָׁמַעְתָּ אֶת הַדָּבָר הַזֶּה?	
אַתָּה זוֹכֵר אֶת הַשִּׁיר.	You remember the song.
אַתָּה זוֹכֵר אֶת הַשִּׁיר?	Do you remember the song?
הֲזוֹכֵר אַתָּה אֶת הַשִּׁיר?	
הַאִם אַתָּה זוֹכֵר אֶת הַשִּׁיר?	

Biblical Word List No. 9

שְׁנַיִם	two
עַיִן	eye
עִיר	city
עַם	people
דָּבָר	word, thing

Exercises

A. Rewrite the following sentences in the negative. Use אֵין or לֹא in the present tense and לֹא in the past tense.

1 הָאִישׁ בַּבַּיִת
2 כָּתַבְנוּ אֶת הַסִּפּוּר
3 הֵם כּוֹתְבִים אֶת הַשִּׁיר
4 זָכַרְתִּי אֶת הַדָּבָר הַזֶּה
5 הוּא לוֹמֵד מִן הַסֵּפֶר
6 הָאִישׁ הָלַךְ אֶל הָעִיר
7 הַמּוֹרֶה כּוֹתֵב עַל הַלּוּחַ
8 שָׁמַרְתָּ עַל הַכֶּלֶב
9 הַתַּלְמִידִים אָכְלוּ בַּכִּתָּה
10 אֲנִי פּוֹתֵחַ אֶת הַדֶּלֶת

B. Decline in full, with vowels.

1 סִפּוּר
2 קוֹל
3 עִיר

C. Translate into English.

1 שִׁירֵנוּ
2 דּוֹדְכֶם
3 יָדִי
4 קוֹלָהּ
5 תַּלְמִידֵךְ
6 אוֹרוֹ
7 יָדְךָ
8 קוֹלֵךְ
9 שִׁירָן
10 עִירִי
11 סוּסְכֶן
12 עִירְכֶם
13 דּוֹדָהּ
14 עִירְךָ
15 יָדֵנוּ
16 סִפּוּרָם

The amphitheatre on Mt. Scopus overlooks the Judean desert

Folk dancing is popular among Israeli youth

D. Translate into Hebrew.

1 my song
2 your (m.s.) city
3 your (f.s.) uncle
4 his voice
5 her hand
6 our house
7 your (m.pl.) light
8 your (f.pl.) light
9 their (m.pl.) head
10 their (f.pl.) head
11 my hand
12 our song

E. Use one of the appropriate interrogative words, as indicated by the answers.

מָה, מַדּוּעַ, מִי, אֵיךְ, אֵיפֹה, כַּמָּה, מָתַי

1 ______ אַתָּה?
אֲנִי דָּנִיאֵל כֹּהֵן.

2 ______ אַתָּה לוֹמֵד?
אֲנִי לוֹמֵד עִבְרִית.

3 ______ אַתָּה לוֹמֵד עִבְרִית?
אֲנִי לוֹמֵד בָּאוּנִיבֶרְסִיטָה.

4 ______ אַתָּה לוֹמֵד עִבְרִית?
כִּי יֵשׁ לִי חֲבֵרָה בְּיִשְׂרָאֵל.

5 ______ אַתָּה לוֹמֵד?
אֲנִי שׁוֹמֵעַ, קוֹרֵא, כּוֹתֵב וְזוֹכֵר.

6 ______ אַתָּה לוֹמֵד?
אֲנִי לוֹמֵד מִבֹּקֶר עַד עֶרֶב.

7 ______ תַּלְמִידִים בַּכִּתָּה?
עֲשָׂרָה תַּלְמִידִים.

F. Write the proper interrogative word and answer the question.

מַדּוּעַ, מִי, מָתַי, כַּמָּה, אֵיפֹה

1 ______ אַתָּה הוֹלֵךְ לָאוּנִיבֶרְסִיטָה?
2 ______ יְרוּשָׁלַיִם?
3 ______ אַתָּה לוֹמֵד עִבְרִית?
4 ______ לוֹמֵד עִבְרִית אֵצֶל הַמּוֹרֶה יוֹסֵף?
5 ______ תַּלְמִידִים יֵשׁ בַּכִּתָּה?

G. Write questions to the following answers.

1 אֲנִי יִצְחָק.
2 אֲנִי לוֹמֵד עִבְרִית.
3 הוּא לוֹמֵד בָּאוּנִיבֶרְסִיטָה.
4 בַּכִּתָּה יֵשׁ עֲשָׂרָה תַּלְמִידִים.
5 אֲנִי הוֹלֵךְ בַּבֹּקֶר.
6 אֲנִי לוֹמֵד עִבְרִית עִם הַמּוֹרֶה יוֹסֵף.
7 אֲנִי יוֹצֵא מִן הַבַּיִת הַזֶּה.
8 הוּא הוֹלֵךְ אֶל הָאוּנִיבֶרְסִיטָה.
9 לְדָוִד יֵשׁ סֵפֶר.
10 הַרְבֵּה תַּלְמִידִים נָסְעוּ לְשִׁיקָגוֹ.

H. Translate the following into Hebrew, without vowels.

1 Did you hear this beautiful song?
2 Are they (m.) going to the concert with their uncle?
3 I don't think that I am going to his house.
4 Did you knock on our door?
5 Why don't you read his story?
6 Rina and David! How are you today?
7 The man asked the boy, "What is your name?"
8 I do not speak Hebrew, I speak only a little.
9 When did you go to Jerusalem?
10 Do you think that their (f.) story is nice?

I. Translate into English.

1 סִפּוּרִי יָפֶה מְאֹד.
2 דּוֹדוֹ הוּא אִישׁ טוֹב.
3 מוֹרָם הוּא אִישׁ צָעִיר.
4 בִּכְפָרָן יֵשׁ הַרְבֵּה עֵצִים אֲבָל אֵין הַרְבֵּה גַּנִּים.
5 שִׁירָהּ אָרֹךְ אֲבָל יָפֶה.
6 עִירְכֶם קְטַנָּה וְאֵין בְּעִירְכֶם הַרְבֵּה מוֹרִים.
7 מַדּוּעַ לֹא שְׁמַעְתֶּם אֶת שִׁירוֹ?
8 בַּכִּתָּה פָּתַחְנוּ אֶת סִפְרֵנוּ.

J. Turn all the sentences in exercise A into the interrogative.

Example: הָאִישׁ בַּבַּיִת, הַאִם הָאִישׁ בַּבַּיִת?

K. Read the following unvocalized text.

אתמול בערב הלכתי לבית של חברי מיכאל. דפקתי על הדלת. הדוד של מיכאל פתח את הדלת. "שלום, יוסף, מה שלומך?" "טוב, תודה. איפה מיכאל?" "הוא הלך לקונצרט." "מתי? זה לא היום."

Lesson 22

The Dual Number

Nouns that Appear in Plural Form Only

אֵצֶל הָרוֹפֵא At the Doctor's

בֹּקֶר. דָּוִד הוֹלֵךְ לָרוֹפֵא. לֹא, הוּא לֹא הוֹלֵךְ — הוּא נוֹסֵעַ בִּמְכוֹנִית
כִּי הוּא חוֹלֶה מְאֹד.
דָּוִד יוֹשֵׁב אֵצֶל הָרוֹפֵא.
הִנֵּה אָחוֹת. לָאָחוֹת יֵשׁ עֵינַיִם כְּחֻלּוֹת וְיָפוֹת.
"מַה שִּׁמְךָ?" שׁוֹאֶלֶת הָאָחוֹת.
"שְׁלוֹמִי רַע," אוֹמֵר דָּוִד.
"לֹא. מַה שִּׁמְךָ?" צוֹחֶקֶת הָאָחוֹת.
"אָהּ!" אוֹמֵר דָּוִד, "שְׁמִי דָּוִד לֶוִין."
"מֵאַיִן אַתָּה?"
"אֲנִי מִשִּׁיקָגוֹ," עוֹנֶה דָּוִד. "אֲנִי לֹא יוֹדֵעַ הַרְבֵּה עִבְרִית."
הָאָחוֹת נוֹתֶנֶת לְדָוִד מַדְחֹם. בָּרוּךְ הַשֵּׁם[1] אֵין לְדָוִד חֹם.

בַּחֶדֶר שֶׁל הָרוֹפֵא.

"מַה שְּׁלוֹמְךָ?" שׁוֹאֵל הָרוֹפֵא.
"רַע. רַע מְאֹד," אוֹמֵר דָּוִד.
"מַה יֵּשׁ?" שׁוֹאֵל הָרוֹפֵא.
"אֲנִי לֹא עוֹבֵד בַּיָּדַיִם. אֲנִי לֹא הוֹלֵךְ בָּרַגְלַיִם. אֲנִי לֹא שׁוֹמֵעַ בָּאָזְנַיִם."
"לָמָּה?" שׁוֹאֵל הָרוֹפֵא.

[1] *Literally, blessed be the Name (i.e. God); equivalent to "thank God."*

"אֶתְמוֹל הָלַכְתִּי לָאוּנִיבֶרְסִיטָה. נָפַלְתִּי בַּדֶּרֶךְ עַל הַיָּדַיִם וְעַל הָרַגְלַיִם. גַּם נַעֲלַיִם אֵין לִי."

הָרוֹפֵא בּוֹדֵק אֶת דָּוִד. הוּא רוֹאֶה שֶׁדָּוִד שָׁבַר רֶגֶל וְיָד. הָרוֹפֵא נוֹתֵן לְדָוִד תְּרוּפוֹת וְגֶבֶס וְאוֹמֵר לוֹ: "אַתָּה לֹא הוֹלֵךְ הַיּוֹם לָאוּנִיבֶרְסִיטָה."

דָּוִד נוֹסֵעַ אֶל בֵּיתוֹ, שׁוֹכֵב בַּמִּטָּה וְקוֹרֵא סְפָרִים. בָּעֶרֶב יֵשׁ אֵצֶל דָּוִד חֲבֵרִים. הִנֵּה גַּם הַמּוֹרֶה יוֹסֵף. דָּוִד בֶּאֱמֶת חוֹלֶה.

מִלּוֹן	VOCABULARY
מַה יֵּשׁ?	what's the matter?
עָנָה	answer (v.)
שָׁבַר	break
קָפַץ	jump
רוֹפֵא	doctor
חֹם	fever, heat
מַדְחֹם	thermometer
תְּרוּפָה	medicine
אָחוֹת	sister, nurse
צִפּוֹר	bird
מִשְׁקָפַיִם	eyeglasses (m.)
שֵׁם	name
בָּרוּךְ	blessed
בָּרוּךְ הַשֵּׁם	thank God (used idiomatically)
צָחַק	laugh
בָּדַק	check (v.)
שָׁכַב	lie down
חוֹלֶה	sick, ill
גֶּבֶס	plaster, cast
יֵשׁ	there is, there are
יֵשׁ לְ—	there is to.... (has)
יֵשׁ לָאָחוֹת	the nurse has

*Chaim Weizmann, Israel's first president
and a distinguished scientist*

*The Weizmann Institute of Science
Rehovot, grants post-graduate degrees*

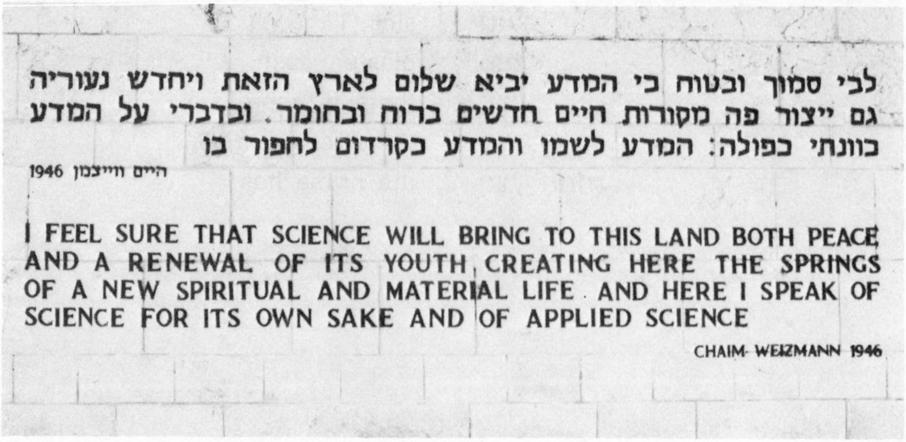

לבי סמוך ובטוח כי המדע יביא שלום לארץ הזאת ויחדש נעוריה
גם ייצור פה מקורות חיים חדשים ברוח ובחומר. ובדברי על המדע
כוונתי כפולה: המדע לשמו והמדע כקרדום לחפור בו
חיים וייצמן 1946

I FEEL SURE THAT SCIENCE WILL BRING TO THIS LAND BOTH PEACE
AND A RENEWAL OF ITS YOUTH, CREATING HERE THE SPRINGS
OF A NEW SPIRITUAL AND MATERIAL LIFE. AND HERE I SPEAK OF
SCIENCE FOR ITS OWN SAKE AND OF APPLIED SCIENCE

CHAIM WEIZMANN 1946

1. The Dual Number

We have already learned that masculine nouns generally form the plural by adding ִים to their singular form

סִפּוּר, סִפּוּרִים	story

and feminine nouns generally form their plural by dropping the ending ָה of the singular and adding the suffix וֹת.

תְּמוּנָה, תְּמוּנוֹת	picture
מְנוֹרָה, מְנוֹרוֹת	lamp

In addition, there is another kind of plural in Hebrew, known as the **dual number,** for the *double organs of the body* such as hands, ears, eyes, etc., and for *things that come in pairs,* such as shoes, trousers, eyeglasses, etc. It is usually formed by attaching the suffix ַיִם to the singular.

יָד, יָדַיִם	hand
רֶגֶל, רַגְלַיִם	foot
עַיִן, עֵינַיִם	eye
אֹזֶן, אָזְנַיִם	ear
שֵׁן, שִׁנַּיִם	tooth
שַׁד, שָׁדַיִם	breast (m.)
כָּנָף, כְּנָפַיִם	wing
שָׂפָה, שְׂפָתַיִם	lip
קֶרֶן, קַרְנַיִם	horn
נַעַל, נַעֲלַיִם	shoe
גֶּרֶב, גַּרְבַּיִם	stocking, sock (m.)

This dual form merely signifies the plural, and not necessarily the dual number *two.*

יָדַיִם	means *hands,* not two hands.
גַּרְבַּיִם	means *socks,* not two socks.

Note that the plural of שָׂפָה *lip* is שְׂפָתַיִם. The ה is changed into ת before the dual ending ַיִם is used.

The dual form is not used with verbs, pronouns, or adjectives.

2. Nouns that Appear in the Plural Form Only

The following nouns are found in the plural only. They are plural in form, but may be singular or plural in meaning.

אֱלֹהִים	God
רַחֲמִים	mercy (m.)
חַיִּים	life (m.)
פָּנִים	face (m. or f.)
מַיִם	water (m.)
שָׁמַיִם	sky, heaven (m.)

All the above nouns are masculine, with the exception of פָּנִים *face*, which is of common gender (i.e., it may be masculine or feminine).

When you translate these words into English use the singular, unless the context requires the plural.

In Hebrew, the adjective qualifying these nouns is always in the plural.

רַחֲמִים גְּדוֹלִים	great mercy
חַיִּים טוֹבִים	good life
מִשְׁקָפַיִם שְׁחוֹרִים	black glasses
פָּנִים יָפִים (יָפוֹת)	beautiful face

Biblical Word List No. 10

שָׁמַע	hear
שׁוּב	return (v.)
אָהַב	love (v.)
עָבַר	pass (v.)
שָׁלַח	send

Scientific research is encouraged in resource-poor Israel

Exercises

A. Write the plural of the following.

1 יָד   4 רֶגֶל   7 קֶרֶן   10 שָׂפָה

2 מְנוֹרָה   5 פָּנִים   8 תַּלְמִידָה   11 שֵׁן

3 סֵפֶר   6 אֹזֶן   9 סִפּוּר   12 נַעַל

B. Add *any* of the following adjectives to each of the above nouns, a) in the singular (with translation), and b) in the plural.

גָּדוֹל, קָטָן, קָצָר, לָבָן, צָעִיר, טוֹב, יָפֶה, שָׁחוֹר

C. Translate into Hebrew. Use the appropriate gender.

1 a small lip
2 the good ear
3 this white tooth
4 this good shoe
5 a white sock
6 a short story
7 this short foot
8 This eye is black.
9 the beautiful wing

D. Translate exercise C using the plural of each phrase.

E. Rewrite the following sentences by inserting the proper part of the body in the appropriate sentence. Choose from this vocabulary:

עֵינַיִם, רַגְלַיִם, שִׁנַּיִם, יָד, אָזְנַיִם

1 הָאִישׁ הוֹלֵךְ בָּ_____.
2 אֲנַחְנוּ שׁוֹמְעִים קוֹנְצֶרְט בָּ_____.
3 אַתֶּם כּוֹתְבִים בַּ_____.
4 לְאִישׁ זָקֵן מְאֹד אֵין _____ בַּפֶּה.
5 אֲנַחְנוּ רוֹאִים בָּ_____.

F. Add the missing word in Hebrew.

1 הָעַיִן שֶׁל יוֹסֵף אֲדֻמָּה.
הָ_____ שֶׁל יוֹסֵף אֲדֻמּוֹת. (eyes)
2 הָרוֹפֵא בָּדַק אֶת הָרֶגֶל שֶׁל חַנָּה.
הָרוֹפֵא בָּדַק אֶת הָ_____ שֶׁל חַנָּה וְשֶׁל רָחֵל. (feet)
3 שָׁבַרְתִּי אֶת הַשֵּׁן.
חַנָּה שָׁבְרָה הַרְבֵּה _____. (teeth)
4 שָׁכַחְתִּי אֶת הַנַּעַל בַּבַּיִת.
רוּת וְחַנָּה שָׁכְחוּ אֶת הַ _____ בַּבַּיִת. (shoes)
5 הִנֵּה גֶּרֶב כָּחֹל.
הִנֵּה _____ צְהֻבִּים. (socks)

G. Read the story at the beginning of this lesson and answer the following questions.

1 לָמָּה הָלַךְ דָּוִד אֶל הָרוֹפֵא?
2 מָתַי הָלַךְ דָּוִד אֶל הָרוֹפֵא?
3 מַה שָּׁאֲלָה הָאָחוֹת אֶת דָּוִד?
4 מַדּוּעַ צָחֲקָה הָאָחוֹת?
5 מַדּוּעַ לֹא הוֹלֵךְ דָּוִד לָאוּנִיבֶרְסִיטָה?
6 מָתַי שָׁבַר דָּוִד אֶת הָרֶגֶל?
7 מִי הָיָה אֵצֶל דָּוִד בָּעֶרֶב?

H. Read the text of the story substituting שְׁלֹמֹה וְדָוִד for דָּוִד, and make all the necessary changes in verbs, pronouns, etc.

I. Rewrite the same text substituting חַנָּה for דָּוִד.

J. Read the following unvocalized text.

דוד יושב אצל הרופא. הנה האחות. לאחות יש עינים כחלות ויפות. ״מה שמך?״ שואלת האחות. ״שמי דוד לוין.״ ״מאין אתה?״ ״אני משיקגו,״ עונה דוד, ״אני לא יודע הרבה עברית.״ האחות נותנת לדוד מדחם. ברוך השם, אין לדוד חם.

Hadassah-Hebrew University Medical Center at Ein Karem, Jerusalem

Lesson 23

Cardinal Numbers

The Hebrew Calendar

More About הַ and וְ

Telling Time

הַשִּׁדּוּךְ The Matchmaking

לַגְּבֶרֶת לֶוִין יֵשׁ חֲמִשָּׁה יְלָדִים – שְׁתֵּי בָּנוֹת וּשְׁלֹשָׁה בָּנִים. לַגְּבֶרֶת כֹּהֵן יֵשׁ אַרְבַּע בָּנוֹת. שְׁתֵּי הַגְּבָרוֹת יוֹשְׁבוֹת אֵצֶל גְּבֶרֶת כֹּהֵן.

גְּבֶרֶת לֶוִין: מַה שְּׁלוֹם הַבַּת הַגְּדוֹלָה? בַּת כַּמָּה הִיא?

גְּבֶרֶת כֹּהֵן: הִיא בַּת עֶשְׂרִים וְאַרְבַּע וּשְׁלֹשָׁה חֳדָשִׁים, וּשְׁנֵי שָׁבוּעוֹת. הִיא יָפָה מְאֹד וְטוֹבָה מְאֹד. הִיא לוֹמֶדֶת כְּבָר אַרְבַּע שָׁנִים בָּאוּנִיבֶרְסִיטָה. סְלִיחָה, מַדּוּעַ אַתְּ שׁוֹאֶלֶת?

גְּבֶרֶת לֶוִין: הַיֶּלֶד הַגָּדוֹל שֶׁלִּי. הוּא בֶּן שְׁלֹשִׁים וּשְׁתַּיִם. הוּא יֶלֶד טוֹב, עָשִׁיר וְיָפֶה, אוֹכֵל טוֹב, יוֹדֵעַ שִׁירִים יָפִים.

גְּבֶרֶת כֹּהֵן: זֶה לֹא יֶלֶד, זֶה גֶּבֶר! רֶגַע, הַבַּת שֶׁלִּי פֹּה. בַּחֶדֶר הַשֵּׁנִי.

גְּבֶרֶת לֶוִין: וְהַבֵּן שֶׁלִּי בָּא בְּעוֹד חָמֵשׁ דַּקּוֹת.

גְּבֶרֶת כֹּהֵן: רַק עוֹד שָׁלֹשׁ בָּנוֹת! תּוֹדָה לָאֵל!

מִלּוֹן VOCABULARY

The irregular plural of some nouns is given in parenthesis.

שִׁדּוּךְ	matchmaking
גֶּבֶר (גְּבָרִים)	man, gentleman
גְּבֶרֶת (גְּבָרוֹת)	lady, Mrs.
כְּבָר	already
סְלִיחָה	sorry, excuse me, pardon me
תּוֹדָה	thanks, thank you
תּוֹדָה לָאֵל	thank God

עָשִׁיר	rich
עָנִי	poor
שָׁנָה (שָׁנִים)	year (f.)
חֹדֶשׁ (חֳדָשִׁים)	month
שָׁבוּעַ (שָׁבוּעוֹת)	week (m.)
יוֹם (יָמִים)	day
לְאַט	slowly
מַהֵר	quickly
אֲחָדִים, אֲחָדוֹת	some, a few
הַרְבֵּה	much, many
מְעַט	few, little
אֳנִיָּה	ship, boat
אֱמֶת	truth
גְּלִידָה	ice cream
קוֹלְנוֹעַ	movies
וְעוֹד	plus, more
פָּחוֹת	minus, less
יוֹתֵר	more
כַּמָּה	how much
רַק	only

idiomatic expressions

מַה שְּׁלוֹם...	how is...?
בֶּן (בַּת) כַּמָּה הוּא (הִיא)?	how old is he (she)?
הוּא בֶּן (הִיא בַּת)...	he (she) is... years old

Blowing the shofar *on Yom Kippur*

1. Cardinal Numbers From 1 to 10

In Hebrew the numbers have two forms, masculine and feminine, and they always agree with the noun they describe.
It is one of the peculiarities of Semitic languages, including Hebrew, that the numbers 3 to 10 take the feminine ending ָה when they appear with masculine nouns.

Cardinal Numbers with Feminine Nouns		Cardinal Numbers with Masculine Nouns
אחת	1	אֶחָד
שְׁתַּיִם (שְׁתֵּי)	2	שְׁנַיִם (שְׁנֵי)
שָׁלֹשׁ	3	שְׁלֹשָׁה
אַרְבַּע	4	אַרְבָּעָה
חָמֵשׁ	5	חֲמִשָּׁה
שֵׁשׁ	6	שִׁשָּׁה
שֶׁבַע	7	שִׁבְעָה
שְׁמוֹנֶה	8	שְׁמוֹנָה
תֵּשַׁע	9	תִּשְׁעָה
עֶשֶׂר	10	עֲשָׂרָה

Note When giving a telephone number, a serial number, a license number, a street number, etc., the feminine forms are used. Telephone number 563–7891 would be given as

חָמֵשׁ, שֵׁשׁ, שָׁלֹשׁ, שֶׁבַע, שְׁמוֹנֶה, תֵּשַׁע, אַחַת

Position. The nouns usually follow the numbers, as in English, with the exception of the number *one*, אֶחָד (m.) or אַחַת (f.), which is treated as an adjective, and hence always follows the noun.

שְׁלֹשָׁה יְלָדִים	three boys
עֲשָׂרָה סְפָרִים	ten books
שָׁלֹשׁ מוֹרוֹת	three teachers (f.)
עֶשֶׂר בְּרָכוֹת	ten blessings
חֹדֶשׁ אֶחָד	one month
אִשָּׁה אַחַת	one woman

In biblical Hebrew, the numbers may follow the noun, although it is not common.

סוּסִים שְׁלֹשָׁה	three horses

***One* as the indefinite article.** The number אֶחָד (m.) or אַחַת (f.) may also stand for the indefinite article **a** or **an.**

אִישׁ אֶחָד	a man (or, one man)
אִשָּׁה אַחַת	a woman (or, one woman)

Note There is no Hebrew equivalent for *a* or *an.*

סֵפֶר	may be translated as *book* or *a book*
דּוֹד	may be translated as *uncle* or *an uncle*

Some or a few. The plural form of אֶחָד and אַחַת is translated as *some,* or *a few.*

סְפָרִים אֲחָדִים	some books, a few books
תְּמוּנוֹת אֲחָדוֹת	some pictures, a few pictures

Note the irregular plural forms.

Two endings for the cardinal number *two.* The Hebrew numbers for *two* have two endings.

Masculine		Feminine
שְׁנַיִם	2	שְׁתַּיִם
שְׁנֵי	2	שְׁתֵּי

The *dual ending* שְׁנַיִם (m.) and שְׁתַּיִם (f.) is used when the number *two* **appears separately,** or is not followed by a noun.

אֶחָד וְעוֹד אֶחָד – שְׁנַיִם.	One plus one are two.
כַּמָּה סְפָרִים עַל הַשֻּׁלְחָן? שְׁנַיִם.	How many books (are) on the table? Two.

When the cardinal number *two* is **followed by the noun,** it assumes the shorter ending שְׁנֵי (m.) and שְׁתֵּי (f.). This is known as the *construct form* (see Lesson 29).

שְׁנֵי יְלָדִים	two boys
שְׁתֵּי בְּרָכוֹת	two blessings

In biblical Hebrew you may write גְּמַלִּים שְׁנַיִם, two camels.

Note what happens when the noun takes a definite article.

שְׁנֵי סְפָרִים	two books
שְׁנֵי הַסְּפָרִים	the two books
שְׁתֵּי יְלָדוֹת	two girls
שְׁתֵּי הַיְלָדוֹת	the two girls

Both of... The following *pronominal suffixes* can be added to שְׁנֵי (m.) and שְׁתֵּי (f.) to form the idiom *both of*...

	Masculine		Feminine
שְׁנֵינוּ	both of us		שְׁתֵּינוּ
שְׁנֵיכֶם	both of you		שְׁתֵּיכֶן
שְׁנֵיהֶם	both of them		שְׁתֵּיהֶן

שְׁנֵיהֶם הָלְכוּ אֶל הָהָר	Both of them (m.) went to the mountain.
שְׁתֵּינוּ אוֹכְלוֹת גְּלִידָה	Both of us (f.) eat ice cream.

The number **zero** has only one form אֶפֶס.

2. Cardinal Numbers From 11 to 20

The cardinal numbers from 11 to 20 also have masculine and feminine endings which must agree with the nouns they modify. In each case the numbers from 1 to 10 are joined to the "teen" word עָשָׂר (m.) and עֶשְׂרֵה (f.)

Masculine		Feminine
אַחַד עָשָׂר	11	אַחַת עֶשְׂרֵה
שְׁנֵים עָשָׂר	12	שְׁתֵּים עֶשְׂרֵה
שְׁלֹשָׁה עָשָׂר	13	שְׁלֹשׁ עֶשְׂרֵה
אַרְבָּעָה עָשָׂר	14	אַרְבַּע עֶשְׂרֵה
חֲמִשָּׁה עָשָׂר	15	חֲמֵשׁ עֶשְׂרֵה
שִׁשָּׁה עָשָׂר	16	שֵׁשׁ עֶשְׂרֵה
שִׁבְעָה עָשָׂר	17	שְׁבַע עֶשְׂרֵה
שְׁמוֹנָה עָשָׂר	18	שְׁמוֹנֶה עֶשְׂרֵה
תִּשְׁעָה עָשָׂר	19	תְּשַׁע עֶשְׂרֵה
עֶשְׂרִים	20	עֶשְׂרִים

3. Cardinal Numbers Beyond 20

The multiple numbers from 30 to 90 are expressed by the **plural form** of their **corresponding units.** There are some changes in the vowel signs which should be learned.

The number 20 is formed from ten with a plural ending.

עֶשְׂרִים	20		עֶשֶׂר	10
שְׁלֹשִׁים	30		שְׁלֹשָׁה	3
אַרְבָּעִים	40		אַרְבָּעָה	4
חֲמִשִּׁים	50		חֲמִשָּׁה	5
שִׁשִּׁים	60		שִׁשָּׁה	6
שִׁבְעִים	70		שִׁבְעָה	7
שְׁמוֹנִים	80		שְׁמוֹנָה	8
תִּשְׁעִים	90		תִּשְׁעָה	9

These numbers are used with both masculine and feminine nouns.

שְׁלֹשִׁים סְפָרִים	30 books
אַרְבָּעִים תְּמוּנוֹת	40 pictures
שְׁמוֹנִים מוֹרִים	80 teachers (m.)
תִּשְׁעִים יְלָדוֹת	90 girls

Preparing to celebrate Sukkot

Compound numbers. Beginning with 21, compound numbers are composed of their two parts, connected with the conjunction *and* וְ וַ or וּ (see section 5, below).

עֶשְׂרִים וְאַרְבָּעָה סְפָרִים	24 books
שְׁלֹשִׁים וְשִׁשָּׁה יְלָדִים	36 boys
אַרְבָּעִים וְשֵׁשׁ יְלָדוֹת	46 girls

Remember: The numbers from 1 to 10 agree with the noun!

The long forms of two, שְׁנַיִם (m.) and שְׁתַּיִם (f.), are used in compound numbers.

שְׁנֵי סְפָרִים	2 books
עֶשְׂרִים וּשְׁנַיִם סְפָרִים	22 books
שְׁתֵּי יְלָדוֹת	2 girls
עֶשְׂרִים וּשְׁתַּיִם יְלָדוֹת	22 girls

Hundreds, thousands, etc. The following numerals are used with both masculine and feminine nouns.

מֵאָה (מֵאוֹת)	hundred
אֶלֶף (אֲלָפִים)	thousand
רְבָבָה (רְבָבוֹת)	ten thousand, myriad
מִלְיוֹן (מִלְיוֹנִים)	million
מֵאָה יְלָדִים	one hundred boys
מֵאָה יְלָדוֹת	one hundred girls

4. The Hebrew Calendar

The Hebrew calendar is both lunar and solar. That is, the months are determined by the periodic appearance and disappearance of the moon, while the seasons are fixed by the position of the sun in the sky.

The Hebrew year consists of twelve lunar months of 29 or 30 days, and totals 353 or 354 days. In order to adjust this lunar year to the solar year which is 11 days longer, an additional month is added in certain leap years. (There are seven such leap years in each cycle of 19 years.)

The names of the **Hebrew months** are:

תִּשְׁרֵי	(usually corresponds to September-October)
חֶשְׁוָן	(October-November)
כִּסְלֵו	(November-December)
טֵבֵת	(December-January)
שְׁבָט	(January-February)
אֲדָר	(February-March)
נִיסָן	(March-April)
אִיָּר	(April-May)
סִיוָן	(May-June)
תַּמּוּז	(June-July)
אָב	(July-August)
אֱלוּל	(August-September)

The month which is added in leap years follows אֲדָר and is called אֲדָר שֵׁנִי (the second Adar).

The names of the months of the Gregorian calendar are transcribed into Hebrew as follows.

יָנוּאָר, פֶּבְּרוּאָר, מֶרְץ, אַפְּרִיל, מַאי, יוּנִי,
יוּלִי, אוֹגוּסְט, סֶפְּטֶמְבֶּר, אוֹקְטוֹבֶּר, נוֹבֶמְבֶּר, דֶּצֶמְבֶּר

The days of the week

יוֹם א׳, יוֹם רִאשׁוֹן	Sunday
יוֹם ב׳, יוֹם שֵׁנִי	Monday
יוֹם ג׳, יוֹם שְׁלִישִׁי	Tuesday
יוֹם ד׳, יוֹם רְבִיעִי	Wednesday
יוֹם ה׳, יוֹם חֲמִישִׁי	Thursday
יוֹם ו׳, יוֹם שִׁשִּׁי	Friday
שַׁבָּת	Saturday

Lighting the Hanukkah candles

The names of the days of the week are derived from the numerical order of the days found in the first chapter of the Bible. Literally, the names mean *the first day, the second day,* etc.
The only exception is שַׁבָּת, which is derived from the root שָׁבַת, *rest, cease from work.*

The preposition בּ is used to indicate *on* for the day of the week.

אֲנִי הוֹלֵךְ לַקוֹלְנוֹעַ בְּיוֹם רִאשׁוֹן.	I am going to the movies on Sunday.
דָּנִי יָבוֹא הַבַּיְתָה בְּשַׁבָּת.	Danny will come home on Saturday.

The preposition בּ is also used to express *of* in such phrases as

תִּשְׁעָה בְּאָב	ninth of Av
חֲמִשָּׁה עָשָׂר בְּנִיסָן	fifteenth of Nissan

The holidays of the Hebrew year

רֹאשׁ הַשָּׁנָה	Rosh Hashanah, New Year
יוֹם כִּפּוּר	Yom Kippur, Day of Atonement
חַג הַסֻּכּוֹת	Sukkot, Festival of Booths
חַג הַחֲנֻכָּה	Hanukkah, Festival of Lights
חַג פּוּרִים	Purim, Festival of Lots
פֶּסַח	Pesach, Passover
יוֹם הָעַצְמָאוּת	Yom Ha'azma'ut, Israel's Independence Day
חַג הַשָּׁבוּעוֹת	Shavuot, Festival of Weeks
תִּשְׁעָה בְּאָב	Tisha B'Av, the Ninth of Av fast

5. More About —הַ and —וְ

The definite article —הַ is usually pointed with *pataḥ,* followed by *dagesh* (see Lesson 6).

הַלַּיְלָה	the night	לַיְלָה	night

Before a word beginning with ר, א and ע (when the latter is not pointed with *qamaṣ)* the definite article is —הָ (see Lesson 9).

הָעֶרֶב	the evening	עֶרֶב	evening
הָאוֹר	the light	אוֹר	light

Before a word beginning with unaccented —חָ —הָ, and —עָ, the definite article is —הֶ.

הֶחָבֵר	the friend	חָבֵר	friend
הֶעָשִׁיר	the rich	עָשִׁיר	rich
הֶעָנִי	the poor	עָנִי	poor
הֶהָרִים	the mountains	הָרִים	mountains

The usual form for the **conjunction** *and* is the prefix וְ.

אִישׁ וְאִשָּׁה	a man and a woman
יוֹם וְלַיְלָה	a day and a night

If the word begins with a *shva* or with any of the letters ב ו מ פ (known as *BUMaF)* the conjunction *and* becomes וּ.

מֹשֶׁה וְדָוִד	Moses and David, *but*
דָּוִד וּמֹשֶׁה	David and Moses
אֶחָד וּשְׁנַיִם	one and two
עֶשְׂרִים וּשְׁלֹשָׁה	twenty-three
וּבַבַּיִת	and in the house

Before a word beginning with a *compound pataḥ* ֲ the conjunction —וְ becomes —וַ.

עֶשְׂרִים וַחֲמִשָּׁה	twenty-five
שִׁיר וַחֲלוֹם	a song and a dream

Similarly, before a *compound seghol* ֱ the conjunction becomes וֶ.
אֱמֶת truth צְדָקָה וֶאֱמֶת justice and truth.

Before a *compound qamaṣ* ֳ the conjunction becomes וָ.
אֳנִיָּה ship וָאֳנִיָּה and a ship

A Bukharan family wears traditional dress at the Passover seder

6. Telling Time

– סְלִיחָה אָדוֹן, מָה הַשָּׁעָה?
– הַשָּׁעָה שָׁלֹשׁ וּשְׁלֹשִׁים, וְאַרְבַּע דַּקּוֹת, וְאַרְבַּע שְׁנִיּוֹת, אֲבָל אֲנִי חוֹשֵׁב שֶׁהַשָּׁעוֹן שֶׁלִּי לֹא טוֹב. הוּא מְפַגֵּר.
– תּוֹדָה.

– סְלִיחָה גְּבֶרֶת, מָה הַשָּׁעָה?
– עֶשְׂרִים דַּקּוֹת לִפְנֵי אַרְבַּע. אֲבָל אֲנִי לֹא יוֹדַעַת אִם הַשָּׁעוֹן שֶׁלִּי טוֹב. הוּא מְמַהֵר.

– סְלִיחָה יֶלֶד, מָה הַשָּׁעָה?
– אַתָּה לֹא רוֹאֶה שֶׁיֵּשׁ פֹּה, עַל הַדֶּלֶת שֶׁל הַבַּיִת הַגָּדוֹל, שָׁעוֹן גָּדוֹל? הַשָּׁעָה... אוֹי, הַשָּׁעוֹן לֹא הוֹלֵךְ!

– סְלִיחָה, מָה הַשָּׁעָה?

מִלּוֹן	VOCABULARY
מָה הַשָּׁעָה?	what time is it?
שָׁעוֹן (שְׁעוֹנִים)	clock, watch
שָׁעָה	hour
דַּקָּה, רֶגַע (רְגָעִים)	minute
שְׁנִיָּה	second (of time)
מְפַגֵּר	is slow (literally, retarded)
מְמַהֵר	is fast (literally, hurries)
רֶבַע	quarter
חֵצִי	half
בְּעוֹד	in (used with time)
בְּעוֹד חָמֵשׁ דַּקּוֹת	in five minutes

Biblical Word List No. 11

רָשָׁע	wicked
חָזָק	strong
קָדוֹשׁ	holy
צַדִּיק	righteous
חָסִיד	pious

Exercises

A. Write the numbers from 1 through 10, with vowels, first in the masculine form, and then in the feminine form.

B. Write the maculine forms of the numbers from 30 to 50, without vowels.

C. Write the following in numerals.

1 שְׁמוֹנָה
2 שֶׁבַע
3 שְׁלֹשִׁים וְאַרְבָּעָה
4 חֲמִשִּׁים וְתֵשַׁע
5 תִּשְׁעִים וְתֵשַׁע
6 עֶשְׂרִים וּשְׁלֹשָׁה
7 שִׁבְעִים וְשִׁבְעָה
8 שִׁשִּׁים וְחָמֵשׁ
9 שְׁלֹשִׁים וְאֶחָד
10 אֶלֶף מֵאָה וְאַרְבָּעִים
11 אַרְבָּעִים וְתִשְׁעָה
12 שְׁמוֹנִים וּשְׁמוֹנָה
13 שִׁבְעִים וְאֶחָד
14 עֶשְׂרִים וְשֵׁשׁ
15 חֲמִשִּׁים וְחָמֵשׁ
16 שִׁשִּׁים וּשְׁלֹשָׁה
17 שְׁלֹשִׁים וּשְׁנַיִם
18 שְׁמוֹנִים וְשִׁבְעָה
19 תִּשְׁעִים וְאַרְבַּע
20 מֵאָה עֶשְׂרִים וְשִׁשָּׁה
21 אֶלֶף אַחַת עֶשְׂרֵה

D. Write the following numbers, without vowels, first in the masculine form and then in the feminine form.

40, 45, 31, 24, 48, 98, 94, 10, 39, 68, 62, 29, 72, 88, 70, 92, 133, 174, 186, 199.

E. Write the Hebrew words for the numerals in each of the following phrases.

1 46 דַּקּוֹת
2 28 יְלָדוֹת
3 5 חֳדָשִׁים
4 22 יָמִים[1]
5 3 שָׁנִים[1]
6 5 מֵאוֹת
7 15 שֻׁלְחָנוֹת
8 10 יְלָדִים
9 23 חֲבֵרוֹת
10 99 תְּמוּנוֹת
11 38 שְׁנִיּוֹת
12 64 שָׁבוּעוֹת
13 28 גְּבָרִים
14 49 גְּבָרוֹת
15 2 גַּרְבַּיִם

F. Write the answer in Hebrew words, without vowels.

Example: חֲמִשָּׁה וְעוֹד אַרְבָּעָה, כַּמָּה הֵם? חמשה ועוד ארבעה הם תשעה.

1 עֶשְׂרִים וְאֶחָד וְאַרְבָּעִים וּשְׁנַיִם?
2 חֲמִשִּׁים וְחָמֵשׁ פָּחוֹת שְׁלֹשִׁים וְתֵשַׁע?
3 אֶלֶף פָּחוֹת מֵאָה וַחֲמִשִּׁים?
4 שְׁלֹשִׁים וְאַרְבָּעָה וְעוֹד שִׁשִּׁים וְשִׁשָּׁה?
5 מֵאָה פָּחוֹת שִׁבְעִים וּשְׁנַיִם?
6 מֵאָה שִׁבְעִים פָּחוֹת מֵאָה וּשְׁנַיִם?

[1] *Note the irregular plurals.*

G. מָה הַשָּׁעָה? Give all the possible answers in Hebrew words.

Example:

הַשָּׁעָה שְׁתֵּים עֶשְׂרֵה וָרֶבַע.

הַשָּׁעָה שְׁתֵּים עֶשְׂרֵה וַחֲמֵשׁ עֶשְׂרֵה דַּקּוֹת.

H. Answer the following questions in complete Hebrew sentences (without vowels).

1 כַּמָּה שָׁנִים לָמַדְתָּ עִבְרִית?   6 כַּמָּה רַגְלַיִם לַכֶּלֶב?

2 כַּמָּה יָמִים יֵשׁ בַּשָּׁבוּעַ?   7 כַּמָּה יָמִים יֵשׁ בַּשָּׁנָה?

3 כַּמָּה שָׁעוֹת יֵשׁ בַּיּוֹם?   8 כַּמָּה אַחִים יֵשׁ לְךָ?

4 כַּמָּה חֳדָשִׁים יֵשׁ בַּשָּׁנָה?   9 כַּמָּה שָׁעוֹת בַּיּוֹם אַתָּה לוֹמֵד?

5 כַּמָּה אֶצְבָּעוֹת יֵשׁ לָאִישׁ?   10 כַּמָּה שָׁנִים אַתָּה לוֹמֵד בָּאוּנִיבֶרְסִיטָה?

J. Translate into Hebrew (without vowels).

1 God created the heaven and the earth in six days.
2 Today he is writing six stories and eight songs.
3 I (f.) am 30 years old.
4 We took 39 books to the village.

Shavuot in the kibbutz

5 He gave me[2] 5 lamps and 6 pictures.
6 How old is David?
7 Rachel is 10 years old.
8 How old are you (m.s.)?
9 How old are you (f.s.)?
10 I took 5 boys with me[1] to the city.

K. Memorize the following poem and translate it into English.

אַחַת וְאַחַת,
הֵן שְׁתַּיִם.
יֵשׁ לַיֶּלֶד[3]
שְׁתֵּי עֵינַיִם.[4]
שְׁתֵּי עֵינַיִם
וּפֶה אֶחָד?
רְאֵה[5] הַרְבֵּה
וְדַבֵּר[6] מְעַט!

אַחַת וְאַחַת,
הֵן שְׁתַּיִם.
יֵשׁ לַתַּלְמִיד
שְׁתֵּי אָזְנַיִם.[4]
שְׁתֵּי אָזְנַיִם
וּפֶה אֶחָד?
שְׁמַע[7] הַרְבֵּה
וְדַבֵּר מְעַט!

אַחַת וְאַחַת,
הֵן שְׁתַּיִם.
יֵשׁ לָאִישׁ
שְׁתֵּי יָדַיִם.[4]
שְׁתֵּי יָדַיִם
וּפֶה אֶחָד?
עֲבֹד[8] הַרְבֵּה
וְדַבֵּר מְעַט!

[1] *With me* עִמִּי, *from* עִם.

[2] *Translate as "to me"* לִי.

[3] יֵשׁ לַיֶּלֶד *there is to the boy or the boy has.* יֵשׁ לִי *there is to me or I have.*

[4] עַיִן *eye,* אֹזֶן *ear, and* יָד *hand are feminine. (Why? See Lesson 13.)*

[5] רְאֵה *see! Imperative of* רָאָה *see.*

[6] דַּבֵּר *speak! Imperative of* דִּבֵּר *speak.*

[7] שְׁמַע *hear! Imperative of* שָׁמַע *hear.*

[8] עֲבֹד *work! Imperative of* עָבַד *work.*

I. Add the vowels to the definite article ה and the conjunction ו.

הַחֲנוּת הַיָּפָה שֶׁל הָאִישׁ הֶעָשִׁיר עוֹמֶדֶת לְיַד הַחֲנוּת הַקְּטַנָּה שֶׁל הָאִישׁ
הֶעָנִי וְאִשְׁתּוֹ. לָאִישׁ הֶעָשִׁיר יֵשׁ בֵּן וּשְׁתֵּי בָּנוֹת. לָאִישׁ הֶעָנִי יֵשׁ חָמֵשׁ בָּנוֹת
וּשְׁמוֹנָה בָּנִים. הָאִישׁ הֶעָשִׁיר הוּא לֹא הֶחָבֵר שֶׁל הָאִישׁ הֶעָנִי. הָאִישׁ הֶעָנִי
הוֹלֵךְ אֶל הֶהָרִים, אוּלַי יֵשׁ שָׁם כֶּסֶף, וּבַבַּיִת שֶׁל הָאִישׁ הֶעָנִי אֵין כֶּסֶף וְאֵין
אֹכֶל.

L. Read the following unvocalized text.

הילד הגדול הוא בן שלושים וחמש, הוא ילד טוב, עשיר, יפה, אוכל
טוב ויודע שירים יפים. הבן שלי בא בעוד חמש דקות. רק עוד שלוש
בנות, תודה לאל.

Tu Bishvat, the traditional "New Year for Trees"

Lesson 24

The Future Tense
The Negative Imperative
More Declensions of Prepositions and Particles

אֵיפֹה הַתְּמוּנָה? Where's the Picture?

– אֲנִי לֹא יוֹדֵעַ אֵיפֹה הַתְּמוּנָה הַחֲדָשָׁה שֶׁלָּקַחְתִּי מִדָּוִד אֶתְמוֹל. מָחָר אֶשְׁאַל אֶת חַנָּה אִם הִיא לָקְחָה אֶת הַתְּמוּנָה הַזֹּאת. אִם חַנָּה לֹא תִּזְכֹּר, נִשְׁאַל אֶת הַמּוֹרֶה. הַמּוֹרֶה בְּוַדַּאי יִכְעַס כִּי הוּא אָמַר אֶתְמוֹל: ״אַל תִּשְׁכְּחוּ אֶת הַתְּמוּנָה בַּכִּתָּה, כִּי מִישֶׁהוּ אוּלַי יִגְנֹב אֶת הַתְּמוּנָה! זֹאת תְּמוּנָה יְקָרָה מְאֹד!״

– אֲנִי לֹא חוֹשֵׁב שֶׁגַּנָּבִים גָּנְבוּ אֶת הַתְּמוּנָה כִּי הֵם לֹא יִמְכְּרוּ אוֹתָהּ. הַתְּמוּנָה מְאֹד יְקָרָה וְהָאֲנָשִׁים יִשְׁאֲלוּ אֶת הַגַּנָּבִים: ״שֶׁל מִי הַתְּמוּנָה?״

– רוּת נָתְנָה אֶת הַתְּמוּנָה הַזֹּאת לְדָוִד וְדָוִד נָתַן לְיוֹסֵף. יוֹסֵף זֶה אֲנִי, וַאֲנִי שָׁכַחְתִּי אֶת הַתְּמוּנָה בַּכִּתָּה. רוּת לֹא תִּסְלַח לִי! לָמָּה לָקַחְתִּי אֶת הַתְּמוּנָה? אוֹי לִי, אֵיפֹה הַתְּמוּנָה הַחֲדָשָׁה?
– הִנֵּה הַתְּמוּנָה. תַּחַת הַמִּטָּה בַּחֶדֶר שֶׁלְּךָ.
– מָה? אֲנִי בֶּאֱמֶת עָיֵף. לֹא יָדַעְתִּי כִּי הַתְּמוּנָה שֶׁלִּי תַּחַת הַמִּטָּה. תּוֹדָה.
– אֲנִי רָעֵב וְהוֹלֵךְ לֶאֱכֹל. שָׁלוֹם.

מִלּוֹן VOCABULARY

Nouns and Adjectives

שׁוּק (שְׁוָקִים)	market, marketplace
חָלָב	milk
יְרָקוֹת	vegetables

פֵּרוֹת (פְּרִי)	fruits
בֵּיצָה (בֵּיצִים)	egg (f.)
חֶמְאָה	butter
מָחָר	tomorrow
שְׁאֵלָה	question (n.)
תְּשׁוּבָה	answer (n.)
עֲבוֹדָה	work (n.)
סִפְרִיָּה	library
דֶּרֶךְ (דְּרָכִים)	way (f.)
מַשֶּׁהוּ	something
מִישֶׁהוּ	someone (m.)
מִישֶׁהִי	someone (f.)
עָיֵף	tired
רָעֵב	hungry
עָצוּב	sad

Verbs

צָעַק	shout, cry
בָּחַר	choose
שָׁאַל	ask
מָלַךְ	reign
מָכַר	sell
גָּנַב	steal
כָּעַס	be angry

Auxiliary Words

תָּמִיד	always
אַחַר־כָּךְ	afterwards, after that
בֶּאֱמֶת	really, truthfully
מִפְּנֵי שֶׁ—	because
בִּשְׁבִיל	for, in order to
בְּוַדַּאי	surely, certainly
לָכֵן	that's why, this is why
אַל	don't
אוֹי לִי	woe to me!

1. The Future Tense

The **future** or **imperfect tense** is formed by adding certain letters to the root as *prefixes*, as *suffixes*, or *both*.

The Future Tense of Regular *Qal* Verbs

	שמר	*root*
אֶxְxֹx	אֶשְׁמֹר	I shall keep (m. or f.)
תִּxְxֹx	תִּשְׁמֹר	you (thou) will keep (m.)
תִּxְxְxִי	תִּשְׁמְרִי	you (thou) will keep (f.)
יִxְxֹx	יִשְׁמֹר	he will keep
תִּxְxֹx	תִּשְׁמֹר	she will keep
נִxְxֹx	נִשְׁמֹר	we shall keep (m. or f.)
תִּxְxְxוּ	תִּשְׁמְרוּ	you will keep (m.)
תִּxְxֹxְנָה	תִּשְׁמֹרְנָה	you will keep (f.)
יִxְxְxוּ	יִשְׁמְרוּ	they will keep (m.)
תִּxְxֹxְנָה	תִּשְׁמֹרְנָה	they will keep (f.)

The Israel Museum, Jerusalem

Note that the *second person masculine singular* and *third person feminine singular* are always identical in Hebrew.

תִּשְׁמֹר	you will keep (m.s.), she will keep (according to context)
תִּמְלֹךְ	you will reign (m.s.), she will reign

The *second* and *third person feminine plural* verbs endings in the *future* are also identical.

תִּשְׁמֹרְנָה	you will keep, they will keep (f.pl.)
תִּמְלֹכְנָה	you will reign, they will reign (f.pl.)

The meaning is clear only in the context of the sentence.

If the second letter of the root ע׳ הַפֹּעַל is one of the *BeGaD KeFaT* letters, it must take a *weak dagesh* when the future is formed (see Lesson 5).

Future		Past	
יִשְׁבֹּר	he will break	שָׁבַר	he broke
נִזְכֹּר	we shall remember	זָכַר	he remembered
תִּסְגְּרִי	you (f.s.) will shut	סָגַר	he shut
אֶכְתֹּב	I shall write	כָּתַב	he wrote

When the second or third letter of the root is a *guttural* (usually ע or ח), the future of these verbs is formed with *pataḥ*, not *ḥolam*. The gutturals prefer the vowel *pataḥ* to any other vowel (Lesson 10).

אֶסְלַח	I shall forgive
יִצְחַק	he will laugh
נִשְׁמַע	we shall hear
יִשְׁאַל	he will ask
נִצְעַק	we shall cry
תִּבְחַר	you (m.s.) will choose (or) she will choose

אֶגְמֹר	I shall finish
יִשְׁמֹר	he will guard
נִכְתֹּב	we shall write
יִגְנֹב	he will steal
יִשְׁכַּח	he will forget
תִּמְכֹּר	you (m.s.) will sell (or) she will sell

2. The Negative Imperative

The negative אַל used with a *future* verb expresses the **negative imperative** *don't! do not!*

אַל תִּסְגֹּר אֶת הַדֶּלֶת   Do not shut the door.

Note the difference in the use of the negatives לֹא and אַל with the future tense.

תִּסְגֹּר אֶת הַחַלּוֹן מָחָר.   You will shut the window tomorrow.

לֹא תִּסְגֹּר אֶת הַחַלּוֹן מָחָר.   You will not shut the window tomorrow.

אַל תִּסְגֹּר אֶת הַחַלּוֹן.   Do not shut the window.

3. More Declensions of Prepositions and Particles

In Hebrew, pronominal suffixes may be attached to particles and prepositions, just as they are to nouns. These suffixes are almost identical with those attached to the nouns (see Lesson 21).

The **particle** אֶת indicates that the noun following it is the direct object of the verb. When it is declined with pronominal suffixes it forms the following pronouns.

אוֹתָנוּ	us	אוֹתִי	me
אֶתְכֶם	you (m.pl.)	אוֹתְךָ	you (m.s.)
אֶתְכֶן	you (f.pl.)	אוֹתָךְ	you (f.s.)
אוֹתָם	them (m.pl.)	אוֹתוֹ	him
אוֹתָן	them (f.pl.)	אוֹתָהּ	her

הוּא רָאָה אוֹתִי.   He saw me.

זָכַרְתִּי אוֹתָהּ.   I remembered her.

Declension of the preposition –לְ, *to, for.*

לָנוּ	to us	לִי	to me
לָכֶם	to you (m.pl.)	לְךָ	to you (m.s.)
לָכֶן	to you (f.pl.)	לָךְ	to you (f.s.)
לָהֶם	to them (m.pl.)	לוֹ	to him
לָהֶן	to them (f.pl.)	לָהּ	to her

נָתְנוּ לָנוּ	they gave us (i.e., to us)
אָמַר לִי	he said to me, he told me

The declension of —לְ is also equivalent to the present tense of the verb **to have.** (There is no Hebrew verb meaning *have.)*

לִי	to me, (or) to me there is, i.e. I have
לָכֶם	to you (m.pl.), you have
יֵשׁ לִי דּוֹד עָשִׁיר בְּאַמֶרִיקָה.	I have a rich uncle in America.
לָנוּ חֲבֵרִים.	We have friends.

Review the **declension of** שֶׁל ***of, belonging to,*** in Lesson 21. That declension forms the possessive adjectives *my, your, our,* etc., and the possessive pronouns *mine, yours, ours,* etc.

Biblical Word List No. 12

דֶּלֶת	door (f.)
נֶפֶשׁ	soul
גּוֹי	nation
מָקוֹם	place
דָּם	blood

"Jerusalem City Wall" by Anna Ticho (pencil)

Exercises

A. Write the future tense of the following.

send	שָׁלַח	shout, cry	צָעַק
hear	שָׁמַע	forget	שָׁכַח

B. Write fully, with English translation, the past, present, and future of גָּמַר *finish.*

C. Translate into English.

1 אֶשְׁבֹּר	5 יִמְלֹךְ	9 תִּשְׁבְּרוּ	13 תִּמְלֹךְ
2 תִּמְכְּרוּ	6 תִּכְתֹּבְנָה	10 נִסְגֹּר	14 תִּגְמֹרְנָה
3 תִּגְמְרִי	7 תִּזְכֹּר	11 יִגְנֹב	15 אֶמְכֹּר
4 תִּכְתֹּב	8 תִּשְׁבְּרִי	12 יִסְגְּרוּ	16 נִכְתֹּב

D. Translate into English.

1 אֶבְחַר	5 תִּצְעַק	9 יִצְחַק	13 תִּסְלְחִי
2 יִצְעַק	6 תִּשְׁאַלְנָה	10 תִּשְׁלְחִי	14 אֶשְׁאַל
3 תִּסְלַחְנָה	7 יִשְׁלַח	11 נִשְׁכַּח	15 תִּשְׁמְעוּ
4 יִשְׁמְעוּ	8 תִּשְׁכְּחִי	12 תִּשְׁמַע	16 תִּשְׁאַל

E. Translate into English.

1 נִשְׁבֹּר	5 אֶשְׁמַע	9 גָּמְרָה	13 סָלַחְתָּ
2 שָׁמְעוּ	6 יִשְׁכַּח	10 הִיא גוֹמֶרֶת	14 יִכְתְּבוּ
3 הֵם גוֹמְרִים	7 שָׁבַרְנוּ	11 לָמַדְתִּי	15 מָכַר
4 כְּתַבְתֶּם	8 יִמְכֹּר	12 אַתֶּן שׁוֹמְעוֹת	16 הִיא שׁוֹאֶלֶת

"Old Houses" by Jacob Pins (woodcut)

F. Write the following sentences in past, present, and future.

Example: עַכְשָׁו אֲנִי גוֹמֵר אֶת הַסֵּפֶר

אֶתְמוֹל גָּמַרְתִּי אֶת הַסֵּפֶר   מָחָר אֶגְמֹר אֶת הַסֵּפֶר

1 לִפְנֵי שָׁעָה ______ (מכר) הָאִשָּׁה בַּשּׁוּק לֶחֶם, פֵּרוֹת, יְרָקוֹת וְחָלָב.
עַכְשָׁו ______ (מכר) הָאִשָּׁה בַּשּׁוּק לֶחֶם, פֵּרוֹת, יְרָקוֹת וְחָלָב.
בָּעֶרֶב ______ (מכר) הָאִשָּׁה בַּשּׁוּק לֶחֶם, פֵּרוֹת, יְרָקוֹת וְחָלָב.

2 אַתְּ ______ (גמר) אֶת הָעֲבוֹדָה אֶתְמוֹל, לָמָּה לֹא ______ (סגר) אֶת הַדֶּלֶת?
אַתְּ ______ (גמר) אֶת הָעֲבוֹדָה עַכְשָׁו וְ ______ (סגר) אֶת הַדֶּלֶת.
מָחָר אַתְּ ______ (גמר) אֶת הָעֲבוֹדָה וְאַחַר כָּךְ ______ (סגר) אֶת הַדֶּלֶת.

G. Translate into English.

1 אִם הוּא יִמְכֹּר אֶת הַבַּיִת, אֲנִי אֶכְעַס מְאֹד.
2 אוּלַי אֲנִי אֶסְגֹּר אֶת הַדֶּלֶת הָעֶרֶב?
3 אִם תִּכְתֹּב אֶת הַשִּׁיר עַל הַלּוּחַ, הַתַּלְמִידִים לֹא יִשְׁכְּחוּ אוֹתוֹ.
4 הֵן תִּצְחַקְנָה מִן הַתְּשׁוּבָה מִפְּנֵי שֶׁהֵן יוֹדְעוֹת אֶת הַשְּׁאֵלָה.
5 הָאָב נָתַן סֵפֶר לַבֵּן שֶׁלּוֹ וְהַבֵּן קָרָא אוֹתוֹ.
6 הַמּוֹרֶה לֹא יִשְׁמַע אֶת הַקּוֹנְצֶרְט.
7 מִישֶׁהוּ יִזְכֹּר אֶת הַשִּׁיר הַיָּפֶה הַזֶּה שֶׁשָּׁמַעְנוּ אֶתְמוֹל בַּקּוֹנְצֶרְט.
8 הַמּוֹרֶה נָתַן לָנוּ אֶת הַסְּפָרִים שֶׁלָּקַח מִן הַסִּפְרִיָּה.

H. Complete the missing words in the table.

הֹוֶה	עָבָר	עָתִיד
אֲנַחְנוּ צוֹחֲקִים	______	______
הִיא שׁוֹכַחַת	______	______
אֲנַחְנוּ כּוֹתְבִים	______	______
הֵם זוֹכְרִים	______	______
אַתָּה שׁוֹאֵל	______	______
אֲנִי גוֹמֵר	______	______
אַתְּ פּוֹתַחַת	______	______
אַתֶּם זוֹכְרִים	______	______
אַתֶּן סוֹגְרוֹת	______	______
הוּא שׁוֹבֵר	______	______

I. Complete the following inflections of the prepositions as indicated.

3	2	1
הַסֵּפֶר הַזֶּה שֶׁלִּי	הַמּוֹרֶה נָתַן לִי סֵפֶר	דָּוִד רָאָה אוֹתִי בַּגַּן
הַסֵּפֶר הַזֶּה שֶׁלְּךָ	הַמּוֹרֶה נָתַן לְךָ סֵפֶר	דָּוִד רָאָה אוֹתְךָ בַּגַּן
הַסֵּפֶר הַזֶּה ...	הַמּוֹרֶה ...	דָּוִד ...

J. Insert the appropriate form of אֵת or לְ־ (אוֹתְךָ אוֹתָהּ אוֹתִי אוֹתָנוּ אוֹתוֹ לָהּ לָהֶם לָנוּ לוֹ) in the following sentences.

Example: יֵשׁ לִי חָבֵר, אֲנִי לוֹקֵחַ **אוֹתוֹ** אֶל הַגַּן

1 הָאִישׁ רָאָה אֶת חַנָּה וְשָׁאַל ____ "מַה שְּׁלוֹמֵךְ?"
2 יוֹסֵף אָמַר לְדָוִד: אֲנִי לוֹקֵחַ ____ אֶל הַגַּן.
3 יוֹסֵף הָלַךְ אֶל הַבַּיִת שֶׁל הַחֲבֵרִים שֶׁלּוֹ וְנָתַן ____ סֵפֶר. הוּא רָאָה אֶת רָחֵל בַּבַּיִת וְנָתַן גַּם ____ סֵפֶר.
4 הָלַכְתִּי אֶל הַגַּן. דָּוִד רָאָה ____ אֲבָל אֲנִי לֹא רָאִיתִי ____.
5 שָׁאַלְנוּ אֶת הַמּוֹרֶה: הַאִם אַתָּה לוֹקֵחַ ____ אֶל הַגַּן וְנוֹתֵן ____ תַּפּוּחִים?
6 דָּוִד נָתַן לְרָחֵל סֵפֶר. הוּא נָתַן ____ סֵפֶר. הִיא אָמְרָה ____ תּוֹדָה.

K. Translate the sentences in exercise J into English.

L. Read the following unvocalized text:

אני לא יודע איפה התמונה החדשה שלקחתי מדוד אתמול. מחר אשאל את חנה אם לקחה את התמונה הזאת. אם חנה לא תזכור, נשאל את המורה הֶחדש. המורה בודאי יכעס כי הוא אמר אתמול: "אל תשכחו את התמונה היקרה בכיתה."

Lesson 25

חֲזָרָה   Review Exercises, Lessons 1–24

A. Of the following list

10 תְּמוּנָה	7 יָד	4 נַחַל	1 עֶרֶב
11 צֶבַע	8 רַכֶּבֶת	5 מְדִינָה	2 נְיוּ־יוֹרְק
12 שָׂפָה	9 עַיִן	6 סֵפֶר	3 מְנוֹרָה

1 Which four are segholates?
2 Which four are feminine by form?
3 Which four are feminine by meaning?

B. Rewrite the following words with vowels, adding the definite article.

10 שֵׁם	7 עַיִן	4 בֵּן	1 אִישׁ
11 הַר	8 קוֹל	5 עִתּוֹן	2 עֶרֶב
12 אֶצְבַּע	9 רַכֶּבֶת	6 רֹאשׁ	3 סִפּוּר

C. Add the prepositions ב כ and ל to each of the following nouns: עֶרֶב   עִיר
לַיְלָה   סֵפֶר   מַיִם both with and without the definite article. Translate each
phrase.

Example:	אִישׁ	a man	כְּאִישׁ	like a man
	הָאִישׁ	the man	כָּאִישׁ	like the man
	בְּאִישׁ	in a man	לְאִישׁ	to a man
	בָּאִישׁ	in the man	לָאִישׁ	to the man

D. Write either the antonym or the feminine of the following words.
Example: the antonym of טוֹב is רַע, and the feminine of דּוֹד is דּוֹדָה.

1 אָב	6 קָטָן	11 הָלַךְ	16 יֶלֶד
2 אַתָּה	7 לָבָן	12 אַתֶּם	17 אֶל
3 יוֹם	8 עִם	13 זֶה	18 מוֹרֶה
4 עֶרֶב	9 תַּחַת	14 זָכָר	19 אִישׁ
5 צָעִיר	10 הֵן	15 אוֹר	20 לָקַח

E. Read aloud and translate the following.

1 הַמּוֹרֶה צוֹחֵק בְּקוֹל גָּדוֹל.
2 הָאִישׁ נָתַן אֶת הַסֵּפֶר לַיֶּלֶד.
3 הַיְלָדִים הָלְכוּ לַשּׁוּק וְאָכְלוּ פֵּרוֹת, יְרָקוֹת, בֵּיצִים וְלֶחֶם.
4 דָּוִד לֹא כָּתַב אֶת הַמִּכְתָּב הַזֶּה.
5 הַנְּעָרִים הָלְכוּ אֶל הָעִיר בָּעֶרֶב.
6 הַתַּלְמִידָה נָתְנָה אֶת הַפְּרָחִים לַיֶּלֶד הַקָּטָן.
7 הָאִישׁ בָּחַר שְׁנֵי סְפָרִים יָפִים בִּשְׁבִיל הַיֶּלֶד הַקָּטָן.
8 הַיֶּלֶד עָמַד וְלֹא אָמַר מִלָּה וְהָאִשָּׁה צָעֲקָה וְצָעֲקָה.

F. Answer the following questions (based on exercise E) in complete sentences (without vowels).

1 אֵיךְ צָחַק הַמּוֹרֶה?
2 מָה נָתַן הָאִישׁ לַיֶּלֶד?
3 מָה אָכְלוּ הַיְלָדִים בַּשּׁוּק?
4 מִי לֹא כָּתַב אֶת הַמִּכְתָּב?
5 מָתַי הָלְכוּ הַנְּעָרִים אֶל הָעִיר?
6 מַה נָּתְנָה הַתַּלְמִידָה לַיֶּלֶד?
7 כַּמָּה סְפָרִים בָּחַר הָאִישׁ בִּשְׁבִיל הַיֶּלֶד?
8 מִי צָעַק וּמִי עָמַד וְלֹא אָמַר מִלָּה?

G. Write the plural of the following.

1 מְדִינָה	5 רֶגֶל	9 סֵפֶר	13 יָד
2 עַיִן	6 מֶלֶךְ	10 שָׂפָה	14 גֶּרֶב
3 דּוֹדָה	7 מְנוֹרָה	11 בֵּיצָה	15 תְּמוּנָה
4 דּוֹד	8 סִפּוּר	12 צֶבַע	16 פְּרִי

H. Write the English names corresponding to the following.

1 יַרְדֵּן	3 יְרוּשָׁלַיִם	5 סִין	7 סְפָרַד
2 מִצְרַיִם	4 יִשְׂרָאֵל	6 צָרְפַת	8 יָוָן

I. Write the numerals in words, and translate into English.

1 סְלִיחָה, מָה הַשָּׁעָה? הַשָּׁעָה 2:35.
2 בֶּן כַּמָּה אַתָּה? אֲנִי בֶּן 25 שָׁנִים, 3 חֳדָשִׁים וּ־3 שָׁבוּעוֹת.
3 כַּמָּה יְלָדִים יֵשׁ לָךְ? יֵשׁ לִי 4 בָּנוֹת וַ־5 בָּנִים.
4 כַּמָּה סְפָרִים כָּתַבְתָּ? כָּתַבְתִּי 32 סְפָרִים.
5 מַה שָּׁמַעְתָּ אֶתְמוֹל בַּקּוֹנְצֶרְט? שָׁמַעְתִּי 4 שִׁירִים יָפִים.
6 כַּמָּה תַּלְמִידִים יֵשׁ בַּכִּתָּה? בַּכִּתָּה יֵשׁ 25 בָּנוֹת, 35 בָּנִים וּ־2 תַּלְמִידִים חֲדָשִׁים. יֵשׁ בַּכִּתָּה 62 תַּלְמִידִים.
7 כַּמָּה הֵם 85 וְעוֹד 97? 85 וְעוֹד 97 הֵם 182.

J. Write the past, present, and future of מָכַר *sell.*

K. Solve the following Hebrew crossword puzzle.

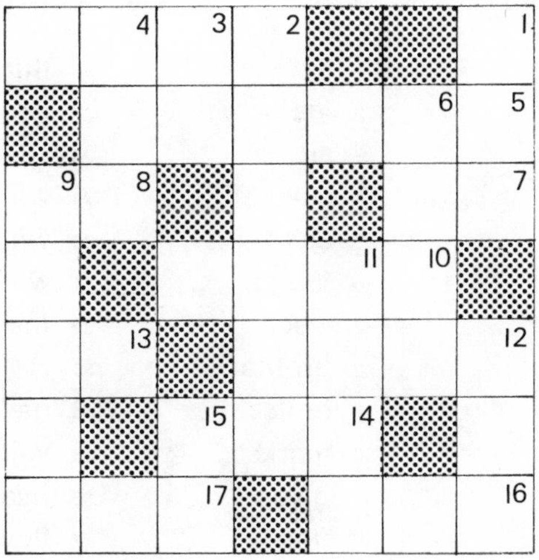

uctions:

Do not insert vowels.
Do not use final letters.
Write only one letter in each square.
Fill in the words *without* referring to the vocabulary or dictionary.

Across (right to left)

2 in a king
5 and in the mountains
7 two letters whose numerical values are 40 and 100 respectively
8 they (m.)
10 and a wife
12 my rib
13 nose
14 when
16 he stood
17 word, or thing

Down

1 day
2 in the beginning, or the first word in the Hebrew Bible
3 who
4 why
6 aloud (in a voice)
9 from a story
11 I shall stand
12 color
15 hand

L. Translate into English.

1 הֵם קוֹרְאִים
2 מָצְאָה
3 נָתְנוּ
4 שְׁלַחְתֶּם
5 הִיא יוֹדַעַת
6 תִּסְלְחִי
7 נִזְכֹּר
8 לָקַחְתָּ
9 תִּכְתֹּב
10 יִמְלֹךְ
11 עָמַדְתְּ
12 אֶשְׁמַע
13 תִּשְׁכַּחְנָה
14 אַתְּ לוֹמֶדֶת
15 יָשַׁבְתִּי

M. Add any of the following adjectives שָׁחוֹר, טוֹב, גָּדוֹל, לָבָן, עָצוּב, שָׂמֵחַ, שָׁמֵן, אָרֹךְ, קָצָר to each of the following nouns. Be sure they agree in number and gender.

1 עֵינַיִם
2 רֶגֶל
3 מְנוֹרָה
4 תַּלְמִידוֹת
5 שִׁיקָגוֹ
6 אִישׁ
7 פָּנִים
8 פָּרַס
9 מַיִם
10 סְפָרִים
11 חַיִּים
12 בֵּיצִים

N. Write the Hebrew for the following words (without vowels).

1 eat	26 think	51 ball	76 night
2 learn	27 egg	52 student (f.)	77 evening
3 sit	28 speak	53 teacher	78 blue
4 say	29 you (m.s.)	54 village	79 happy
5 ask	30 where	55 why	80 under
6 father	31 we	56 old	81 from
7 week	32 they (m.)	57 beautiful	82 door
8 brother	33 I	58 bad	83 lady
9 house	34 he	59 lamp	84 woman
10 market	35 voice	60 good	85 mother
11 give	36 river	61 aunt	86 train
12 finish	37 flower	62 sad	87 who, which
13 go	38 gate	63 picture	88 surely
14 shut	39 color	64 young	89 earth
15 stand	40 dog	65 red	90 no
16 word	41 rain	66 tree	91 apple
17 eye	42 because	67 black	92 sky
18 ear	43 story	68 family	93 dream
19 hand	44 less, minus	69 year	94 choose
20 foot	45 month	70 girl	95 build
21 mouth	46 name	71 to	96 take
22 tongue	47 white	72 on	97 see
23 head	48 song	73 without	98 remember
24 nose	49 horse	74 field	99 these
25 back	50 boy	75 one (f.)	100 forget

Lesson 26

Declension of Masculine Plural Nouns

חֲבֵרִים חֲדָשִׁים New Friends

הַיּוֹם יֵשׁ פְּגִישָׁה עִם חֲבֵרִים שֶׁלָּמְדוּ בָּאוּנִיבֶרְסִיטָה שָׁלֹשׁ שָׁנִים. אֲנַחְנוּ יוֹשְׁבִים יַחַד וְשׁוֹמְעִים אֶחָד אֶת סִפּוּרוֹ שֶׁל הַשֵּׁנִי. סִפּוּרֵיהֶם שֶׁל הַחֲבֵרִים הַחֲדָשִׁים מְעַנְיְנִים מְאֹד. לָאֶחָד יֵשׁ עִתּוֹן. בְּעִתּוֹנוֹ שִׁירִים יָפִים. הֶחָבֵר אוֹמֵר שֶׁהוּא כָּתַב אֶת הַשִּׁירִים הָאֵלֶּה. כֵּן, אֵלֶּה הֵם שִׁירָיו. הַסִּפּוּרִים שֶׁל הַתַּלְמִידִים הֵם עַל הָאוּנִיבֶרְסִיטָה, עַל[1] מוֹרֶיהָ וְתַלְמִידֶיהָ וַאֲפִילוּ עַל גַּנֶּיהָ. יֵשׁ גַּנִּים יָפִים בָּאוּנִיבֶרְסִיטָה.

הַתַּלְמִידוֹת קוֹרְאוֹת סִפּוּרִים. סִפּוּרֵיהֶן בֶּאֱמֶת יָפִים מְאֹד, כִּי הֵם עַל הַמּוֹרֶה הֶחָדָשׁ שֶׁהוּא מוֹרֵנוּ, וְגַם עַל תַּלְמִידָיו. הַשִּׂיחָה מְעַנְיֶנֶת מְאֹד אֲבָל אֲרֻכָּה. בַּסּוֹף, חָבֵר חָדָשׁ אֶחָד אוֹמֵר: ״לְמִי יֵשׁ עֵט?״ אֲנִי נוֹתֵן לוֹ אֶת עֵטִי וְהוּא כּוֹתֵב אֶת הַכְּתֹבוֹת שֶׁל כָּל הַתַּלְמִידִים הַחֲדָשִׁים. יֵשׁ בַּכִּתָּה הַחֲדָשָׁה חֲבֵרִים חֲדָשִׁים.

בַּסּוֹף אוֹמֵר מוֹרֵנוּ: ״עַכְשָׁו יֵשׁ חֲבֵרִים חֲדָשִׁים לְתַלְמִידַי. הַחֲבֵרִים הַחֲדָשִׁים יִכְתְּבוּ לָכֶם תָּמִיד.״

[1] *on, about*

מִלּוֹן	VOCABULARY
פְּגִישָׁה	meeting
פָּגַשׁ	meet
מְעַנְיֵן	interesting
עִפָּרוֹן (עֶפְרוֹנוֹת)	pencil (m.)
עַכְשָׁו	now
כְּתֹבֶת	address (n.)
שִׂיחָה	conversation, talk
סוֹף	end, finish
לְמִי	to whom, who has
חָשַׁב	think
אֲפִילוּ	even
יַחַד	together
אָרֹךְ	long
רִאשׁוֹן	first
שֵׁנִי	second

Declension of Masculine Plural Nouns

Lesson 21 covered the declension of the regular masculine nouns in the singular. We shall now learn the declension of plural masculine nouns. For the declension of feminine nouns ending in ה ָ see Lesson 27.

The pronominal suffixes are the same for all nouns in the plural; they are slightly different from those employed with singular nouns.

Pronominal Suffixes to Plural Nouns

ֵינוּ	our	ַי	my
ֵיכֶם	your (m.pl.)	ֶיךָ	your (m.s.)
ֵיכֶן	your (f.pl.)	ַיִךְ	your (f.s.)
ֵיהֶם	their (m.)	ָיו	his, its (m.)
ֵיהֶן	their (f.)	ֶיהָ[1]	her, its (f.)

[1] *The suffix ֶיהָ of the third person feminine singular has no mappiq (see Lesson 21). The mappiq is used with the declension of singular nouns only.*

It is important to bear in mind that before adding the suffixes to a masculine plural noun, the plural ending ִים is omitted.

שִׁירַי	my songs	שִׁירִים	songs
עֵצֵינוּ	our trees	עֵצִים	trees

Declension of שִׁירִים *songs*

שִׁירַי	my songs
שִׁירֶיךָ	your songs (m.s.)
שִׁירַיִךְ	your songs (f.s.)
שִׁירָיו	his songs
שִׁירֶיהָ	her songs
שִׁירֵינוּ	our songs
שִׁירֵיכֶם	your songs (m.pl.)
שִׁירֵיכֶן	your songs (f.pl.)
שִׁירֵיהֶם	their songs (m.)
שִׁירֵיהֶן	their songs (f.)

The pronominal suffixes to plural nouns always contain the letter י.

סוּסֵנוּ	our horse	סוּסֵינוּ	our horses

In unvocalized texts this is often the only sign for the plural.

ספרך	your book	ספריך	your books
בנכם	your son	בניכם	your sons

Full declension of a regular masculine noun

story		stories	
סִפּוּרִי	my story	סִפּוּרַי	my stories
סִפּוּרְךָ	your (m.s.) story	סִפּוּרֶיךָ	your (m.s.) stories
סִפּוּרֵךְ	your (f.s.) story	סִפּוּרַיִךְ	your (f.s.) stories
סִפּוּרוֹ	his, its story	סִפּוּרָיו	his, its stories
סִפּוּרָהּ	her, its story	סִפּוּרֶיהָ	her, its stories
סִפּוּרֵנוּ	our story	סִפּוּרֵינוּ	our stories
סִפּוּרְכֶם	your (m.pl.) story	סִפּוּרֵיכֶם	your (m.pl.) stories
סִפּוּרְכֶן	your (f.pl.) story	סִפּוּרֵיכֶן	your (f.pl.) stories
סִפּוּרָם	their (m.) story	סִפּוּרֵיהֶם	their (m.) stories
סִפּוּרָן	their (f.) story	סִפּוּרֵיהֶן	their (f.) stories

Adjectives with inflected nouns

If an inflected noun is modified by an adjective, the adjective must include the definite article, since an inflected noun is defined.

סִפּוּרִי הַגָּדוֹל	my big story (because)
סִפּוּרִי	*the* story of mine

Since an inflected noun is defined, אֶת must be added when it is used as the direct object of the verb (see Lesson 17).

הוּא לָקַח אֶת סְפָרַי.	He took my books.
זָכַרְתִּי אֶת שִׁירֵנוּ.	I remembered our song.

Biblical Word List No. 13

צִוָּה	command (v.)
נָשָׂא	lift up, carry
מוּת	die
שִׂים	put

Exercises

A. Decline the following nouns in the plural, orally and in writing (with vowels).

עֵצִים   כַּדּוּרִים   דּוֹדִים   סוּסִים

B. Decline in full the nouns עֵט *pen* and תַּלְמִיד *student* in singular and plural (with vowels).

C. Translate into English.

1 סִפּוּרֵינוּ
2 יָדָיו
3 תַּלְמִידְךָ
4 סִפּוּרֵיהֶן
5 שִׁירַיִךְ
6 עֲצֵיכֶם
7 תַּלְמִידֶיךָ
8 יָדֵנוּ
9 שִׁירַי
10 סִפּוּרָיו
11 יָדַי
12 סוּסַיִךְ
13 דּוֹדֵיהֶן
14 סִפּוּרֶיהָ
15 עֲטֵיכֶן
16 סְפָרֵינוּ

D. Translate into English.

1 אוֹרֵנוּ
2 עִירְכֶם
3 עֲטֵיכֶם
4 סִפּוּרָהּ
5 סִפּוּרֶיהָ
6 תַּלְמִידַי
7 רֹאשָׁם
8 עִתּוֹנַיִךְ
9 שִׁירֵיהֶם
10 שִׁירָם
11 קוֹלוֹ
12 שִׁירָיו
13 רֹאשָׁהּ
14 עִתּוֹנֵנוּ
15 כַּדּוּרֵךְ
16 מוֹרָיו

E. The following words, which you have already learned, change their root vowels when declined. We shall study these changes systematically in the course. Try at this stage to analyze their meanings from their root letters.

1 בֵּיתָם
2 בֵּיתֵנוּ
3 עִירוֹ
4 דְּבָרָיו
5 כַּלְבָּם
6 בָּנַיִךְ
7 בָּנֶיהָ
8 סְפָרֵינוּ
9 סִפְרֵנוּ
10 עֵינֵיכֶם
11 שִׁמְכֶם
12 מוֹרֵיךְ
13 סְפָרֶיהָ
14 יַלְדְּכֶם
15 יַלְדֵיכֶם

F. Translate into Hebrew *(with* vowels).

1 my story
2 their (m.) students (m.)
3 your (m.) city
4 your (m.pl.) city
5 your (m.s.) hands
6 your (f.s.) hands
7 our head
8 her newspapers
9 his horses
10 his voice
11 her hand
12 my stories
13 their (m.) voice
14 our horses
15 our uncle

G. Translate into Hebrew, *without* vowels.

בַּיִת house, כֶּלֶב dog, סֵפֶר book, שַׁעַר gate, עַיִן eye

1 our gate
2 our gates
3 your (m.s.) eye
4 your (m.s.) eyes
5 your (f.s.) house
6 his dog
7 his dogs
8 your (f.s.) books
9 my eye
10 my eyes
11 her books
12 her book
13 his eyes
14 their (m.) house
15 their (f.) dogs

H. Translate into English.

1 אוֹרֵנוּ הַגָּדוֹל
2 עִירְכֶם הַיָּפָה
3 עֲטֵיכֶם הַשְּׁחוֹרִים
4 סִפּוּרָהּ הַמְעַנְיֵן
5 תַּלְמִידַי הַטּוֹבִים
6 רֹאשְׁכֶם הַגָּדוֹל
7 עִתּוֹנַיִךְ הַיְקָרִים[1]
8 שִׁירֵיהֶם הַגְּדוֹלִים
9 סִפּוּרֶיהָ הָאֲרֻכִּים
10 שִׁירָם הֶעָצוּב
11 קוֹלוֹ הַיָּפֶה
12 שִׁירָיו הַקְּצָרִים
13 יָדוֹ הַגְּדוֹלָה
14 עִתּוֹנֵנוּ הֶחָדָשׁ
15 חֲבֵרֵינוּ הַטּוֹבִים
16 סְפָרָיו הַגְּדוֹלִים
17 דּוֹדֵנוּ הַצָּעִיר
18 עֵצֵינוּ הַגְּבוֹהִים

[1] יָקָר *dear, expensive*

I. Add an appropriate adjective to each of the following and translate into English.

1 בֵּיתָם	5 כַּלְבָּם	9 סִפְרֵנוּ	13 סְפָרֶיהָ
2 בֵּיתֵנוּ	6 בָּנַיִךְ	10 עֵינֵיכֶם[1]	14 יַלְדְּכֶם
3 עִירוֹ[1]	7 בָּנֶיהָ	11 שִׁמְכֶם	15 יַלְדֵיכֶם
4 דְּבָרָיו	8 סְפָרֵינוּ	12 מוֹרֵיךְ	16 גַּנֵּנוּ

J. Translate into Hebrew, without vowels.

1 David and Ruth, we heard your beautiful song but we do not think that we will remember the song.
2 His horses stood in the field; they ate the flowers.
3 After two or three days I will remember his stories.
4 If you (f. pl.) (will) sell my books, I will write my name on these books.
5 She will meet her friends.
6 They (m.) will meet your uncles tomorrow.
7 He always remembered the meeting with his good friends (m.).
8 Will she remember why she took my pencils?
9 I do not think that this man is his uncle.
10 Did he sell his new house? No, he only sold his books.

K. Read the following unvocalized text.

היום יש פגישה עם חברים שלמדו באוניברסיטה שלוש שנים. אנחנו יושבים יחד ושומעים אחד את סיפורו של השני. סיפוריהם של החברים החדשים הם מעניינים מאד. השיחה מענינת מאד אבל ארוכה.

[1] *Feminine nouns (See Lesson 20).*

Lesson 27

Imperatives

Review of *Qal* Verbs: Past, Present, Future

The Preposition FROM מִן

Declension of Feminine Nouns Ending in ָה

מִכְתָּב מֵאִמָּא A Letter from Mother

לְדָנִי וּלְרוּתִי יֵשׁ הַיּוֹם חֻפְשָׁה. אֵין שִׁעוּרִים הַיּוֹם. אִמָּם, רָחֵל, הוֹלֶכֶת לָעֲבוֹדָה. בַּבֹּקֶר מָצְאוּ מִכְתָּב מֵאִמָּא. הֵם קָרְאוּ אוֹתוֹ:

בֹּקֶר טוֹב יְלָדִים,

הָלַכְתִּי לָעֲבוֹדָה. אֶחֱזוֹר בְּשָׁעָה שֵׁשׁ בָּעֶרֶב. שִׁמְרוּ עַל הַבַּיִת. לִמְדוּ עִבְרִית. כִּתְבוּ אֶת הַשִּׁעוּרִים שֶׁלָּכֶם. רוּתִי, כִּתְבִי אֶת הַשִּׁיר שֶׁלָּמַדְתְּ אֶתְמוֹל בַּכִּתָּה. דָּנִי, כְּתֹב אֶת הַמִּכְתָּב לְאַבָּא. אִכְלוּ בַּצָּהֳרַיִם אֶת הָאֹכֶל שֶׁעַל הַתַּנּוּר. דָּנִי, שְׁלַח לְאַבָּא אֶת הַמִּכְתָּב. אֲנִי חוֹשֶׁבֶת שֶׁזֶּה הַכֹּל. אוּלַי שָׁכַחְתִּי מַשֶּׁהוּ? לֹא. סִלְחוּ לִי שֶׁאֲנִי כּוֹתֶבֶת לָכֶם אֶת הַכֹּל, אֲבָל אֲנִי לֹא חוֹשֶׁבֶת שֶׁתִּזְכְּרוּ אֶת כָּל הַדְּבָרִים שֶׁאָמַרְתִּי לָכֶם.

שָׁלוֹם, לְהִתְרָאוֹת, אִמָּא.

רוּתִי וְדָנִי קוֹרְאִים אֶת הַמִּכְתָּב, אוֹכְלִים וְיוֹצְאִים אֶל הַחֲבֵרִים בַּחוּץ. אַחֲרֵי שָׁעָה, אוֹמֶרֶת רוּתִי: "דָּנִי, שָׁכַחְנוּ אֶת הַמִּכְתָּב שֶׁל אִמָּא." הֵם חוֹזְרִים אֶל הַבַּיִת וְיוֹשְׁבִים וְלוֹמְדִים. דָּנִי כּוֹתֵב מִכְתָּב. רוּתִי קוֹרֵאת וְכוֹתֶבֶת אֶת הַשִּׁיר שֶׁלָּמְדָה בַּכִּתָּה. אַחֲרֵי הַצָּהֳרַיִם דּוֹפֵק מִישֶׁהוּ בַּדֶּלֶת. "מִי שָׁם?" שׁוֹאֶלֶת רוּתִי. "אֲנַחְנוּ, שָׂרָה, דִּינָה, שְׁלֹמֹה וּמִיכָאֵל." רוּתִי פּוֹתַחַת אֶת הַדֶּלֶת וְהִנֵּה הַחֲבֵרִים. הֵם יוֹשְׁבִים וְקוֹרְאִים סִפּוּרִים וְעִתּוֹנִים.

בְּשָׁעָה שֵׁשׁ בָּעֶרֶב חוֹזֶרֶת הָאֵם מִן הָעֲבוֹדָה. "יְלָדִים טוֹבִים אַתֶּם," אוֹמֶרֶת אִמָּם.

An Orthodox quarter in Jerusalem

מִלּוֹן	VOCABULARY
חֻפְשָׁה	vacation
מַתָּנָה	gift, present
תַּנּוּר	stove
צָהֳרַיִם	noon
אַחֲרֵי הַצָּהֳרַיִם	afternoon
הַכֹּל	all, everything (n.)
כֹּל, כָּל	all (adj.)
לְהִתְרָאוֹת	see you again, au revoir
קָטָן	little, small
מְעַט	little, few
אַבָּא[1]	Daddy, Dad
אִמָּא[1]	Mommy, Mom
אֹכֶל	food
בַּחוּץ	out, outside
Verbs	
חָזַר	return, come back
סָלַח לְ—	forgive (someone)
דָּפַק	knock
יָצָא	go out

[1] *Father is* אָב*, but Dad, Daddy is* אַבָּא*. Similarly, mother is* אֵם*, but Mom, Mommy is* אִמָּא*.* אַבָּא *and* אִמָּא *are Aramaic loan words and are never used with the definite article.*

1. Imperatives

The imperative is formed from the *second person, singular and plural,* of the *future tense,* by dropping the prefix —תִּ.

Imperative	Future
שְׁמֹר	תִּשְׁמֹר
שִׁמְרִי	תִּשְׁמְרִי
שִׁמְרוּ	תִּשְׁמְרוּ
שְׁמֹרְנָה	תִּשְׁמֹרְנָה

Note שְׁמְרִי and שְׁמְרוּ become שִׁמְרִי and שִׁמְרוּ because Hebrew words never begin with two *shvas* (see Lesson 13).

Imperative of גָּמַר *finish* גְּמֹר, גִּמְרִי, גִּמְרוּ, גְּמֹרְנָה

Imperative of סָגַר *shut* סְגֹר, סִגְרִי, סִגְרוּ, סְגֹרְנָה

Verbs having a guttural in their ע׳ הַפֹּעַל or ל׳ הַפֹּעַל will have the *ḥolam* change to a *pataḥ* (see Lesson 24).

שְׁמַע, שִׁמְעִי, שִׁמְעוּ, שְׁמַעְנָה	hear!
סְלַח, סִלְחִי, סִלְחוּ, סְלַחְנָה	forgive!
שְׁלַח, שִׁלְחִי, שִׁלְחוּ, שְׁלַחְנָה	send!

A street in Mea Shearim, Jerusalem

2. Review of the Full Conjugation of Regular Qal Verbs

משל	rule, govern *(root)*

Past, or Perfect

מָשַׁלְתִּי, מָשַׁלְתָּ, מָשַׁלְתְּ, מָשַׁל, מָשְׁלָה מָשַׁלְנוּ, מְשַׁלְתֶּם, מְשַׁלְתֶּן, מָשְׁלוּ, מָשְׁלוּ	I have ruled, I ruled, etc.

Present (Participle)

אֲנִי, אַתָּה, הוּא — מוֹשֵׁל אֲנִי, אַתְּ, הִיא — מוֹשֶׁלֶת אֲנַחְנוּ, אַתֶּם, הֵם — מוֹשְׁלִים אֲנַחְנוּ, אַתֶּן, הֵן — מוֹשְׁלוֹת	I am ruling, I rule, etc.

Future, or Imperfect

אֶמְשֹׁל, תִּמְשֹׁל, תִּמְשְׁלִי, יִמְשֹׁל, תִּמְשֹׁל נִמְשֹׁל, תִּמְשְׁלוּ, תִּמְשֹׁלְנָה, יִמְשְׁלוּ, תִּמְשֹׁלְנָה	I shall rule, etc.

Imperative

מְשֹׁל, מִשְׁלִי, מִשְׁלוּ, מְשֹׁלְנָה	rule!

The **Infinitive** of regular *qal* verbs follows the pattern לִxְxֹx.

לִכְתֹּב	to write
לִלְמֹד	to study
לִשְׁאֹל	to ask

Yeshivah students learning Talmud

3. The Preposition FROM מִן

The **prefixed preposition** —מִ or —מֵ means *from* (see Lesson 13).
From can also be translated by the **unattached preposition** מִן, when the noun is defined.
When the noun is defined, either —מִ or מִן may be used.

מִסֵּפֶר	from a book
מִבַּיִת	from a house
מִשָּׁם	from there
מֵעִיר	from a city
מֵאָב	from a father
מֵהַסֵּפֶר, מִן הַסֵּפֶר	from the book
מֵהַבַּיִת, מִן הַבַּיִת	from the house
מֵהָעִיר, מִן הָעִיר	from the city

The prefixed —מִ is followed by a *dagesh* to compensate for the loss of the ן of the preposition מִן.

Before a guttural, which does not admit *dagesh*, —מֵ with the long vowel *ṣereh*.. is used instead of —מִ.

מִשָּׁם	from there	מִיּוֹם	from a day	מִשָּׁנָה	from a year
מֵעִיר	from a town	מֵהָעִיר	from the city	מֵהַבַּיִת	from the house

For the declension of the preposition מִן, see Lesson 34.

Biblical Word List No. 14

פָּנִים[1]	face
גַּם	also
חַיִּים[1]	life
רְחוֹב	street
חַי	living

[1] פָּנִים *and* חַיִּים *are found in the plural form only, although they may be singular in meaning (see Lesson 22).*

4. Declension of Feminine Nouns ending in ָה

The pronominal suffixes for feminine nouns are the same as those used with masculine nouns.

In the singular, the ה is changed into ת before the suffixes are added.

In the plural, the suffixes are added to the plural form וֹת without any changes.

Declension of מְנוֹרָה *lamp.*

Plural	מְנוֹרוֹת	Singular	מְנוֹרָה
מְנוֹרוֹתֵינוּ	מְנוֹרוֹתַי	מְנוֹרָתֵנוּ	מְנוֹרָתִי
מְנוֹרוֹתֵיכֶם	מְנוֹרוֹתֶיךָ	מְנוֹרַתְכֶם	מְנוֹרָתְךָ
מְנוֹרוֹתֵיכֶן	מְנוֹרוֹתַיִךְ	מְנוֹרַתְכֶן	מְנוֹרָתֵךְ
מְנוֹרוֹתֵיהֶם	מְנוֹרוֹתָיו	מְנוֹרָתָם	מְנוֹרָתוֹ
מְנוֹרוֹתֵיהֶן	מְנוֹרוֹתֶיהָ	מְנוֹרָתָן	מְנוֹרָתָהּ

Bringing up a new generation in traditional ways

Exercises

A. Write the future tense of גָּמַר *finish* and שָׁלַח *send.*

B. Write the imperative of גָּמַר *finish,* שָׁלַח *send* and שָׁמַע *hear.*

C. Write the past, present, future and imperative of סָלַח *forgive.*

D. Give the imperative form.

1 אַתָּה (שָׁמַר) ______!
2 אַתְּ (סָגַר) ______!
3 אַתֶּם (כָּתַב) ______!
4 אַתֶּן (מָשַׁל) ____!

E. Rewrite the following in the feminine form.

1 סְגֹר אֶת הַפֶּה
2 שְׁמֹר עַל הַבַּיִת
3 כִּתְבוּ אֶת הַשִּׁעוּר
4 זִכְרוּ אֶת הַשִּׁיר
5 שְׁלַח אֶת הַמִּכְתָּב
6 לִמְדוּ עִבְרִית
7 סְלַח לִי
8 שִׁמְעוּ אֶת הַתְּשׁוּבָה
9 גְּמֹר אֶת הָאֹכֶל

F. Translate into English.

1 הוּא הוֹלֵךְ לַמִּשְׂרָד
2 הִיא חוֹזֶרֶת מִשָּׁם
3 מִי הוֹלֵךְ מֵהַדֶּלֶת?
4 הוּא צָחַק מֵאֹזֶן עַד אֹזֶן
5 אֵין כָּאַף הַיָּפֶה הַזֶּה
6 זֹאת מַתָּנָה מִשָּׁמַיִם
7 מִפֹּה לְשָׁם
8 מִישֶׁהוּ הוֹלֵךְ מִן הָרַכֶּבֶת
9 דָּוִד יוֹשֵׁב בָּרַכֶּבֶת
10 הִיא הוֹלֶכֶת מֵהָרַכֶּבֶת
11 מֵהָעֵינַיִם הַיָּפוֹת הָאֵלֶּה
12 הַמּוֹרֶה הוֹלֵךְ מִכִּתָּה לְכִתָּה

G. Translate into English.

1 מִיּוֹם
2 כַּקָּטָן כַּגָּדוֹל
3 מֵרַכֶּבֶת לְרַכֶּבֶת
4 מִן הָעִיר אֶל הַכְּפָר
5 מִבֹּקֶר עַד עֶרֶב
6 מִפֹּה לְשָׁם
7 מֵהָעֵץ לַפֶּה
8 מֵהָאָב לַבֵּן
9 מִבַּיִת לְבַיִת

H. Translate into Hebrew using מִ— or מֵ— for *from.*

1 from year to year
2 from the house to the garden
3 from this day
4 from this house
5 from this family
6 from Egypt
7 from Spain
8 from the heaven to the earth
9 from the city
10 from this beautiful city

I. Write the correct form of the verb, as indicated below.

	Future	Past	Present	Personal Pronoun	
מָשַׁל				אֲנִי	1
זָכַר				הוּא	2
שָׁמַר				אֲנַחְנוּ	3
שָׁלַח				אַתֶּן	4
צָחַק				אַתָּה	5
סָלַח				אֲנִי	6
מָכַר				הִיא	7
שָׁמַע				אַתֶּם	8
מָלַךְ				הֵם	9
כָּתַב				אַתְּ	10

J. Complete the following table.

Imperative (where applicable)	Future	Past	Present
		שָׁמַרְתִּי	
	תִּכְתֹּב (אַתָּה)		
			הוּא זוֹכֵר
מִשְׁלִי			
	תִּשְׁמְעוּ		
		שָׁכַחְתָּ	
			הִיא זוֹכֶרֶת
גִּמְרוּ			
		שְׁכַחְתֶּן	
			אֲנִי סוֹלַחַת
	תִּזְכְּרִי		
שְׁמַעְנָה			
		סָגַר	
			אַתֶּן סוֹגְרוֹת
	יִכְתְּבוּ		
שְׁלַח			

K. Translate into Hebrew, without vowels.

1 The man who stood near the door is my uncle.
2 The woman who remembered the story is my mother.
3 This teacher is writing on the blackboard.
4 In the morning I say, "Good morning."
5 At night my little brother says "good night" to my father and to my mother.

L. Write the declensions of תְּמוּנָה *picture* and דּוֹדָה *aunt*, singular and plural.

M. Summarize the basic text for this lesson in unvocalized Hebrew in about ten sentences.

N. Read the following unvocalized text.

הלכתי לעבודה. אחזור בשעה שש בערב. שִׁמרו על הבית וכִתבו את השעורים שלכם. רותי, כתבי את השיר שלמדת אתמול בכיתה. תסלחו לי שאני כותבת לכם את הכל אבל אני לא חושבת שתזכרו את כל הדברים שאמרתי לכם.

The rebuilt Yohanan Ben-Zakkai Synagogue, Old City of Jerusalem

Lesson 28

Singular Nouns in the Construct State

אַחֲרֵי בֵּית הַסֵּפֶר After School

הַשָּׁעָה אַחַת, יַעֲקֹב חוֹזֵר מֵהָעֲבוֹדָה. בַּדֶּרֶךְ הוּא קוֹנֶה עִתּוֹן עֶרֶב בַּחֲנוּת הָעִתּוֹנִים. הַיְלָדִים, רוּת וְאַבְרָהָם, חוֹזְרִים מִבֵּית הַסֵּפֶר. הֵם זוֹרְקִים אֶת יַלְקוּטֵיהֶם עַל הָרִצְפָּה: "אֲנַחְנוּ רְעֵבִים! אֵיפֹה הָאֹכֶל?" הָאֵם נוֹתֶנֶת אֹכֶל, כֻּלָּם יוֹשְׁבִים עַל יַד הַשֻּׁלְחָן וְאוֹכְלִים אֲרוּחַת צָהֳרַיִם. אַבְרָהָם שׁוֹתֶה כּוֹס חָלָב וְרוּת שׁוֹתָה כּוֹס מַיִם.

"מַה לְמַדְתֶּם הַיּוֹם בְּבֵית הַסֵּפֶר?" שׁוֹאֶלֶת הָאֵם.
"הַמּוֹרָה נָתְנָה לַתַּלְמִידִים סֵפֶר תּוֹרָה," אוֹמֶרֶת רוּת.
רוּת הִיא בַּת שֶׁבַע. הִיא לוֹמֶדֶת בְּכִתָּה ב'[1] שֶׁל בֵּית הַסֵּפֶר. אַבְרָהָם גָּדוֹל יוֹתֵר. הוּא לוֹמֵד בְּכִתָּה ח'. בַּשָּׁנָה הַבָּאָה יִלְמַד בְּבֵית סֵפֶר תִּיכוֹן.
"אֲנַחְנוּ לָמַדְנוּ סִפּוּר יָפֶה עַל דָּוִד, מֶלֶךְ יִשְׂרָאֵל," אוֹמֵר אַבְרָהָם.

אַחֲרֵי הָאֲרוּחָה יוֹשֵׁב יַעֲקֹב, אַב הַמִּשְׁפָּחָה, וְקוֹרֵא בְּעִתּוֹן הָעֶרֶב אֶת הַחֲדָשׁוֹת שֶׁל הַיּוֹם. אֲבָל הָאֵם עוֹד עוֹבֶדֶת.
הַיְלָדִים לוֹקְחִים בֶּגֶד יָם וְהוֹלְכִים לַבְּרֵכָה. יֵשׁ הַרְבֵּה חֲבֵרִים בַּבְּרֵכָה.
הַיְלָדִים חוֹזְרִים אֶל הַבַּיִת. בַּבַּיִת הֵם יוֹשְׁבִים וְכוֹתְבִים אֶת הַסִּפּוּר שֶׁלָּמְדוּ בְּבֵית הַסֵּפֶר.

[1] *Note that the letters of the Hebrew alphabet have numerical value (see Lesson 2). Hence, here* ב = 2 *or second grade,* ח = 8 *or eighth grade.*

מִלּוֹן   VOCABULARY

בֵּית סֵפֶר	school
בֵּית סֵפֶר תִּיכוֹן	high school (literally, middle school)
יַלְקוּט	schoolbag, briefcase
רִצְפָּה	floor (of a room)
סֵפֶר תּוֹרָה	Scroll of the Torah
אֲרוּחָה	meal
אֲרוּחַת בֹּקֶר	breakfast
אֲרוּחַת צָהֳרַיִם	lunch
אֲרוּחַת עֶרֶב	supper, dinner
כּוֹס (כּוֹסוֹת)	glass, cup (f.)
שִׂמְלָה (שְׂמָלוֹת)	dress (n.)
חַיָּה	animal, beast
חֲדָשׁוֹת	news
גֶּשֶׁם	rain
שֶׁלֶג	snow
שֶׁמֶשׁ	sun
חֲנוּת (חֲנֻיּוֹת)	shop, store
כְּלִי	tool, instrument
בֶּגֶד יָם	bathing suit
בְּרֵכָה	pool
כֻּלָּם	all of them
גָּדוֹל, יוֹתֵר גָּדוֹל	big, bigger
קָטָן, יוֹתֵר קָטָן	small, smaller
צָמֵא	thirsty

Verbs

שָׁתָה	drink
רָחַץ	wash
קָנָה	buy
מָכַר	sell
זָרַק	throw

Singular Nouns in the Construct State

The construct state is a peculiar usage of Hebrew. The nearest construction in English would be expressions like *the man's friend, the teacher's book, the name of the game.*

In the construct state, two nouns are closely connected. In English, the preposition *of, with* or *for* may convey the same meaning, or the possessive *'s* may be used.

In the following examples, the first noun in each group of words is said to be in the construct state.

כּוֹס מַיִם	a glass of water
מֶלֶךְ יִשְׂרָאֵל[1]	the king of Israel
סֵפֶר הַתּוֹרָה	the book of the Torah (Law)
שֵׁם הָאָב	the name of the father
שׁוּק הָעִיר	the market of the city
בֶּגֶד יָם	a bathing suit (a garment for the sea)
סֵפֶר תְּמוּנוֹת	a book of pictures
גַּן יְלָדִים	kindergarten (a children's garden)

The noun in the construct state *never* takes a definite article; the definite article is *implied* in the usage.

שֵׁם הָאָב	(the) name of the father
שִׁיר הַשִּׁירִים	(the) Song of Songs

Note the difference between

שֵׁם הָעִיר	(the) name of the city
שֵׁם עִיר	a name of a city
עִתּוֹן הָעֶרֶב	(the) evening paper
עִתּוֹן עֶרֶב	an evening paper

Since a noun in the construct state is defined, אֶת must be used when this noun is a direct object of a verb (see Lesson 17).

קָרָא אֶת שֵׁם הָרְחוֹב.	He read the name of the street.
אָכַלְנוּ אֶת אֲרוּחַת הַבֹּקֶר.	We ate (the) breakfast.

[1] *As in English, the definite article is not used with proper nouns.*

Two nouns connected in the construct state are considered as one **compound word** and are therefore never separated in the sentence. If an adjective qualifies the noun in the construct, it is placed after the second noun.

גַּן הָעִיר הַיָּרוֹק   the green city garden

However such an expression may be ambiguous at times. For instance, סֵפֶר הַיֶּלֶד הַגָּדוֹל might be understood to mean *the big book of the boy*, or *the book of the big boy*. The meaning may be clarified from the context, or the phrase may be expressed with the use of the preposition שֶׁל *of*.

סֵפֶר הַיֶּלֶד הַגָּדוֹל	the big book of the boy,
	the book of the big boy
הַסֵּפֶר הַגָּדוֹל שֶׁל הַיֶּלֶד	the big book of the boy
הַסֵּפֶר שֶׁל הַיֶּלֶד הַגָּדוֹל	the book of the big boy

Two or more nouns may come together in the construct.

שֵׁם רְחוֹב הָעִיר   the name of the street of the city,
                            the name of the city street

Picnics are a favorite pastime of Israeli Jews and Arabs

Feminine nouns in the construct state

When feminine nouns are used in the construct state, the ָה ending changes into ַת.

שִׂמְחַת הָאִישׁ (שִׂמְחָה)	the joy of the man, the man's joy
תּוֹרַת מֹשֶׁה (תּוֹרָה)	the Torah (Law) of Moses
אֲרוּחַת בֹּקֶר (אֲרוּחָה)	breakfast (the meal of the morning)
תְּמוּנַת הָאִישׁ (תְּמוּנָה)	the picture of the man
עֲבוֹדַת בַּיִת (עֲבוֹדָה)	housework, homework
שְׁאֵלַת תַּלְמִיד (שְׁאֵלָה)	a pupil's question
מְנוֹרַת הַחֶדֶר (מְנוֹרָה)	the lamp of the room
שִׂמְלַת עֶרֶב (שִׂמְלָה)	an evening dress

From the above, it is clear that construct phrases can be translated into English in several ways.

סֵפֶר הַמֶּלֶךְ	the book of the king, the king's book
תְּמוּנַת הָאִשָּׁה	the woman's picture, the picture of the woman

In modern spoken Hebrew, the word שֶׁל is often used instead of the construct state.

הַסֵּפֶר שֶׁל הַיֶּלֶד	the book of the boy
הַמְּנוֹרָה שֶׁל הַחֶדֶר	the lamp of the room

Special construct state forms

Some nouns undergo changes in their vowels when the construct state is formed. The patterns of these changes will be explained in future lessons. For the time being, the construct state of the following frequently used nouns should be learned.

בַּיִת, בֵּית הַסֵּפֶר	school (house of the book)
עַיִן, עֵין רָחֵל	Rachel's eye
בֵּן, בֶּן יוֹסֵף	Joseph's son
יָד, יַד הָאֵם	the mother's hand
דָּבָר, דְּבַר הַמּוֹרֶה	the word of the teacher
חֶדֶר, חֲדַר הָאֹכֶל	the dining room
אִשָּׁה, אֵשֶׁת הַדּוֹד	the uncle's wife
מִשְׁפָּחָה, מִשְׁפַּחַת דּוֹדִי	my uncle's family

Exercises

A. Translate into English.

1 שֵׁם, רְחוֹב, שֵׁם רְחוֹב
2 שֵׁם הָרְחוֹב
3 גַּן, עִיר, גַּן עִיר
4 גַּן הָעִיר
5 אֶרֶץ מִצְרַיִם
6 דּוֹד הַיֶּלֶד
7 דֶּלֶת הַבַּיִת
8 רֹאשׁ הָעִיר
9 כּוֹס מַיִם

B. Translate into English.

1 תְּמוּנַת הַיֶּלֶד
2 תְּפִלַּת הָאֵם
3 בַּת הַמֶּלֶךְ
4 אֵם הַיֶּלֶד
5 תּוֹרַת מֹשֶׁה
6 שְׁאֵלַת חַיִּים
7 מְדִינַת יִשְׂרָאֵל
8 שִׂמְחַת הַמִּשְׁפָּחָה
9 סֵפֶר הַתּוֹרָה

C. Translate into English. (Note the meaning of the adjective in context.)

1 בֵּית סֵפֶר גָּדוֹל
2 עֵין הָאָב הַקְּטַנָּה
3 אַב הַיֶּלֶד הַזָּקֵן
4 אֵשֶׁת הַמּוֹרֶה הַצָּעִיר
5 שְׂפַת הָאִישׁ הַצָּעִיר
6 אַב הַמִּשְׁפָּחָה הַגְּדוֹלָה
7 רֹאשׁ הָעִיר הַזֹּאת
8 יַד הֶחָבֵר הַטּוֹב

D. Translate into Hebrew, in two words only.

1 the pupil's name
2 a day of rain
3 the ball of the earth (globe)
4 the girl's mother
5 the picture of the house
6 the book of the people
7 the land of Israel
8 the man's uncle
9 the head of the family
10 the joy of the boys

Newspapers appear in a variety of languages

E. Write five examples, with English translation, of a masculine singular noun, and a feminine singular noun, illustrating the use of the construct state.

Examples:	סֵפֶר	book
	שִׁירִים	songs
	סֵפֶר שִׁירִים	a book of songs
	שִׂמְחָה	joy
	כְּפָר	village
	שִׂמְחַת הַכְּפָר	the joy of the village

F. Use the construct forms of exercise E in complete sentences.

G. Put in the construct form.

Example: הַכֶּלֶב שֶׁל הַבַּיִת   כֶּלֶב הַבַּיִת

1 הָרֹאשׁ שֶׁל הַמִּשְׁפָּחָה
2 הָרְחוֹב שֶׁל הָעִיר
3 הַשּׁוּק שֶׁל הָעִיר
4 עִתּוֹן שֶׁל עֶרֶב
5 סֵפֶר עִם תְּמוּנוֹת
6 בֶּגֶד לַיָּם
7 כּוֹס עִם מַיִם
8 הַגַּן שֶׁל הַיְלָדִים
9 גִּבּוֹר שֶׁל הַיּוֹם
10 הַגַּן שֶׁל הָעִיר
11 תַּלְמִיד שֶׁל בֵּית סֵפֶר
12 הַמִּשְׁפָּחָה שֶׁל רוּת

H. Translate into English.

1 תְּמוּנַת הַיֶּלֶד עַל הָרִצְפָּה.
2 בַּת הַמֶּלֶךְ יָפָה.
3 אֵם הַיֶּלֶד הוֹלֶכֶת עִם הַיַּלְדָּה.
4 מַלְכַּת הַכִּתָּה הִיא רוּת.
5 הַתַּלְמִידִים קוֹרְאִים אֶת סֵפֶר הַתּוֹרָה.

People of many religions mingle in Jerusalem

I. Rewrite the story below using the construct state for the underlined words. Do not use vowels. Then read the story aloud and translate it into English.

שָׁלוֹם מְנַחֵם,

אֲנִי בַּבַּיִת שֶׁל הַדּוֹד בַּמְּדִינָה שֶׁל יִשְׂרָאֵל. הַדּוֹד וְהַדּוֹדָה הֵם מִן הַמִּשְׁפָּחָה שֶׁל אָבִי. אֲנִי יוֹשֵׁב בַּחֶדֶר שֶׁל הַיְלָדִים. הַחֶדֶר יָפֶה וְגָדוֹל. אַתָּה רוֹאֶה שֶׁאֲנִי לוֹמֵד עִבְרִית. בַּבַּיִת שֶׁל הַדּוֹד יֵשׁ גַּם חֶדֶר שֶׁל אֹכֶל וַאֲנַחְנוּ אוֹכְלִים אֶת הָאֲרוּחָה שֶׁל הַבֹּקֶר בַּחֶדֶר הַזֶּה. בַּבֹּקֶר הַיְלָדִים הוֹלְכִים לִלְמֹד וַאֲנִי יוֹשֵׁב פֹּה וְקוֹרֵא עִתּוֹן שֶׁל בֹּקֶר. בָּעֶרֶב אֲנִי קוֹרֵא עִתּוֹן שֶׁל עֶרֶב, וְהַכֹּל בְּעִבְרִית. אֶתְמוֹל הָלַכְתִּי עִם הַבֵּן שֶׁל דּוֹדִי אֶל הַגַּן שֶׁל הָעִיר. הַגַּן גָּדוֹל וְיָפֶה. יֵשׁ בַּגַּן הַרְבֵּה עֵצִים וּפְרָחִים. בָּעֶרֶב הָלַכְנוּ לְקוֹנְצֶרְט. מַה שְּׁלוֹם הַמִּשְׁפָּחָה?

שָׁלוֹם וּלְהִתְרָאוֹת, חַיִּים.

J. Read the following unvocalized text:

השעה אחת. יעקב חוזר מהעבודה. בדרך הוא קונה עתון ערב בחנות העתונים. הילדים חוזרים מבית הספר בערב. הם זורקים את ילקוטיהם על הרצפה. "אנחנו רעבים, איפה האכל?" הם צועקים. כולם יושבים על יד השולחן ואוכלים ארוחת ערב טובה, ושלום בבית.

A friendly chat in the marketplace

Lesson 29

Plural Nouns in the Construct State

David's Girlfriend   הַחֲבֵרָה שֶׁל דָּוִד

דָּוִד הוֹלֵךְ אֶל רָחֵל. הוּא יוֹשֵׁב אֵצֶל רָחֵל, וְרָחֵל שׁוֹאֶלֶת: "מָה לָמַדְתָּ הַיּוֹם בַּכִּתָּה?"

דָּוִד אוֹמֵר: "הַיּוֹם לָמַדְנוּ עַל דָּוִד הַמֶּלֶךְ וְעַל שְׁלֹמֹה הַמֶּלֶךְ בְּנוֹ. הֵם מָלְכוּ בִּירוּשָׁלַיִם. הֵם כָּתְבוּ הַרְבֵּה שִׁירִים: דָּוִד כָּתַב אֶת סֵפֶר תְּהִלִּים, וּשְׁלֹמֹה כָּתַב אֶת שִׁיר הַשִּׁירִים וְסֵפֶר מְשָׁלִים. שְׁלֹמֹה הָיָה מֶלֶךְ חָכָם. שִׁירֵי שְׁלֹמֹה הֵם יָפִים מְאֹד. גַּם סִפּוּרֵי הַמּוֹרֶה עַל הַמֶּלֶךְ שְׁלֹמֹה הָיוּ מְעַנְיְנִים מְאֹד. כָּל הַתַּלְמִידִים שָׁמְעוּ אֶת סִפּוּרֵי הַמּוֹרֶה. אָזְנֵי הַתַּלְמִידִים הָיוּ פְּתוּחוֹת[1] לַסִּפּוּרִים, וְגַם עֵינֵי רָחֵל הָיוּ פְּתוּחוֹת."

"מִי זֹאת רָחֵל?" שׁוֹאֶלֶת רָחֵל.

"לֹא אַתְּ. רָחֵל הִיא תַּלְמִידָה אַחַת בַּכִּתָּה. אֶתְמוֹל הָלַכְתִּי עִמָּהּ לְסֶרֶט."

"אָהָ!" אוֹמֶרֶת רָחֵל, "זֹאת הַחֲבֵרָה שֶׁלְּךָ?"

"לֹא... כֵּן... אֲנִי בֶּאֱמֶת לֹא יוֹדֵעַ. שֶׁקֶט! אֲנִי קוֹרֵא עִתּוֹנֵי עֶרֶב."

מִלּוֹן	VOCABULARY
שֶׁקֶט	quiet, silence
מִטָּה	bed
אִישׁ (אֲנָשִׁים)	man
אִשָּׁה (נָשִׁים)	woman, wife

[1] *Feminine plural. Note that* אֹזֶן *and* עַיִן *are feminine. Why?*
(See Lesson 22.)

בֵּן (בָּנִים)	son
בַּת (בָּנוֹת)	daughter
קִבּוּץ	kibbutz, communal settlement in Israel
תְּהִלִּים	psalms, songs of praise
סֵפֶר תְּהִלִּים	Book of Psalms
חָכָם	wise
מָשָׁל	proverb
מְעַנְיֵן	interesting
פָּתוּחַ	opened (passive form)
סֶרֶט (סְרָטִים)	film
הָיָה	he was
הָיוּ	they were

Plural Nouns in the Construct State

Masculine plural nouns ending in ִים form their construct state by changing ִים into ֵי.

שִׁירִים	songs
שִׁירֵי	the songs of
שִׁירֵי שְׁלֹמֹה	the songs of Solomon, Solomon's songs
עִתּוֹנִים	newspapers
עִתּוֹנֵי	the newspapers of
עִתּוֹנֵי הָעֶרֶב	the evening newspapers
סוּסֵי הַמֶּלֶךְ	the horses of the king
סִפּוּרֵי הַמּוֹרֶה	the stories of the teacher
חַיֵּי הָעָם	the life of the people
גִּבּוֹרֵי הַיּוֹם	the heroes of the day

Nouns with a dual plural change their ending ַיִם into ֵי as well.

עֵינַיִם	eyes
עֵינֵי	the eyes of
עֵינֵי רָחֵל	the eyes of Rachel, Rachel's eyes
אָזְנַיִם	ears
אָזְנֵי	the ears of
אָזְנֵי הַתַּלְמִידִים	the students' ears

Note אֱלֹהִים *God,* אֱלֹהֵי אַבְרָהָם *God of Abraham.*

Feminine plural nouns keep their וֹת ending in the construct state.

תְּמוּנוֹת	pictures
תְּמוּנוֹת	the pictures of
תְּמוּנוֹת הַבַּיִת	the pictures of the house
תְּפִלּוֹת	prayers
תְּפִלּוֹת	the prayers of
תְּפִלּוֹת הָאֵם	the mother's prayers
עֲבוֹדוֹת הַיְלָדִים	the works of the children
חַיּוֹת הַשָּׂדֶה	the beasts of the field
שִׂמְלוֹת הַמּוֹרָה	the dresses of the teacher
תְּשׁוּבוֹת הַתַּלְמִידִים	the answers of the students

Remember that a noun in the construct state already *contains the definite article* הַ.

שְׁאֵלוֹת הַמּוֹרֶה	(the) questions of the teacher

However, if the שֶׁל form is used (see Lesson 28), the definite article הַ is used.

הַשְּׁאֵלוֹת שֶׁל הַמּוֹרֶה	the questions of the teacher

The Bedouin are noted for their hospitality

Bedouin women are camera-shy

The following plural nouns *undergo changes in their vowels* when the construct state is formed.

יָדַיִם, יְדֵי, יְדֵי הָאִישׁ	hands
יְלָדִים, יַלְדֵי, יַלְדֵי הָאָרֶץ	boys
דְּבָרִים, דִּבְרֵי, דִּבְרֵי הַמּוֹרֶה	words, things
מְשָׁלִים, מִשְׁלֵי, מִשְׁלֵי שְׁלֹמֹה	proverbs
בָּתִּים, בָּתֵּי, בָּתֵּי הָעִיר	houses
סְפָרִים, סִפְרֵי, סִפְרֵי הַמּוֹרֶה	books
אֲנָשִׁים, אַנְשֵׁי, אַנְשֵׁי הָעִיר	men
מַיִם, מֵי, מֵי הַיָּם	water
נָשִׁים,[1] נְשֵׁי, נְשֵׁי הַכְּפָר	women, wives
בָּנִים, בְּנֵי, בְּנֵי אַבְרָהָם	sons
בָּנוֹת, בְּנוֹת, בְּנוֹת הַקִּבּוּץ	daughters

[1] *A less frequently used word for women is* נָשׁוֹת, *with* נְשׁוֹת *as the construct state.*

Exercises

A. Rewrite the following in the construct state.

1 הַשִּׁירִים שֶׁל הַמּוֹרֶה   4 הַחַיִּים שֶׁל אַבְרָהָם   7 הָעֲבוֹדוֹת שֶׁל הַבַּיִת

2 הַגִּבּוֹרִים שֶׁל הָעִיר   5 הָעִתּוֹנִים שֶׁל הָעִיר   8 הָעֵינַיִם שֶׁל הָאִשָּׁה

3 הַסּוּסִים שֶׁל הָאִישׁ   6 הַתְּפִלּוֹת שֶׁל הָאָב   9 הַיָּדַיִם שֶׁל הַתַּלְמִיד

B. Translate into English.

1 חַיֵּי הָעָם   4 מְנוֹרַת שֻׁלְחָן   7 שִׂמְלוֹת הַיַּלְדָּה

2 אָזְנֵי הַסּוּס   5 מִטַּת הַיֶּלֶד   8 שִׂמְלַת הָאִשָּׁה

3 אֱלֹהֵי יִשְׂרָאֵל   6 מְנוֹרַת הַחֶדֶר   9 שִׂמְלַת אִשָּׁה

C. Translate into English.
(The meaning of the adjectives should be translated in context.)

1 בְּנֵי יִשְׂרָאֵל   4 דִּבְרֵי הַמּוֹרֶה   7 שְׁאֵלוֹת הַמּוֹרִים הַקָּשׁוֹת

2 יַלְדֵי יְרוּשָׁלַיִם   5 סִפְרֵי הַתַּלְמִידִים   8 עֵינֵי הָאָב הַזָּקֵן

3 מֵי הַיַּרְדֵּן   6 יְדֵי הָאִשָּׁה הַיָּפוֹת   9 בָּתֵּי הָעִיר הַיָּפָה

Bedouin children are not!

D. Rewrite the following nouns using the construct form, and translate.

Example: יָדַיִם, יְדֵי הָאִישׁ hand, the hands of the man.

1 עֵינַיִם
2 מְנוֹרָה
3 סְפָרִים
4 אִשָּׁה
5 תְּמוּנָה
6 תְּמוּנוֹת
7 שִׁירִים
8 אָזְנַיִם
9 מַיִם
10 יְלָדִים
11 נָשִׁים
12 בָּנִים
13 דְּבָרִים
14 אֲנָשִׁים
15 בָּנוֹת
16 מִכְתָּבִים

E. Write ten sentences, each containing one of the following construct forms.

1 שִׁירֵי
2 יַלְדֵי
3 אַנְשֵׁי
4 בֵּית
5 עֵינֵי
6 תְּמוּנוֹת
7 בְּנֵי
8 יוֹם
9 שִׂמְחַת
10 דִּבְרֵי

F. Translate into English.

1 מַה שֵּׁם הָרְחוֹב הַזֶּה?
2 הַמּוֹרָה הָלְכָה לְגַן הַיְלָדִים.
3 שֵׁם הָעִיר הַזֹּאת יְרוּשָׁלַיִם.
4 קָרָאתִי אֶת עִתּוֹנֵי הַבֹּקֶר הַיּוֹם.
5 הָאִשָּׁה גָּמְרָה אֶת עֲבוֹדוֹת הַבַּיִת.
6 אַיֵּה תְּמוּנוֹת הַסֵּפֶר הַזֶּה?
7 הַמּוֹרֶה עוֹנֶה עַל שְׁאֵלוֹת הַתַּלְמִידִים.
8 הֵם לֹא שָׁמְעוּ אֶת תְּשׁוּבַת הַמּוֹרֶה.
9 הַמּוֹרָה בָּאָה לְאֶרֶץ יִשְׂרָאֵל לִפְנֵי שָׁנָה.
10 בַּת דּוֹדִי לוֹמֶדֶת עִבְרִית.

G. Read the following unvocalized text.

דוד הולך אל רחל. הוא יושב אצל רחל. החברה שואלת: "מה למדת היום בשעור בכתה?" דוד אומר: "היום למדנו על דוד, מלך ישראל, ועל בנו, שלמה המלך. המורה קרא לנו סיפורי אלף לילה ולילה. אלה סיפורים מענינים מאד. אזני התלמידים היו פתוחות."

Lesson 30

מִבְחָן Review Test for Lessons 1–29

Answer all the questions in this review test. They should take you one hour.

A. Use each of the following nouns in a separate sentence. Each sentence must include an adjective modifying the noun.

1 פָּנִים 2 בַּיִת 3 יָדַיִם 4 עִיר 5 שָׂדֶה

B. Conjugate *(with vowels)* שָׁמַר in present, past, future, and imperative.

C. Give the antonym of each of the following.

1 זָקֵן 3 נָתַן 5 עִם 7 חֹשֶׁךְ 9 טוֹב
2 שָׁכַח 4 עֶרֶב 6 שָׂמֵחַ 8 עַל 10 יָשַׁב

D. Translate the following into English.

1 שְׁנֵי הַיְלָדִים הָאֵלֶּה נָתְנוּ לַמּוֹרֶה אֶת סִפּוּרֵיהֶם.
2 הַיַּלְדָּה שָׁכְחָה אֶת סִפְרָהּ בַּבַּיִת וְלֹא לָקְחָה אוֹתוֹ עִמָּהּ.
3 לֹא אָכַלְתִּי אֶת הַתַּפּוּחַ הַיָּפֶה הַזֶּה.
4 אֱלֹהִים נָתַן אוֹר בַּשָּׁמַיִם וּבָאָרֶץ.
5 הַכֶּלֶב הָלַךְ מִבַּיִת לְבַיִת מֵהַבֹּקֶר עַד הָעֶרֶב.

E. Decline the following nouns with vowels. 1 מְנוֹרָה 2 שִׁירִים

F. Translate into Hebrew (use construct).

1 the student's name
2 the girl's mother
3 the book of pictures
4 the daughters of my aunt
5 the school of the city

6 the ears of the dog
7 the wife of the teacher
8 the boy's father
9 the water of the sea
10 the face of the beautiful woman

G. Write the Hebrew for the following (without vowels).

1 to our songs
2 like her voice
3 in her city
4 for his house
5 under your (m.s.) tree
6 under your (m.pl.) trees
7 from my hand
8 with your (m.pl.) head
9 to our villages
10 on their head

11 he will reign
12 he is reading
13 you have sent
14 they will learn
15 we did not eat
16 I shall not remember
17 you (m.s.) have taken
18 he stood there
19 she ate yesterday
20 they (f.) will forget

H. Translate into Hebrew (without vowels).

1 The old teacher wrote five beautiful stories.
2 I will forget my dream in the morning.
3 Three families are going to their village today.
4 Read the evening newspaper and send it to my uncle!
5 My friend gave 25 flowers to his girlfriend.
6 She sits in the house and studies from the book.
7 The men of the city said to the people: "These young students will always remember this thing."
8 Ten children rode on her beautiful horse in the evening.
9 He took a swimming suit and went to the sea.
10 He did not hear the mother's prayers.

I. Write the following numbers in Hebrew (the feminine form) without vowels.

5, 99, 39, 28, 65, 29, 78, 63, 50, 61

J. Translate the following into Hebrew (without vowels).

1 one story
2 two families

3 eight books
4 69 pictures

5 100 horses
6 1024 things

Lesson 31

Present and Imperative Tenses of ע״ו Verbs

Ordinal Numbers

Declension of Preposition WITH עִם

Some Irregular Plurals

מִכְתָּב עִם כֶּסֶף A Letter With Money

רוּת וְדַפְנָה הֵן סְטוּדֶנְטִיּוֹת בָּאוּנִיבֶרְסִיטָה. רוּת לוֹמֶדֶת סִפְרוּת אַנְגְּלִית, וְדַפְנָה לוֹמֶדֶת סוֹצְיוֹלוֹגְיָה[1]. רוּת וְדַפְנָה גָּרוֹת יַחַד בְּדִירָה. בְּיוֹם שְׁלִישִׁי חוֹזֶרֶת רוּת מֵהָאוּנִיבֶרְסִיטָה מֻקְדָּם, יֵשׁ לָהּ רַק שְׁנֵי שִׁעוּרִים.

הִיא אוֹמֶרֶת לְדַפְנָה:

– דַּפְנָה, בּוֹאִי עִמִּי אֶל הַשּׁוּק לִקְנוֹת[2] אֹכֶל, אֵין אֹכֶל בַּבַּיִת.

– יֵשׁ לָךְ כֶּסֶף? לִי אֵין כֶּסֶף – אוֹמֶרֶת דַּפְנָה.

[1] *Sociology, Many common foreign words are used in Hebrew as loan words. Note the following:*

פְּסִיכוֹלוֹגְיָה	psychology	פְּסִיכוֹלוֹג	psychologist
אַרְכֵיאוֹלוֹגְיָה	archaeology	אַרְכֵיאוֹלוֹג	archaeologist
מַתֶּמָטִיקָה	mathematics	מַתֶּמָטִיקַאי	mathematician
בִּיוֹלוֹגְיָה	biology	בִּיוֹלוֹג	biologist
פִיסְיוֹלוֹגְיָה	physiology	פִיסְיוֹלוֹג	physiologist
פִיסִיקָה	physics	פִיסִיקַאי	physicist
טֶלֶפוֹן	telephone	גֵיאוֹגְרַפְיָה	geography

[2] לִקְנוֹת *to buy, infinitive of* קָנָה. *All* ל״ה *verbs follow this pattern.*

(בָּנָה)	לִבְנוֹת	to build	(עָשָׂה)	לַעֲשׂוֹת	to do
(רָאָה)	לִרְאוֹת	to see	(עָנָה)	לַעֲנוֹת	to answer
(קָרָה)	לִקְרוֹת	to happen			

– מַה קָרָה לַכֶּסֶף שֶׁלָּךְ?
– אֲנִי לֹא יוֹדַעַת. הוּא הָלַךְ! עַכְשָׁו כְּבָר סוֹף הַחֹדֶשׁ.
– טוֹב. לִי יֵשׁ כֶּסֶף. כְּשֶׁהַהוֹרִים שֶׁלָּךְ יִשְׁלְחוּ לָךְ כֶּסֶף תִּתְּנִי[1] לִי מַה שֶּׁלָּקַחְתְּ.[2]

הֵן לוֹבְשׁוֹת מְעִיל וְיוֹצְאוֹת מֵהַדִּירָה. בַּחוּץ הֵן רוֹאוֹת אֶת הַדַּוָּר. הוּא נוֹתֵן מִכְתָּבִים לְדַפְנָה. יֵשׁ מִכְתָּב מֵהַהוֹרִים שֶׁל דַּפְנָה. בְּתוֹךְ הַמִּכְתָּב מָצְאָה דַּפְנָה עֶשְׂרִים דּוֹלָר. דַּפְנָה עֲשִׁירָה – יֵשׁ לָהּ כֶּסֶף. הָלְכוּ שְׁתֵּיהֶן אֶל הַחֲנוּת לִקְנוֹת אֹכֶל.

מִלּוֹן	VOCABULARY
שׁוּק (שְׁוָקִים)	market
חֲנוּת (חֲנֻיּוֹת)	shop, store
סִפְרוּת	literature
דִּירָה	apartment
יַחַד	together
מֻקְדָּם	early
מְאֻחָר	late
סוֹף	end
חֹדֶשׁ (חֳדָשִׁים)	month
הוֹרִים	parents
מְעִיל	coat
דַּוָּר	mailman
בְּתוֹךְ	in, inside (prep.)
דּוֹלָר	dollar
כְּבָר	already
אֵיזֶה	which

[1] תִּתְּנִי *you (f.s.) will give, future of* נָתַן. תִּתְּנִי *for* תִּנְתְּנִי, *the first* nun *is assimilated. This is a feature of* פ״נ *verbs, and you will learn about it in due course.*

[2] מַה שֶּׁלָּקַחְתְּ *what you (f.s.) took; literally, that which you took. This is a common idiomatic form.*

מַה שֶּׁאָמַרְתָּ	*what you said*
מַה שֶּׁלָּקַח	*what he took*
עָשָׂה מַה שֶּׁרָצָה	*he did what he wanted*

Verbs

גָּר	live, dwell
חָיָה	live (a life)
בָּא	come
קָנָה	buy
קָרָה	happen
נָתַן	give
לָבַשׁ	dress

1. Present and Imperative Tenses of ע"ו Verbs

The ע"ו verbs lose the ו in the present tense and in the feminine plural of the imperative tenses.

גור	*root* (live, dwell)
גָּר, גָּרָה, גָּרִים, גָּרוֹת	present
גוּר, גוּרִי, גוּרוּ, גֹּרְנָה	imperative

קום	*root* (get up)
קָם, קָמָה, קָמִים, קָמוֹת	present
קוּם, קוּמִי, קוּמוּ, קֹמְנָה	imperative

Windmill in Yemin Moshe, Jerusalem

The Citadel of David, Jerusalem

2. Ordinal Numbers

Feminine	Masculine	
רִאשׁוֹנָה	רִאשׁוֹן	first
שְׁנִיָּה, שֵׁנִית	שֵׁנִי	second
שְׁלִישִׁית	שְׁלִישִׁי	third
רְבִיעִית	רְבִיעִי	fourth
חֲמִישִׁית	חֲמִישִׁי	fifth
שִׁשִּׁית	שִׁשִּׁי	sixth
שְׁבִיעִית	שְׁבִיעִי	seventh
שְׁמִינִית	שְׁמִינִי	eighth
תְּשִׁיעִית	תְּשִׁיעִי	ninth
עֲשִׂירִית	עֲשִׂירִי	tenth

Remember that Hebrew derives the names of the days of the week from the numerical order of the days as they appear in the first chapter of the Bible (see Lesson 23).

יוֹם רִאשׁוֹן   Sunday, the first day

3. Declension of the Preposition WITH עִם

The regular pronominal suffixes may be added to the preposition *with* עִם to form the phrases *with me, with you,* etc.

עִמִּי, עִמְּךָ, עִמָּךְ, עִמּוֹ, עִמָּהּ

עִמָּנוּ, עִמָּכֶם, עִמָּכֶן, עִמָּם (עִמָּהֶם), עִמָּן (עִמָּהֶן)

Review the declension of the preposition לְ— *to, for.*
Remember that לְ— can be used for the English verb *to have,* which does not occur in Hebrew (see Lesson 24).

4. Some Irregular Plural Nouns

The following **masculine nouns** which contain a ו form the following irregular plurals.

שׁוּק, שְׁוָקִים	market
שׁוֹר, שְׁוָרִים	ox
דּוּד, דְּוָדִים	water tank

The following **feminine nouns** which contain a ו form the following irregular plurals. Note that a *dagesh* indicates that the ת has been dropped.

חֲנוּת, חֲנֻיּוֹת	shop, store
כַּמּוּת, כַּמֻּיּוֹת	quantity
גָּלוּת, גָּלֻיּוֹת	exile, diaspora
זְכוּת, זְכֻיּוֹת	right, privilege

Biblical Word List No. 15

יָכֹל	be able, can
כָּתַב	write
עָבַד	serve, work
שָׁאַל	ask
שָׁתָה	drink

Israel's Knesset (parliament) building

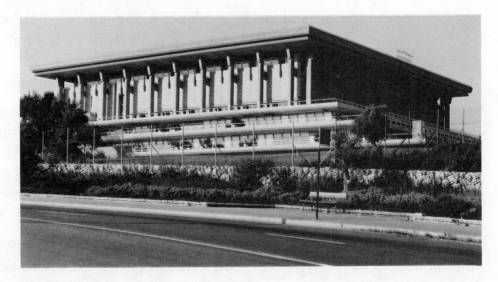

Exercises

A. Translate the story at the beginning of this lesson into English.

B. Answer the following questions in unvocalized Hebrew and in complete sentences.

1 מַה שֵׁם הַסִּפּוּר שֶׁקָּרָאתָ?
2 מָה עוֹשׂוֹת רוּת וְדַפְנָה?
3 מַה לוֹמֶדֶת רוּת?
4 אֵיפֹה גָּרוֹת רוּת וְדַפְנָה?
5 מַדּוּעַ חוֹזֶרֶת דַּפְנָה מֻקְדָּם בְּיוֹם שְׁלִישִׁי?
6 מָה אוֹמֶרֶת רוּת לְדַפְנָה?
7 מָה אוֹמֶרֶת דַּפְנָה?
8 מִי נוֹתֵן כֶּסֶף לִקְנוֹת אֹכֶל?
9 מִי שׁוֹלֵחַ כֶּסֶף לְדַפְנָה?
10 לְאָן הוֹלְכוֹת רוּת וְדַפְנָה?
11 מִי נוֹתֵן מִכְתָּבִים לְדַפְנָה?
12 מַדּוּעַ דַּפְנָה עֲשִׁירָה עַכְשָׁו?

C. Fill in the correct inflected form of the preposition עִם *with*, or לְ— *to, for.*

Example:

דָּוִד נוֹתֵן לְרָחֵל; הוּא נוֹתֵן לָהּ
מִיכַל נוֹתֶנֶת לְיוֹסֵף; הִיא נוֹתֶנֶת לוֹ
רוּתִי הוֹלֶכֶת עִם דָּוִד; הִיא הוֹלֶכֶת עִמּוֹ

1 רָחֵל נוֹתֶנֶת לְאַבְרָהָם סֵפֶר.

הִיא נוֹתֶנֶת ______ סֵפֶר, הוּא אוֹמֵר ______ תּוֹדָה. הִיא נוֹתֶנֶת ______ כֶּסֶף.
הוּא אוֹמֵר: אֵין ______ כֶּסֶף.

2 מִיכַל הוֹלֶכֶת עִם דָּוִד אֶל יַעֲקֹב.

הִיא הוֹלֶכֶת ______ אֶל יַעֲקֹב. דָּוִד הוֹלֵךְ ______ אֶל הַחֲבֵרוֹת. הִיא אוֹמֶרֶת:
אֲנִי הוֹלֶכֶת ______ אֶל רוּתִי.

3 מִיכַל וְרוּת אוֹמְרוֹת לְיוֹסֵף וּלְדָוִד שָׁלוֹם.

הֵן אוֹמְרוֹת ______ שָׁלוֹם. הֵם אוֹמְרִים: מַדּוּעַ אַתֶּן אוֹמְרוֹת ______ שָׁלוֹם?
אַתֶּן הוֹלְכוֹת מִפֹּה? רוּת וּמִיכַל אוֹמְרוֹת: אֲנַחְנוּ אוֹמְרוֹת ______ שָׁלוֹם כִּי
אֲנַחְנוּ הוֹלְכוֹת לָעֲבוֹדָה.

4 יַעֲקֹב וְדָוִד נוֹתְנִים לְרָחֵל מִכְתָּב.

יַעֲקֹב וְדָוִד נוֹתְנִים ______ מִכְתָּב. הִיא קוֹרֵאת אֶת הַמִּכְתָּב וְנוֹתֶנֶת ______
כֶּסֶף וְגַם אוֹמֶרֶת ______: תּוֹדָה. הֵם אוֹמְרִים: אַתְּ אוֹמֶרֶת ______ תּוֹדָה עַל
הַמִּכְתָּב, אֲנַחְנוּ אוֹמְרִים ______ תּוֹדָה עַל הַכֶּסֶף.

D. Translate into Hebrew using the appropriate form of לְ and עִם (Lesson 24).

1 I go with him to the store to buy food.
2 They give her a big book.
3 He gave her money, now she is rich; she has money.
4 There is no food in the house. Come (f.s.) with me to the market to buy bread. I have money.
5 David is going with her to the university.
6 She studies with them (m.) in the Hebrew class (translate: in the class for Hebrew).
7 The mailman gave Daphna letters from her parents.
8 Do you want to see the university with him?
9 I (f.s.) do not know what happened to him. He is eating all day.
10 Where do you (m.pl.) live? We have an apartment in Jerusalem.

E. Complete the sentences by adding the appropriate form of אֶת (אוֹתִי, אוֹתְךָ...) and שֶׁל (שֶׁלִּי, שֶׁלְּךָ...) (see Lesson 24).

Example:

1 דָּוִד נוֹתֵן לְרָחֵל אֶת הַסֵּפֶר שֶׁל רוּת.
דָּוִד נוֹתֵן לְרָחֵל אֶת הַסֵּפֶר שֶׁלָּהּ.

2 מִיכַל רוֹאָה אֶת הַיְלָדִים.
מִיכַל רוֹאָה אוֹתָם.

1 מִיכַל נוֹתֶנֶת לְרָחֵל אֶת הָעֵט שֶׁל שְׁלֹמֹה.
מִיכַל נוֹתֶנֶת לְרָחֵל אֶת הָעֵט ______.

2 יוֹסֵף רוֹאֶה אֶת הַמּוֹרוֹת.
יוֹסֵף רוֹאֶה ______.

3 מִיכַל לוֹקַחַת מֵהַדַּוָּר אֶת הַמִּכְתָּב שֶׁל רוּת.
מִיכַל לוֹקַחַת מֵהַדַּוָּר אֶת הַמִּכְתָּב ______.

4 הַמּוֹרָה נוֹתֶנֶת לַתַּלְמִידִים אֶת הַסְּפָרִים.
הַמּוֹרָה נוֹתֶנֶת ______ אֶת הַסְּפָרִים.

5 הַדּוֹד לוֹקֵחַ אֶת הַיְלָדִים מִבֵּית הַסֵּפֶר.
הַדּוֹד לוֹקֵחַ ______ מִבֵּית הַסֵּפֶר.

6 אֲנִי זוֹכֶרֶת אֶת הַיְלָדוֹת.
אֲנִי זוֹכֶרֶת ______.

7 דָּוִד נוֹתֵן לְמִיכַל אֶת הַסְּפָרִים.
דָּוִד נוֹתֵן ______ אֶת הַסְּפָרִים.

F. Write the Hebrew for the following.

1 the second day
2 the fifth day
3 the second house
4 the seventh week
5 the first night
6 on Sunday
7 on Saturday
8 on Wednesday
9 the first day of the second month
10 in the tenth month of this year

G. Write the plural of the following.

1 כֶּסֶף
2 מִכְתָּב
3 דִּירָה
4 שׁוּק
5 דַּוָּר
6 שׁוֹר
7 חֹדֶשׁ
8 חֲנוּת
9 מְעִיל
10 זְכוּת

224

Haifa harbor and the lower city

View from the
Bahai Gardens, Haifa

Lesson 32

Construct State of בַּיִת

בַּדֶּרֶךְ לְחֵיפָה En Route to Haifa (1)

הַמְּכוֹנִית הַגְּדוֹלָה נָסְעָה בִּכְבִישׁ תֵּל אָבִיב – חֵיפָה; הַכְּבִישׁ יָשָׁר וְחָלָק. הַנּוֹסְעִים וְהַתַּיָּרִים שָׂמְחוּ לְמַרְאֵה עֵינֵיהֶם. מִיָּמִין רוֹאִים[1] אֶת הַר הַכַּרְמֶל, וּמִשְּׂמֹאל אֶת הַיָּם הַגָּדוֹל.

"הֲנַעֲלֶה[2] אֶל רֹאשׁ הָהָר?" שָׁאַל תַּיָּר אֶחָד אֶת הַנֶּהָג שֶׁל הַמְּכוֹנִית. "מִשָּׁם אֶפְשָׁר לִרְאוֹת אֶת כָּל הָעִיר וְגַם אֶת הַיָּם הַתִּיכוֹן."

"עָלֹה נַעֲלֶה[3], אֲדוֹנִי, סַבְלָנוּת."

נוֹסֵעַ אַחֵר פָּנָה אֶל הַנֶּהָג וְשָׁאַל: "בְּבַקָּשָׁה, אֲדוֹנִי, מַה שֵּׁם הַשְּׁכוּנָה הַזֹּאת עַל יַד הַיָּם?"

"בַּת גַּלִּים[4]," עָנָה הַנֶּהָג.

"וְהַבַּיִת הַגָּדוֹל הַזֶּה?"

"זֶהוּ בֵּית הַחוֹלִים שֶׁל עִירִיַּת חֵיפָה".

[1] *(People) see, one can see. When the participle is used without the personal pronoun it expresses the impersonal verb.* אוֹמְרִים *it is said, they say.*

[2] *Remember that the prefix* —הֲ *is a sign of the interrogative. It is placed at the beginning of the first word of the sentence (see Lesson 21).*

[3] *We shall indeed go up. This is a special construction, known as the infinitive absolute, used to provide emphasis (see Lesson 34). It is frequently found in biblical Hebrew, and is also used in modern conversational Hebrew.*

[4] *A residential suburban district in Haifa, situated on the Mediterranean.*

מִלּוֹן VOCABULARY

דֶּרֶךְ (דְּרָכִים)	way, route (f.)
מְכוֹנִית	car
מְכוֹנָה	machine
כְּבִישׁ	road
יָשָׁר	straight
חָלָק	smooth
נוֹסֵעַ	traveler
תַּיָּר, תַּיֶּרֶת	tourist (m., f.)
מַרְאֶה	scene, view
יָמִין	right
שְׂמֹאל	left
הַיָּם הַגָּדוֹל	the Great Sea; biblical name for the Mediterranean Sea
הַיָּם הַתִּיכוֹן	the Mediterranean Sea (literally, the Middle Sea)
נֶהָג	driver
אֶפְשָׁר	possible
לִרְאוֹת (רָאָה)	to see
אֲדוֹנִי	sir
סַבְלָנוּת	patience
פָּנָה	turn to
בְּבַקָּשָׁה	please
בִּקֵּשׁ	ask, request
שְׁכוּנָה	neighborhood
שָׁכֵן	neighbor
זֶהוּ	this is (contraction of זֶה הוּא)
בֵּית חוֹלִים	hospital
חוֹלֶה	sick
צָרִיךְ	must
אַחֵר, אַחֶרֶת	another
עִירִיָּה	municipality
כֹּל, כָּל[1]	all, every
כָּל הַ—[1]	the whole, the entire
כָּל הָעוֹלָם	everyone (the whole world)

[1] *Compare* כָּל עִיר *every city and* כָּל הָעִיר *the entire city;* כָּל יוֹם *every day and* כָּל הַיּוֹם *the whole day.*

כָּל can also be declined as follows:

כֻּלָּנוּ	all of us	כֻּלִּי	all of me
כֻּלְּכֶם	all of you (m.pl.)	כֻּלְּךָ	all of you (m.s.)
כֻּלְּכֶן	all of you (f.pl.)	כֻּלֵּךְ	all of you (f.s.)
כֻּלָּם	all of them (m.)	כֻּלּוֹ	all of him (it)
כֻּלָּן	all of them (f.)	כֻּלָּהּ	all of her (it)

Beginning with this lesson, there will be fewer grammatical principles to learn. Instead, in the following lessons, you will be exposed to a variety of Hebrew styles of writing, including a biblical passage, poetry and excerpts from newspapers.

Construct State of בַּיִת

The noun בַּיִת appears frequently in the construct state to form a series of useful modern Hebrew terms.

בֵּית חוֹלִים	hospital (the house of the sick)
בֵּית סֵפֶר	school (the house of the book)
בֵּית כְּנֶסֶת	synagogue (the house of assembly)
בֵּית חֲרֹשֶׁת	factory (the house of craftsmanship)
בֵּית כִּסֵּא	toilet (the house of the seat)

Biblical Word List No. 16

פֶּה	mouth
שָׂדֶה	field
שַׂר	prince, chief
שַׁעַר	gate
לֶחֶם	bread

Apartment houses on Mt. Carmel

General view of Haifa

Exercises

A. Write the plural of the following words (without vowels).

1 הַר
2 תַּיָּר חָדָשׁ
3 כְּבִישׁ יָשָׁר
4 שְׁכוּנָה חֲדָשָׁה
5 עַיִן שְׁחוֹרָה
6 חוֹלֶה
7 עִירִיָּה
8 יָד
9 נֶהָג טוֹב

B. Write the infinitives of the following verbs.

1 רָאָה
2 בָּנָה
3 קָנָה
4 עָנָה
5 עָלָה
6 עָשָׂה

C. Answer the following questions, in Hebrew, using complete sentences.

1 לְאָן נָסְעָה הַמְּכוֹנִית?
2 אֵיךְ הָיָה הַכְּבִישׁ?
3 מָה רָאוּ הַנּוֹסְעִים מִן הַמְּכוֹנִית?
4 מַה שָּׁאַל הַתַּיָּר אֶת נַהַג הַמְּכוֹנִית?
5 מָה אֶפְשָׁר לִרְאוֹת מֵהַר הַכַּרְמֶל?
6 אַיֵּה בַּת גַּלִּים?
7 מַה שֵּׁם הַסִּפּוּר אֲשֶׁר קָרָאתָ?

D. Translate the following (use constructs and conjugations).

1. The road to Haifa is very nice.
2. We go up to the mountain to see Haifa from there.
3. To the left we see the big house.
4. We travel with two good drivers.
5. "Patience, sir, we go straight to Bat-Gallim."
6. The road is good and the car is new and powerful (strong).
7. The tourists ask questions, and the driver answers.
8. Where is the Mediterranean Sea?
9. I am sick. I am going to the hospital.
10. Do you know where the municipality of Haifa is?

E. Write the infinitives of the verbs in parentheses.

"אֲנִי הוֹלֶכֶת (קנה) ______ אֹכֶל. אַתְּ רוֹצָה (נסע) ______ אִתִּי?"
"לֹא, אֲנִי הוֹלֶכֶת (עשה) ______ שִׁעוּרֵי בַּיִת. אַחַר־כָּךְ אֲנִי הוֹלֶכֶת (ראה) ______
אֶת הַחֲבֵרוֹת שֶׁלִּי. הֵן רוֹצוֹת (בנה) ______ בַּיִת גָּדוֹל לְיַד בֵּית־הַחוֹלִים."

F. Write sentences with each of the following words.

1 שְׁכוּנָה	4 נֶהָג	7 לִקְנוֹת
2 יָמִין	5 כְּבִישׁ	8 בֵּית חוֹלִים
3 שְׂמֹאל	6 לִרְאוֹת	9 בְּבַקָּשָׁה

G. Complete the sentences below by using the following words.

חָלָק, לִנְסֹעַ, יָמִין, שְׂמֹאל, הַכְּבִישׁ, שְׁכוּנָה, הַתִּיכוֹן, עִירִיָּה, סַבְלָנוּת

1 הַמְּכוֹנִית נוֹסַעַת עַל ______.
2 אֲנִי צָרִיךְ ______ לִירוּשָׁלַיִם.
3 גֶּשֶׁם יָרַד וְהַכְּבִישׁ ______.
4 בַּת גַּלִּים הִיא ______ בְּחֵיפָה.
5 חֵיפָה הִיא עַל יַד הַיָּם ______.
6 לָעִיר חֵיפָה יֵשׁ ______.
7 הַמְּכוֹנִית לֹא בָּאָה, צָרִיךְ הַרְבֵּה ______.
8 אֲנִי כּוֹתֵב בְּיַד ______ וְלֹא בְּיַד ______.

H. Rewrite the text of בַּדֶּרֶךְ לְחֵיפָה in unvocalized Hebrew, in your own words.

Lesson 33

Infinitives of פ״י Verbs

בַּדֶּרֶךְ לְחֵיפָה En Route to Haifa (2)

הַמְּכוֹנִית כְּבָר הָיְתָה[1] בִּרְחוֹבוֹת הָעִיר חֵיפָה וְנָסְעָה לְאַט לְאַט[2] בַּדֶּרֶךְ אֶל הַר הַכַּרְמֶל.

כַּמָּה[3] יָפִים הַבָּתִּים הָאֵלֶּה, אָמְרָה תַּיֶּרֶת אַחַת, בָּתִּים כָּאֵלֶּה רָאִינוּ רַק בְּאֵירוֹפָּה.

הַמְּכוֹנִית עָלְתָה וְעָלְתָה. פִּתְאֹם עָמְדָה, הַנּוֹסְעִים כִּמְעַט נָפְלוּ עַל הָאָרֶץ.

מַה קָּרָה? צָעַק תַּיָּר אֶחָד.
לֹא כְלוּם! עָנָה הַנֶּהָג, אָסוּר לַעֲבֹר עַכְשָׁו, סַבְלָנוּת, חָבֵר, סַבְלָנוּת.

רַק עַכְשָׁו רָאוּ לִפְנֵיהֶם אוֹר אָדֹם, אַחַר־כָּךְ אוֹר צָהֹב, וְאַחַר־כָּךְ אוֹר יָרֹק.
הַמְּכוֹנִית נָסְעָה שׁוּב בַּדֶּרֶךְ אֶל הָהָר.
לֹא עָבַר זְמַן רַב וְהִיא עָמְדָה לִפְנֵי בַּיִת גָּדוֹל. פֹּה הַתַּחֲנָה הַסּוֹפִית, אָמַר הַנֶּהָג, בְּבַקָּשָׁה לָרֶדֶת.

[1] הָיְתָה *she (i. e., the car, f.) was, from the root* הָיָה *be. Similarly,* עָלְתָה *she went up, from* עָלָה *go up.*

[2] לְאַט *slowly;* לְאַט לְאַט *very slowly. Repeating the word reinforces its meaning. Ask an Israeli for directions to a particular street, and he is likely to answer* יָשָׁר יָשָׁר, *straight ahead (literally, straight straight).*

[3] כַּמָּה? *how many? how much?; but as an exclamation, it means how!* כַּמָּה טוֹב *how good it is.* כַּמָּה יָפֶה הַמַּרְאֶה הַזֶּה *how beautiful this view is.*

מִלוֹן	VOCABULARY
כְּבָר	already
הָיָה	he was
הָיְתָה	she was
לְאַט	slowly
רְחוֹב (רְחוֹבוֹת)	street (m.)
בָּתִּים (בַּיִת)	houses
אֵירוֹפָּה	Europe
עָלָה	go up
פִּתְאֹם	suddenly
עָמַד	stop, stand
כִּמְעַט	almost
מְעַט	few, a little
קָרָה	happen
לֹא כְלוּם	nothing
אָסוּר	forbidden
לַעֲבֹר	to cross
עַכְשָׁו	now
לִפְנֵיהֶם	before them
אוֹר	light
אַחַר־כָּךְ	afterwards
שׁוּב	again (adverb)
שׁוּב	return (verb)
רַב, הַרְבֵּה	much, many
פֹּה	here
תַּחֲנָה	station, stop
סוֹפִי, סוֹפִית	final
לָרֶדֶת	to go down
כָּזֶה	like this (m.)
כָּזֹאת	like this (f.)
כָּאֵלֶּה	like these, such (pl.)

Infinitives of פ״י and ע״ו Verbs

Verbs which have י as the first letter in their root usually drop the י when forming the infinitive. ת is added as a suffix.

(ירד)	לָרֶדֶת	to go down	(קום)	לָקוּם	to get up
(ישב)	לָשֶׁבֶת	to sit down	(שׁוב)	לָשׁוּב	to return
(ילד)	לָלֶדֶת	to give birth	(רוץ)	לָרוּץ	to run
(ידע)	לָדַעַת	to know	(בּוא)	לָבוֹא	to come

Why are the vowels of לָדַעַת changed from *seghol* to *pataḥ*? (Lesson 10.)

The verb הלךְ *go, walk* also follows this pattern, dropping the initial ה and adding ת.

(הלךְ) לָלֶכֶת to go

Biblical Word List No. 17

שָׁבַר	break
בִּקֵּשׁ	seek
בֵּרַךְ	bless
חָזַק	be strong
נָסַע	travel

A 1900-year old olive press is still functional.

Exercises

A. Answer the following questions in complete sentences (without vowels).

1 אֵיפֹה נָסְעָה הַמְּכוֹנִית?
2 מָה אָמְרָה הַתַּיֶּרֶת?
3 אֵיפֹה רָאֲתָה הַתַּיֶּרֶת בָּתִּים יָפִים כָּאֵלֶּה?
4 מַדּוּעַ כִּמְעַט נָפְלוּ הַנּוֹסְעִים עַל הָאָרֶץ?
5 מַה צָּעַק הַתַּיָּר?

6 מֶה עָנָה לוֹ הַנֶּהָג?
7 מַדּוּעַ הָיָה אָסוּר לַעֲבֹר?
8 לְאָן נָסְעָה הַמְּכוֹנִית שׁוּב?
9 אֵיפֹה עָמְדָה הַמְּכוֹנִית?
10 מָה אָמַר הַנֶּהָג לְנוֹסְעָיו?

B. Write the plural and the meaning of the following words (without vowels).

1 חָבֵר טוֹב
2 רְחוֹב יָפֶה
3 תַּחֲנָה גְדוֹלָה

4 בַּיִת קָטָן
5 זְמַן קָצָר
6 קוֹל חָזָק

7 בֵּיצָה לְבָנָה
8 נֶהָג טוֹב
9 דֶּרֶךְ יְשָׁרָה

C. To which group do the following verbs belong?

Example: ל"ה — בָּנָה   verbs

1 נָפַל
2 יָדַע

3 נָסַע
4 קָרָה

5 קָרָא
6 יָשַׁב

7 שׁוּב
8 אָמַר

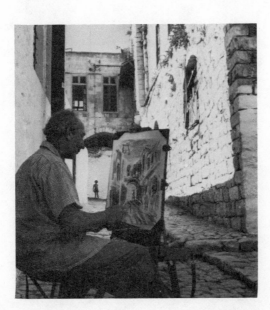

*The medieval city
of Safed
houses an artists' colony*

D. Give the meaning and the infinitive of the following verbs.

Example: עָנָה *answer;* לַעֲנוֹת

1 עָלָה   3 רָאָה   5 שָׁמַר   7 שׁוּב   9 יָלַד

2 יָשַׁב   4 קוּם   6 קָנָה   8 יָדַע   10 יָרַד

E. Translate into Hebrew (without vowels).

1 The black car was in the streets of the city of Haifa.
2 "How beautiful these trees are!" said the traveler.
3 The light was red; it is forbidden to cross the streets.
4 "Please (to) go down," said the driver of the car, "we are at the terminal."

F. Write both parts of בַּדֶּרֶךְ לְחֵיפָה in unvocalized Hebrew and in your own words. Do not use more than 75 words (about 10–12 lines).

Lesson 34

Vahv Conversive

Infinitive Absolute

Declension of Prepositions FROM, WITHIN

בְּרֵאשִׁית, פֶּרֶק ג׳ Genesis, Chapter 3

וְהַנָּחָשׁ הָיָה עָרוּם מִכָּל חַיַּת הַשָּׂדֶה אֲשֶׁר עָשָׂה יְהֹוָה אֱלֹהִים.
וַיֹּאמֶר[1] אֶל הָאִשָּׁה: ״אֱלֹהִים אָמַר לֹא תֹאכְלוּ מִכֹּל עֵץ הַגָּן[2].״
וַתֹּאמֶר[1] הָאִשָּׁה אֶל הַנָּחָשׁ: ״מִפְּרִי עֵץ הַגָּן נֹאכַל, וּמִפְּרִי הָעֵץ אֲשֶׁר בְּתוֹךְ הַגָּן אָמַר אֱלֹהִים לֹא תֹאכְלוּ מִמֶּנּוּ פֶּן תָּמוּתוּ.״
וַיֹּאמֶר הַנָּחָשׁ אֶל הָאִשָּׁה: ״לֹא מוֹת תָּמוּתוּ[3] כִּי יוֹדֵעַ אֱלֹהִים כִּי בְּיוֹם אֲכָלְכֶם מִמֶּנּוּ וִהְיִיתֶם[1] כֵּאלֹהִים יוֹדְעֵי טוֹב וָרָע.״
וַתֵּרֶא[1] הָאִשָּׁה כִּי טוֹב הָעֵץ לְמַאֲכָל וַתִּקַּח[1] מִפִּרְיוֹ וַתֹּאכַל[1] וַתִּתֵּן גַּם לְאִישָׁהּ עִמָּהּ וַיֹּאכַל.

(Adaptation of biblical text)

מִלּוֹן	VOCABULARY
נָחָשׁ (נְחָשִׁים)	serpent, snake
עָרוּם	cunning, shrewd
עָרֹם, עֵרֹם	naked
חַיָּה	animal, beast
וַיֹּאמֶר	and he said (see *Vahv Conversive*)
בְּתוֹךְ	within, in the midst
מִמֶּנּוּ	from it

[1] *In biblical Hebrew, the addition of an initial* ו *to the verb form converts the future (imperfect) to the past (perfect) and vice versa. See Vahv Conversive, below.*

[2] *Construct state.*

[3] *See Infinitive Absolute, below.*

פֶּן	lest
מוּת	die
יָדַע	know
כִּי	because, that (conj.)
הָיָה[1]	be
מַאֲכָל	food
לָקַח	take
נָתַן	give
גַּם	also

1. Vahv Conversive

One of the outstanding features of biblical Hebrew is the use of *vahv conversive* with verbs.

When the conjunction *and* ו is prefixed to the *past* (perfect) tense, it changes its meaning to *future* (imperfect).

When the ו is prefixed to the *future* (imperfect), it changes its meaning to the *past* (perfect).

יִזְכֹּר	he will remember
וַיִּזְכֹּר	(and) he remembered
אֶשְׁלַח	I shall send
וָאֶשְׁלַח	(and) I sent
רָאִיתָ	you saw
וְרָאִיתָ	(and) you will see
אָהַבְתָּ	you loved
וְאָהַבְתָּ	(and) thou shalt love

The following verbs, used frequently in the Bible, are irregular in the future tense and therefore are irregular when used with the *vahv conversive*.

וַיִּקַּח	and he took	יִקַּח	he will take
וַתִּקַּח	and she took	תִּקַּח	she will take

לָקַח is the only verb in Hebrew where the initial ל in the root is omitted and a *dagesh* is inserted in the following letter to compensate for the loss.

---

[1] *The verb* (לִהְיוֹת) הָיָה *can be conjugated in the past and future. In the present it is assimilated into the verb with which it is associated.* אֲנִי יוֹשֵׁב I (am) sitting.

| וַיִּתֵּן | and he gave | יִתֵּן | he will give |
| וַתִּתֵּן | and she gave | תִּתֵּן | she will give |

פנ verbs like נָתַן usually drop the נ in the future and imperative tenses. Another verb of this class is נָפַל *fall*, יִפֹּל *he will fall.*

| וַיַּרְא | and he saw | יִרְאֶה | he will see |
| וַתֵּרֶא | and she saw | תִּרְאֶה | she will see |

Note the change in vowels when the *vahv conversive* is used, and the retention of the silent א in the root even when the ה is dropped.

2. Infinitive Absolute

Biblical Hebrew has a special construction which is used to provide emphasis to verbs. Known as the infinitive absolute, it consists of the **double use of the verb,** the first time in the *infinitive,* and the second time in the *future* or *past* (s. or pl.)

| זָכוֹר זָכַרְתִּי | I indeed remembered |
| מוֹת תָּמוּתוּ | you (pl.) shall surely die |

The old port of Jaffa

3. Declension of Prepositions FROM, WITHIN

The declension of the preposition מִן is irregular.

מִמֶּנִּי	from me
מִמְּךָ	from you (m.s.)
מִמֵּךְ	from you (f.s.)
מִמֶּנּוּ	from him (it)
מִמֶּנָּה	from her (it)
מִמֶּנּוּ	from us
מִכֶּם	from you (m.pl.)
מִכֶּן	from you (f.pl.)
מֵהֶם	from them (m.)
מֵהֶן	from them (f.)

Note the irregular pronominal suffixes and the *dagesh* which compensates for a missing letter.

מִמֶּנּוּ means both *from him* and *from us*. The meaning becomes clear from the context in which the word is used.

The declension of בְּתוֹךְ *within, in the midst* is regular.

בְּתוֹכִי	within me
בְּתוֹכְךָ	within you (m.s.)
בְּתוֹכֵךְ	within you (f.s.)
בְּתוֹכוֹ	within him
בְּתוֹכָהּ	within her
בְּתוֹכֵנוּ	within us
בְּתוֹכְכֶם	within you (m.pl.)
בְּתוֹכְכֶן	within you (f.pl.)
בְּתוֹכָם	within them (m.)
בְּתוֹכָן	within them (f.)

Exercises

A. What are the roots and meanings of the following verbs?

1 תֹּאכְלוּ
2 וַתֹּאמֶר
3 נֹאכַל
4 תָּמוּתוּ
5 וַתִּקַּח
6 וִהְיִיתֶם
7 וַתִּתֵּן
8 יוֹדֵעַ
9 וַתֵּרֶא
10 אֲכָלְכֶם

B. The verb אָכַל belongs to the פ״א group. To what groups do the following verbs belong? מוּת, יָדַע, רָאָה, נָפַל, קָרָא

C. Translate into Hebrew (without vowels).

1 every evening
2 the entire evening
3 the beast of the field
4 from her, from them (m.)
5 the father's day[1]
6 all the snakes
7 every snake
8 the tree of the garden
9 with thee (m.); with him
10 the man's picture[1]

D. Translate into biblical Hebrew (without vowels, beginning with the verb).

1 You will eat from all the fruit of the trees which are in the garden.
2 And the woman took from the fruit of the tree and she gave to her husband and he ate.
3 And the woman saw that the fruit was good for eating, and she ate from it (m.).
4 The snake was near the tree which was in the midst of the garden.
5 The man knew that (כִּי) every tree of the garden was good for eating.

E. Decline the prepositions עִם *with* and מִן *from* (without vowels).

F. Decline the preposition בְּתוֹךְ *within* (with vowels).

G. Complete the sentences with the correct form of מִן *from,* as indicated.

1 מֹשֶׁה, אֲנִי לָקַחְתִּי ___ סֵפֶר! — from you
2 אֲנִי לֹא יוֹדֵעַ מָה אַתָּה רוֹצֶה___! — from me
3 הַמּוֹרָה יוֹדַעַת יוֹתֵר מִן הַתַּלְמִיד. הִיא לָמְדָה יוֹתֵר___. — than he did (from him).
4 תַּלְמִידִים, אֲנִי רוֹצָה ___ עֲבוֹדָה טוֹבָה. — from you
5 רִבְקָה, יֵשׁ לָךְ סֵפֶר טוֹב. אֲנִי לוֹקֵחַ אוֹתוֹ ___. — from you
6 הַמּוֹרֶה מְדַבֵּר עִמָּנוּ, אֲבָל אֲנַחְנוּ לֹא יוֹדְעִים מָה הוּא רוֹצֶה ___. — from us
7 הַיְלָדִים רוֹאִים מָה עוֹשִׂים הַגְּדוֹלִים וְלוֹמְדִים ___. — from them
8 חֲבֵרוֹת, אֲנַחְנוּ לוֹקְחוֹת ___ אֶת שִׂמְלוֹת־הָעֶרֶב לְעֶרֶב אֶחָד. — from you
9 הוּא לֹא יוֹצֵא עִם הַבָּנוֹת הָאֵלֶּה, כִּי הוּא צָעִיר ___. — from them
10 חַנָּה לֹא חֲבֵרָה שֶׁל רִבְקָה. הִיא יוֹתֵר גְּדוֹלָה ___. — from her

[1] *Translate "the day of the father," "the picture of the man."*

A caravanserie in Acre, relic of Turkish rule

Lesson 35

Abraham Ibn Ezra

שִׁיר מִימֵי הַבֵּינַיִם A Medieval Poem

אַשְׁכִּים לְבֵית הַשָּׂר – מֵאֵת אַבְרָהָם אִבְּן־עֶזְרָא

אַשְׁכִּים לְבֵית הַשָּׂר
אוֹמְרִים כְּבָר רָכַב
אָבוֹא לְעֵת עֶרֶב
אוֹמְרִים כְּבָר שָׁכַב

אוֹ יַעֲלֶה מֶרְכָּב[1]
אוֹ יַעֲלֶה מִשְׁכָּב[1]
אוֹיָה לְאִישׁ עָנִי
נוֹלַד[2] בְּלִי כּוֹכָב[3]

[1] מֶרְכָּב *vehicle, carriage, from* רָכַב *ride. The* מ– *before the root often denotes the place of the action;*
מִשְׁכָּב *bed, place of sleeping, from* שָׁכַב *lie down.*

[2] נוֹלַד *was born (root* יָלַד *give birth). When* נ *is prefixed to the root, it conveys the passive.* אָכַל *he ate,* נֶאֱכַל *it was eaten;* כָּתַב *he wrote,* נִכְתַּב *it was written;* בָּרָא *he created,* נִבְרָא *he was created.*

[3] כּוֹכָב *star. Since the stars are sometimes held to govern man's destiny, the term* כּוֹכָב *can symbolize luck. Thus,* בְּלִי כּוֹכָב *means without luck. In modern Hebrew the word* כּוֹכָב also means a film star.

מִלּוֹן VOCABULARY

מֵאֵת	by (an author)
אַשְׁכִּים	I shall rise early
שַׂר	prince, officer, minister
רָכַב	ride
עֵת	time
לְעֵת עֶרֶב	towards evening
כְּבָר	already
שָׁכַב	lie down
יַעֲלֶה	he shall go up
מִשְׁכָּב	place for sleeping, bed
מֶרְכָּב	vehicle, carriage
אוֹ... אוֹ	either... or
אוֹיָה, אוֹי	woe!
עָנִי	poor
נוֹלַד	born
כּוֹכָב	star

Idioms

בַּבֹּקֶר הַשְׁכֵּם	very early in the morning
יְמֵי הַבֵּינַיִם	Middle Ages
שַׂר הַחוּץ	Minister for Foreign Affairs

There was a mass immigration of Jews from Arab lands in the 1950s
Left, an arrival from Tripoli; right from Yemen

Abraham Ibn Ezra (1089–1164)

Ibn Ezra established his reputation not only as a poet, but as a biblical commentator, grammarian, philosopher and astronomer. Born in Spain, he traveled widely, visiting Jewish communities throughout North Africa and Western Europe.

His poetry, both religious and secular, touches upon almost every subject imaginable. He wrote with a fine sense of humor, spicing his poems with epigrams, wise sayings, plays on words and clever rhymes.

Biblical Word List No. 18

אֶלֶף	thousand
בַּת	daughter
יָם	sea
חֹדֶשׁ	month
עֵץ	tree

Sabras *learn about their cultural heritage at the Israel Museum*

Exercises

A. Answer the following questions in complete Hebrew sentences (without vowels).

1 מַה שֵׁם הָאִישׁ אֲשֶׁר כָּתַב אֶת הַשִּׁיר?
2 מַה שֵׁם הַשִּׁיר שֶׁלָּמַדְתָּ?
3 לְאָן הָלַךְ הָאִישׁ? מָתַי?
4 מַדּוּעַ הוּא לֹא רָאָה אֶת הַשָּׂר?
5 מָה אָמְרוּ לוֹ בָּעֶרֶב?
6 מָה אָמַר אִבְּן עֶזְרָא?

B. Translate (without vowels).

1 Ibn Ezra went to see the prince early in the morning.
2 He did not find the prince because (כִּי) he had already gone from his house.
3 The man is either riding or sleeping.
4 He said: "Woe to the poor man who was born unlucky."

C. Learn the poem by heart.

D. Write the contents of Ibn Ezra's poem in two or three lines of Hebrew, using your own words (without vowels).

E. Write a "free" translation of Ibn Ezra's poem.

A Negev landscape

Lesson 36

Ḥayyim Naḥman Bialik

שִׁירָה חֲדָשָׁה Modern Poems

הֲיֵשׁ כְּעוֹלָלַי? — מֵאֵת חַיִּים נַחְמָן בְּיַאלִיק

הֲיֵשׁ כְּעוֹלָלַי?[1]   הַלְוַאי[2] וּכְאוֹר פָּנָיו
הֲיֵשׁ כְּגוֹזָלַי?   כֵּן יָאִיר מַזָּלִי.

מִלּוֹן	VOCABULARY
הֲיֵשׁ?	is there? are there?
עוֹלָל	child, baby
גּוֹזָל	young bird
הַלְוַאי	O that! would that!
כֵּן	thus, so, yes
יָאִיר	will shine
מַזָּל	luck, star, planet
מַזָּל טוֹב	good luck

[1] עוֹלָל *a biblical word for child, baby. The post-biblical word for baby is* תִּינוֹק.

[2] הַלְוַאי *O that! would that! An Aramaic word frequently used in modern Hebrew; it is usually followed by the conjunction* ו *and.*

Ḥayyim Naḥman Bialik

שְׁתֵּי יְדִידוֹת – מֵאֵת פַנְיָה[1]

אֲנִי וָאַתְּ
יְדִידוֹת;
אָנוּ שְׁתֵּי יְדִידוֹת
בָּעוֹלָם הַגָּדוֹל.

אֲנַחְנוּ הַשְׁתַּיִם
כְּמוֹ זוּג עֵינַיִם,
כְּמוֹ שְׁתֵּי כְּנָפַיִם,
כְּקוֹל וּבַת קוֹל.[2]

סוֹדִי – סוֹדֵךְ,
שִׂמְחָתִי – שִׂמְחָתֵךְ.
כִּי מִי לִי עוֹד
בָּעוֹלָם זוּלָתֵךְ.[3]

VOCABULARY	מִלּוֹן
friend	יְדִיד, יְדִידָה
we	אָנוּ
world	עוֹלָם
couple, pair	זוּג
wing (f.)	כָּנָף, כְּנָפַיִם
echo	בַּת קוֹל
secret	סוֹד (סוֹדוֹת)
joy	שִׂמְחָה (שְׂמָחוֹת)
yet, still, more	עוֹד
except you (f.s.)	זוּלָתֵךְ

[1] *The writer of this poem uses the pseudonym "Fanya".*

[2] בַּת קוֹל *echo, reverberating sound; literally, a daughter of a sound. In Rabbinical literature* בַּת קוֹל *implied a divine voice, a sort of substitute for prophecy.*

[3] זוּלָתֵךְ *except you (f.s.). It is a preposition with pronominal suffixes. Similarly* זוּלָתוֹ *except him;* זוּלָתִי *except me, etc.*

Ḥayyim Naḥman Bialik (1873–1934)

Bialik is known as the greatest Hebrew poet of modern times. In his writings he sought to fuse the Jewish heritage with modern humanism, and loyalty to religious tradition with commitment to Jewish nationalism. He freed Hebrew poetry of the ornate biblical style that had persisted through the ages, and wrote simple folk poems and children's verse as well as lyric poetry, short stories and essays.

Many of Bialik's poems reflect the East European milieu in which he lived, as well as the vision of the Jewish people's return to Zion. He spent his last years in Palestine.

Exercises

A. Write the declension of עוֹלָל in the singular only: עוֹלָלִי *my child*, etc.

 Note your (pl.) child עוֹלַלְכֶם and עוֹלַלְכֶן.

B. Write the declension of יְדִידוֹת in the plural only: יְדִידוֹתַי *my friends*, etc.

C. Write the declension of עֵינַיִם in the plural only: עֵינַי *my eyes*, etc.

D. Write the declension of סוֹד in the singular only: סוֹדִי *my secret*, etc.

E. Translate into English both poems in this lesson.

F. Write in Hebrew the contents of the second poem, שְׁתֵּי יְדִידוֹת, in your own words, without vowels.

G. Translate into Hebrew, without vowels.

 1 We two are two good friends, like a pair of eyes and like two wings of a bird.
 2 He wrote his secret to me.
 3 Is there a friend like my friend?
 4 We said to him: "Good luck!"
 5 His luck will shine like the light of his face.

H. Paraphrase both poems in your own words, using unvocalized Hebrew.

Some people like to rough it in the Negev

Others prefer "civilization" in Eilat

Lesson 37

Formation of Abstract Nouns

Hebrew Equivalents for TO HAVE

מִן הָעִתּוֹנוּת From the Press

בְּחַיֵּי מֹשֶׁה ... וְדַיָּן[1]

שְׁנֵי נְעָרִים קְטַנִּים רָצוּ לִרְאוֹת אֶת הַחַיּוֹת בְּגַן הַחַיּוֹת הַתַּנָ"כִי[2] בִּירוּשָׁלַיִם.
לֹא הָיָה לָהֶם[3] כֶּסֶף לִקְנוֹת כַּרְטִיס כְּנִיסָה. מֶה עָשׂוּ? קָפְצוּ מֵעַל הַגָּדֵר.
לְמַזָּלָם הָרַע תָּפַס אוֹתָם הַשּׁוֹמֵר וְלָקַח אוֹתָם לִמְנַהֵל גַּן הַחַיּוֹת. הַנְּעָרִים
בִּקְשׁוּ[4] לִסְלֹחַ לָהֶם. הֵם נִשְׁבְּעוּ[4] שֶׁלֹּא יִקְפְּצוּ שׁוּב מֵעַל הַגָּדֵר לְעוֹלָם[5],

[1] דַּיָּן *(Moshe) Dayan, Minister of Defense in Israel in 1967.*

[2] תַּנָ"כִי *biblical, an adjective derived from* תַּנָ"ךְ, *an acronym for the Bible which is divided into three main parts:* תּוֹרָה *Pentateuch,* נְבִיאִים *Prophets, and* כְּתוּבִים *Holy Writings.*

[3] לֹא הָיָה לָהֶם *they did not have. Remember Hebrew has no exact verb equivalent to the English verb to have. See below.*

[4] בִּקְשׁוּ *they requested. This verb as well as* נִשְׁבְּעוּ *they took an oath, and* יַאֲמִינוּ *they will believe, are used in patterns which we have not yet studied.*

[5] לְעוֹלָם *forever. But when used with a negative, and with reference to the future, it means never.*

ה' יִמְלֹךְ לְעוֹלָם	The Lord will reign forever.
לְעוֹלָם לֹא אֶכְתֹּב לוֹ מִכְתָּב שׁוּב	I will never write him a letter again.

וּכְדֵי[1] שֶׁיַּאֲמִינוּ לָהֶם, הֵם נִשְׁבְּעוּ: ״בְּחַיֵּי אֱלֹהִים, בְּחַיֵּי הַנָּבִיא וּבְחַיֵּי דַּיָּן״.
מְנַהֵל גַּן הַחַיּוֹת צָחַק, סָלַח לָהֶם וְנָתַן לָהֶם כַּרְטִיס כְּנִיסָה לְגַן הַחַיּוֹת.

מִן הָעִתּוֹן ״לַמַּתְחִיל״[2]

מִלּוֹן	VOCABULARY
עִתּוֹנוּת	press
בְּחַיֵּי	by the life of
גַּן חַיּוֹת	zoo
תַּנָּ״כִי	biblical
כְּדֵי	in order to
כַּרְטִיס	ticket
כְּנִיסָה	entrance
קָפְצוּ	they jumped
גָּדֵר	fence (f.)
תָּפַס	catch
שׁוֹמֵר	guard (n.)
מְנַהֵל	manager, director
נַעַר (נְעָרִים)	youth
בִּקְשׁוּ	they requested
סָלַח לְ—	forgive
נִשְׁבְּעוּ	they swore, took an oath
שׁוּב	again
לְעוֹלָם (לֹא)	never
כְּדֵי שֶׁ—	in order to
יַאֲמִינוּ לְ—	they will believe
אֱלֹהִים	God
נָבִיא	prophet
מַתְחִיל	beginner

[1] כְּדֵי *in order to. Note that* כְּדֵי לְ— *in order to, is a preposition, and is followed by the infinitive.*
כְּדֵי שֶׁ— *in order that, so that, is a conjunction, and is followed by a verb form.*
Compare כְּדֵי לִקְנוֹת *in order to buy and* כְּדֵי שֶׁיִּכְתֹּב *so that he may write.*

[2] לַמַּתְחִיל *for the beginner, a name of a Hebrew newspaper in Israel written in easy (vocalized) Hebrew.*

הַבַּעַל הַמִּסְכֵּן

מִשְׂרְדֵי[1] הַמִּסְחָר וְהַתַּעֲשִׂיָּה מוֹסֵר: הָאִשָּׁה הַיִּשְׂרְאֵלִית קוֹנָה בְּשָׁנָה אַרְבָּעָה – חֲמִשָּׁה זוּגוֹת נַעֲלַיִם. הַיְלָדִים הַיִּשְׂרְאֵלִים נוֹעֲלִים שְׁלֹשָׁה זוּגוֹת נַעֲלַיִם בְּשָׁנָה, אַךְ הַגְּבָרִים – רַק זוּג אֶחָד.

מִן הָעִתּוֹן "לַמַּתְחִיל"

מִלּוֹן	VOCABULARY
בַּעַל (בְּעָלִים)	husband, owner
בַּעַל בַּיִת	home owner, landlord
מִסְכֵּן	unfortunate, poor
מִשְׂרָד	office, ministry
מִסְחָר	commerce
תַּעֲשִׂיָּה	industry
מָסַר	report (v.), hand over
זוּג (זוּגוֹת)	pair, couple (m.)
נָעַל	put on a shoe
אַךְ	but

1. Formation of Abstract Nouns

The suffix וּת— is often used in Hebrew to express abstract or collective nouns.

עִתּוֹנוּת (עִתּוֹן)	press
יַלְדוּת (יֶלֶד)	childhood
גַּבְרִיּוּת (גֶּבֶר)	manliness, masculinity
נָשִׁיּוּת (אִשָּׁה)	womanliness, femininity
מַלְכוּת (מֶלֶךְ)	kingdom
אֱלֹהוּת (אֱלֹהִים)	divinity, godliness
יַהֲדוּת (יְהוּדָה)	Judaism (from the tribe of *Judah*)
אֵיכוּת (אֵיךְ)	quality (from *how*)
כַּמּוּת (כַּמָּה)	quantity (from *how many*)
זֶהוּת (זֶה)	identity (from *this*)

[1] מִשְׂרָד *office, but also government ministry or department,* מִשְׂרַד הַחוּץ *the Foreign Ministry,* מִשְׂרַד רֹאשׁ הַמֶּמְשָׁלָה *Prime Minister's Office.*

The annual March to Jerusalem

2. Hebrew Equivalents for TO HAVE

It has already been noted that there is no verb form in Hebrew which means *to have* (see Lesson 24).

In the *present tense*, the **declined preposition** ‎לְ־ may stand alone, or it may be used with יֵשׁ **there is, there are,** to express possession.

לִי, יֵשׁ לִי	I have (there is to me)
לָנוּ, יֵשׁ לָנוּ	we have

In the *past tense*, the **declined preposition** ‎לְ־ is used with the **third person** of TO BE הָיָה to express the possessive relationship.

הָיָה לִי	I had
הָיָה לָנוּ	we had
לֹא הָיָה לָהֶם כֶּסֶף	they did not have money
הָיוּ לָךְ הַרְבֵּה חֲבֵרוֹת	you had many friends

Exercises

A. Write an explanatory note for each of the following words and use them in complete sentences to illustrate your note.

1 בַּעַל
2 סָלַח לְ–
3 כְּדֵי לְ–, כְּדֵי שֶׁ–
4 עִתּוֹנוּת
5 שׁוּב
6 הָיָה לָנוּ
7 לְעוֹלָם
8 תַּנַ"ךְ

B. Complete the following conjugations.

1 יֵשׁ לִי סֵפֶר
2 הָיָה לִי כֶּסֶף

C. Write the Hebrew for the following.

1 entrance ticket
2 zoo director
3 He forgave them.
4 They will believe him.
5 I had no book to read.
6 I shall never forget this song.
7 They swore by the life of the prophet.
8 They wanted to see the Foreign Ministry.
9 He bought five pairs of black shoes.
10 Luckily for me I read Hebrew.

D. Rewrite the first excerpt of this lesson in your own words, using unvocalized Hebrew.

Students from abroad study in Israeli ulpanim

Vacationing at Bet Shean

Lesson 38

בְּדִיחוֹת בְּעִבְרִית Jokes in Hebrew

אַנְשֵׁי[1] חֶלֶם[2]

אנשי חלם ראו כי אין אור ברחובות עירם בלילות חושך. הם שאלו:
״מה לעשות? אנחנו רוצים אור ברחובות העיר גם בלילות החושך.״
ישבו יחד שבעה ימים ושבעה לילות עד שמצאו[3] עצה טובה.
כאשר יצאה הלבנה[4], שמו בשוק הגדול חבית עם מים וראו והנה הלבנה

[1] אַנְשֵׁי *the men of, the people of.* אַנְשֵׁי *is the construct state of* אֲנָשִׁים *men, people. Note, however, that people of a nation or country is* עַם. רָאִיתִי אֲנָשִׁים בָּרְחוֹב *I saw people in the street; but* עַם יִשְׂרָאֵל יָצָא מִמִּצְרַיִם *the people of Israel went out of Egypt. Remember that* עַם is usually singular: עַם גָּדוֹל *a great people.*

[2] חֶלֶם *Chelm, the name of a town. In Hebrew folklore Chelm is a town whose inhabitants are simpletons and many jokes are told about their naiveté. Chelm is real place, located in Poland. Its Jewish community, said to date back to the twelfth century, was wiped out during the Holocaust.*

[3] עַד שֶׁמָּצְאוּ *until they found. When a preposition is used as a conjunction, followed by a verb, the relative particle* אֲשֶׁר or —שֶׁ *that must be used.* עַד הַבֹּקֶר *until the morning;* עַד שֶׁהָלַךְ *until he went. Similarly,* לִפְנֵי הַבַּיִת *before the house;* לִפְנֵי שֶׁנָּסַע *before he travelled.*

[4] לְבָנָה *moon, also white (f.). The more common word for moon is* יָרֵחַ.

על פני[1] המים של החבית. אחר כך שמו על החבית סדינים אחדים וקשרו אותם יפה יפה.
אמרו: ״הנה יש לנו לבנה ללילות חושך!״

כאשר[2] היה ליל חושך, באו אנשי חלם אל החבית לקחת את הלבנה מן המים והנה אין שם לבנה. ״או!״ צעקו אנשי חלם, ״גנבו את הלבנה. אם היתה בחבית, היה אור גדול בעיר חלם.״

VOCABULARY	מִלּוֹן
night (m.)	לַיְלָה (לֵילוֹת)
darkness	חֹשֶׁךְ
to do	לַעֲשׂוֹת
find	מָצָא
advice	עֵצָה
moon	לְבָנָה
they placed	שָׂמוּ
market, marketplace	שׁוּק
barrel	חָבִית (חָבִיּוֹת)
water	מַיִם
sheet	סָדִין
they tied up	קָשְׁרוּ
few, some (m.)	אֲחָדִים (אֶחָד)
few, some (f.)	אֲחָדוֹת (אַחַת)
to take	לָקַחַת
if	אִם

[1] עַל פְּנֵי *on the surface of.* פְּנֵי *is the construct state of* פָּנִים *face.*

[2] כַּאֲשֶׁר *when as a relative adverb. When? as an interrogative is* מָתַי? מָתַי הָלַךְ הָאִישׁ? *when did the man go?;* כַּאֲשֶׁר גָּמַר לִקְרֹא אֶת הַסֵּפֶר *when he finished reading (literally, to read) the book.*

תַּפּוּחַ לְנַעֲרָה בְּ"מִינִי"

בתחנת אוטובוס בירושלים עמדה נערה צעירה בתור – בשמלת "מיני" קצרה מאד מאד.
ניגש אליה יהודי דתי, בעל זקן ארוך, ונתן לה תפוח אדום.
"מה פתאם?[1] מדוע אתה נותן לי את התפוח?" שאלה הנערה.
"גם חַוָּה לא ידעה שהיא ערומה עד שאכלה מן התפוח" אמר האיש והלך.

מִלּוֹן	VOCABULARY
תּוֹר	line, queue
"מִינִי"	miniskirt
שִׂמְלָה (שְׂמָלוֹת)	dress
קָצָר	short
דָּתִי	religious, orthodox
זָקָן	beard
זָקֵן	old (person)
אָרֹךְ	long
חַוָּה	Eve
עֵירֹם	naked

עוֹזֵר טוֹב

אמא: אוי וַאֲבוי![2] מי אכל את הריבה?
דני: הזבובים, אמא.
אמא: האם זה אפשרי שהזבובים יאכלו את כל הריבה?
דני: אני עזרתי להם קצת...

מִלּוֹן	VOCABULARY
עוֹזֵר	helper, assistant
רִבָּה	jam
זְבוּב	fly (n.)
אֶפְשָׁרִי	possible
עָזַר לְ–	help
קְצָת	a little

[1] מַה פִּתְאֹם *why suddenly? A common expression in spoken Hebrew, to express surprise at something.*

[2] אוֹי וַאֲבוֹי *woe! The Yiddish expression "oy vey" is probably derived from this expression. Example:* אוֹי וַאֲבוֹי לָנוּ *woe to us!*

אֵיפֹה הַתַּפּוּחַ הָרִאשׁוֹן?

האֵם שלחה את אורי לחנות לקנות שם שני תפוחים. בדרך אל הבית היה אורי רעֵב ואכל תפוח אחד. ראתה אִמו רק תפוח אחד בידו ושאלה:

– כמה תפוחים קניתָ, אורי?

– שנים, אמא!

– ואיֵה השני? שאלה האם.

– השני? התפוח שביָדי הוא השני – ענה אורי.

VOCABULARY	מִלּוֹן
hungry	רָעֵב
answer	עָנָה

מדריכי תיירים... וכאן אתם רואים...

(From To Jerusalem With Love, *drawings by Eliahu Schwarcz)*

Exercises

All the exercises in this lesson should be written in unvocalized Hebrew.

A. Use the following words in complete sentences.

1 לֵיל יָרֵחַ
2 מַה לַעֲנוֹת
3 עַד, עַד שֶׁ—
4 עִם, אִם
5 תַּחֲנַת אוֹטוֹבּוּס
6 קָרָה, קָרָא
7 זָקָן, זָקֵן
8 עָזַר לְ—
9 אַנְשֵׁי הָעִיר
10 אוֹי וַאֲבוֹי לִי

B. Rewrite each of the above four stories in unvocalized Hebrew, using as many of your own words as possible.

C. Write one or two jokes you know in Hebrew. Use your dictionary frequently. As much as possible, use words with which you are familiar.

D. Answer the following questions in Hebrew in complete sentences. (The questions are based on the story about Chelm.)

1 מָה רָאוּ אַנְשֵׁי חֶלֶם?
2 מָה הֵם רָצוּ?
3 כַּמָּה זְמַן יָשְׁבוּ יַחַד?
4 מַה שָּׁמוּ אַנְשֵׁי חֶלֶם בַּשּׁוּק?
5 אֵיךְ הֵם סָגְרוּ אֶת הֶחָבִית?
6 מֶה עָשׂוּ אַנְשֵׁי חֶלֶם כַּאֲשֶׁר הָיָה לֵיל חֹשֶׁךְ?
7 מַה הֵם צָעֲקוּ כַּאֲשֶׁר לֹא מָצְאוּ אֶת הַלְּבָנָה?
8 מַה שֵּׁם הַסִּפּוּר שֶׁקָּרָאתָ?

E. Translate the following into Hebrew (without vowels).

1 The people of Chelm wanted to keep the moon for dark nights.
2 When they came to the barrel, they did not find the moon on the surface of the water.
3 They shouted, "They stole from us the light which we put in the barrel."
4 When will you write the letter to your friend?
5 When he finished reading (translate: to read) the newspaper, he did not know what to do.

The rebuilt Jewish Quarter in Jerusalem's Old City

Index

Lesson 39

חֲזָרָה Review of Lessons 31–38

1 סֵפֶר אֶחָד *one book* or *a book;* תְּמוּנָה אַחַת *one picture* or *a picture* (Lesson 31).

2 The following ל״א verbs end in א: נָשָׂא, בּוֹא, קָרָא, יָצָא, בָּרָא, מָצָא.
The following ל״ה verbs end in ה: עָשָׂה, עָלָה, רָאָה, עָנָה, בָּנָה, קָנָה.

3 The declension of עִם *with* (Lesson 31).
עִמִּי, עִמְּךָ, עִמָּךְ, עִמּוֹ, עִמָּהּ, עִמָּנוּ, עִמָּכֶם, עִמָּכֶן, עִמָּם, עִמָּן

4 Note the plurals of שׁוּק *market,* שְׁוָקִים, and חֲנוּת *shop;* חֲנֻיּוֹת.

5 The infinitives are formed with —לְ *to.*

Regular

כָּתַב	write	לִכְתֹּב	to write
לָמַד	learn	לִלְמֹד	to learn

Guttural third root letter

שָׁמַע	hear	לִשְׁמֹעַ	to hear
סָלַח	forgive	לִסְלֹחַ	to forgive

ע״ו Verbs

קוּם	get up	לָקוּם	to get up
בּוֹא	come	לָבוֹא	to come

ל״ה Verbs

קָנָה	buy	לִקְנוֹת	to buy
עָשָׂה	do, make	לַעֲשׂוֹת	to do, to make

ל״א Verbs

קָרָא	read	לִקְרֹא	to read
בָּרָא	create	לִבְרֹא	to create

פ״י Verbs

	יָרַד	go down	לָרֶדֶת	to go down
	יָשַׁב	sit down	לָשֶׁבֶת	to sit down
also	הָלַךְ	go, walk	לָלֶכֶת	to go, to walk
but	יָצָא	go out	לָצֵאת	to go out

6 עָלֹה נַעֲלֶה literally, *going up we shall go up,* i.e., *we shall certainly go up* (Lesson 32). Similarly, מוֹת תְּמוּתוּ *you will surely die* (Lesson 34). This construction is known as the infinitive absolute.

7 Note the following compound words with the construct state of בַּיִת (Lesson 32).

בֵּית חוֹלִים	hospital (a house of the sick)
בֵּית סֵפֶר	school (a house of the book)
בֵּית כְּנֶסֶת	synagogue (a house of gathering)
בֵּית חֲרֹשֶׁת	factory (a house of craftsmanship)

8 כָּל *all, entire, whole, every* (Lesson 32).

כָּל יוֹם	every day	כָּל הַיּוֹם	the entire day
כָּל בַּיִת	every house	כָּל הַבַּיִת	the whole house
כָּל הַיְלָדִים	all the children	כָּל הַסֵּפֶר	all the book
כָּל הָעוֹלָם	everyone (all the world)		

9 כַּמָּה as interrogative, *how much?*
כַּמָּה תַּלְמִידִים בַּחֶדֶר הַזֶּה? How many students are in this room?

כַּמָּה as exclamation, *how!* (Lesson 33).
כַּמָּה טוֹב! How good it is!

10 Distinguish carefully between the following words which sound the same but are spelled differently.

קָרָא	read	קָרָה	happen
עָנִי	poor	אֲנִי	I
נָסַע	travel	נָשָׂא	carry
שָׁמַע	hear	שָׁמַר	guard
בֵּן	son	בֵּין	between
לֹא	no	לוֹ	to him
צָחַק	laugh	צָעַק	shout, cry
כֹּל	all	קוֹל	voice
עֵט	pen	עֵת	time
אַתָּה	you	עַתָּה	now
אָדָם	man	אָדֹם	red

11 Plural of דְּבָרִים — דָּבָר, נְחָשִׁים — נָחָשׁ. Nouns of this pattern form their plural accordingly (Lesson 34).

12 יֹאכַל *he shall eat,* but וַיֹּאכַל *and he ate;* it is the imperfect with vahv conversive. Similarly, אָכַלְתָּ *you ate;* וְאָכַלְתָּ *and you will eat.* This is a peculiarity of biblical Hebrew (Lesson 34).

וַתֵּרֶא	(and) she saw, from	רָאָה	see
וַתִּקַּח	(and) she took, from	לָקַח	take
וַתִּתֵּן	(and) she gave, from	נָתַן	give

13 Declension of בְּתוֹךְ *in the midst, within* and מִן *from* (Lesson 34).

בְּתוֹכִי, בְּתוֹכְךָ, בְּתוֹכֵךְ, בְּתוֹכוֹ, בְּתוֹכָהּ
בְּתוֹכֵנוּ, בְּתוֹכְכֶם, בְּתוֹכְכֶן, בְּתוֹכָם, בְּתוֹכָן
מִמֶּנִּי, מִמְּךָ, מִמֵּךְ, מִמֶּנּוּ, מִמֶּנָּה
מִמֶּנּוּ, מִכֶּם, מִכֶּן, מֵהֶם, מֵהֶן

14 עֵץ *tree,* עֵץ הַגָּן *the tree of the garden;* בַּיִת *house,* בֵּית *the house of;* בֵּית הַשַּׂר *the house of the prince.* This form is known as the construct state. The noun in construct state never takes the definite article (Lesson 34).

15 אוֹ *or;* אוֹ ... אוֹ *either ... or* (Lesson 35).

אוֹ אַתָּה אוֹ אֲנִי   *either you or I.*

16 יֵשׁ *there is, there are.* יֵשׁ לִי *there is to me, I have.* הֲיֵשׁ? *is there? are there?* The prefix —הֲ is used as an interrogative sign (Lesson 36).

17 הַלְוַאי *O that! would that!* usually followed by ו (Lesson 36).

18 Note that a number of abstract nouns in Hebrew end with —וּת (Lesson 37).

יַלְדוּת	childhood, from יֶלֶד child
מַלְכוּת	kingdom, from מֶלֶךְ king
כַּמּוּת	quantity, from כַּמָּה how many

19 The Hebrew word תַּנָ"ךְ *Hebrew Bible* is an acronym (Lesson 36).

תּוֹרָה	Pentateuch
נְבִיאִים	Prophets
כְּתוּבִים	Holy Writings

20 לְעוֹלָם with negative לֹא, in reference to the future, means *never* (Lesson 36).

לְעוֹלָם לֹא אֶגְנֹב	I shall never steal

21 Hebrew has no equivalent to the English verb *to have* (Lesson 37).

לִי, יֵשׁ לִי	I have (there is to me)
הָיָה לִי	I had (there was to me)

Exercises

Translate into Hebrew (without vowels).

A. one book, a picture, an apple, one city, from a garden, from the garden, from the book, from books, from evening to evening, either in the house or in the street

B. to me, with him, to us, with her, from you, you, within him, within me, in our midst, from me, from us, to her

C. every day, all the day, each man, all the boys, the whole house, every house, every evening, throughout the year, all of them, every year

D. Vocabulary review. Solve this crossword puzzle. Do not use vowels or final
letters.

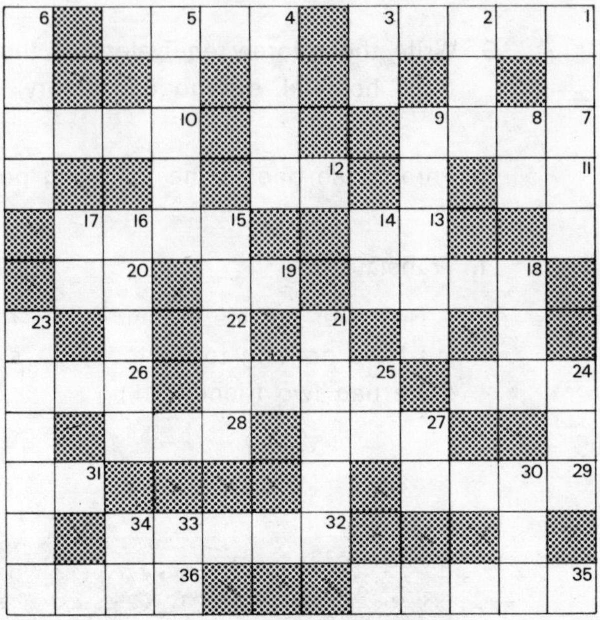

Across

1 horns
4 I shall keep
7 before
10 his hands
11 yes
12 brother
13 sea
15 love
18 my uncle
19 son
20 hot
24 man
25 dictionary
26 day
27 where
28 and a people
29 train
31 mountain
32 Egypt
35 mercy
36 eight

Down

1 your voice (m.pl.)
2 he gave
3 what?
4 I will forget
5 state
6 tongue
8 lest
9 friend (f.)
14 who?
15 we
16 in life
17 they (m.)
18 King Solomon's father
21 God
23 they will sell (f.pl.)
24 that, which
25 who?
27 you (f.s.)
30 like a brother
33 there is, there are
34 found twice in Hebrew "water"

E. Write five verbs of the ל״א group.

F. Write the Hebrew of the following infinitives; to learn, to buy, to sit down, to do, to get up, to forgive, to come, to read, to go down, to finish

G. Write the Hebrew equivalent of the following words (all beginning with בֵּית): hospital, synagogue, factory, school

H. Paraphrase one of the following poems in Hebrew.

1 אַשְׁכִּים לְבֵית הַשָּׂר

2 שְׁתֵּי יְדִידוֹת

I. Translate.

1 He never ate ice cream.
2 I have nothing to do today.
3 He had two friends (m.).
4 He will never buy this book.
5 She wrote this letter on Wednesday, but she will send it only on Friday.

The Dead Sea is an important source of potash

Lesson 40

דֻּגְמַת בְּחִינָה Sample Examination

Part I

A. Summarize the following modern Hebrew passage in English. *Do not* translate it.

The Teacher and the Camel הַמּוֹרֶה וְהַגָּמָל

לְמֶלֶךְ אֶחָד הָיָה גָּמָל. הַמֶּלֶךְ אָהַב אֶת הַגָּמָל בְּכָל לִבּוֹ וְרָצָה לְלַמֵּד[1] אֶת הַגָּמָל לִקְרֹא וְלִכְתֹּב. הוּא אָמַר שֶׁהוּא יִתֵּן[2] הַרְבֵּה כֶּסֶף לָאִישׁ אֲשֶׁר יְלַמֵּד אֶת הַגָּמָל לִקְרֹא וְלִכְתֹּב. שָׁמַע מוֹרֶה אֶחָד אֶת הַדְּבָרִים הָאֵלֶּה, הָלַךְ אֶל הַמֶּלֶךְ וְאָמַר לוֹ: אֲנִי אֲלַמֵּד אֶת הַגָּמָל, אֲבָל הוּא יִהְיֶה תַּלְמִידִי עֶשֶׂר שָׁנִים. אָמַר הַמֶּלֶךְ: טוֹב, אֲבָל אִם אַחֲרֵי עֶשֶׂר שָׁנִים לֹא יֵדַע הַגָּמָל לִקְרֹא, אַתָּה תָּמוּת.

לָקַח הַמּוֹרֶה אֶת הַגָּמָל לְבֵית הַסֵּפֶר. כָּל שָׁבוּעַ קִבֵּל[3] הַמּוֹרֶה כֶּסֶף מִן הַמֶּלֶךְ. הַחֲבֵרִים שֶׁל הַמּוֹרֶה שָׁמְעוּ עַל הַדָּבָר הַזֶּה. הֵם הָלְכוּ אֶל בֵּיתוֹ וְשָׁאֲלוּ: אֱמֹר לָנוּ, מַה תַּעֲשֶׂה אַחֲרֵי עֶשֶׂר שָׁנִים, אִם הַגָּמָל לֹא יֵדַע לִקְרֹא וְלִכְתֹּב?

צָחַק הָאִישׁ וְעָנָה לָהֶם: אֵין דָּבָר![4] אַחֲרֵי עֶשֶׂר שָׁנִים, אוֹ שֶׁהַגָּמָל יָמוּת אוֹ שֶׁהַמֶּלֶךְ הַזָּקֵן יָמוּת.

[1] *to teach* [2] *he will give* [3] *he received* [4] *it doesn't matter*

B. Answer the following questions, based on the above passage, in unvocalized Hebrew and in *complete* sentences.

1 מָה רָצָה הַמֶּלֶךְ לְלַמֵּד אֶת הַגָּמָל?
2 מַה הוּא אָמַר?
3 מִי הָלַךְ אֶל הַמֶּלֶךְ?
4 מַה הוּא אָמַר לַמֶּלֶךְ?
5 לְאָן לָקַח הַמּוֹרֶה אֶת הַגָּמָל?
6 מַה הוּא קִבֵּל מִן הַמֶּלֶךְ כָּל שָׁבוּעַ?
7 מַדּוּעַ הוּא קִבֵּל כֶּסֶף מִן הַמֶּלֶךְ?
8 מַה שָּׁאֲלוּ הַחֲבֵרִים אֶת הַמּוֹרֶה?
9 מַדּוּעַ צָחַק הַמּוֹרֶה?
10 מַה שֵּׁם הַסִּפּוּר אֲשֶׁר קָרָאתָ?

C. Translate the following into Hebrew, *without* vowels *(only the first three sentences are based on the above story).*

1 The king gave money to the teacher because he taught the camel how to read and to write.
2 the camel was the teacher's pupil (*for*) 10 years. (Do not translate *for.)*
3 After 20 years, either the king will die or the camel will die, but I shall live.
4 Ibn Ezra rode on his horse early in the morning and went to the prince's home, but he did not find him.
5 The father bought twenty apples from the shop in the market. He gave four apples to his son.

D. Write from memory Abraham Ibn Ezra's poem beginning with the line אַשְׁכִּים לְבֵית הַשָּׂר, *or* paraphrase the poem.

Part II

E. Translate the following passage, which has been adapted from biblical Hebrew.

וַיִּשְׁמְעוּ אֶת קוֹל אֱלֹהִים בַּגָּן וַיִּתְחַבְּאוּ[1] הָאָדָם וְאִשְׁתּוֹ בְּתוֹךְ עֵץ הַגָּן. וַיִּקְרָא אֱלֹהִים אֶל הָאָדָם וַיֹּאמֶר לוֹ: אַיֶּכָּה? [2] וַיֹּאמֶר הָאָדָם: שָׁמַעְתִּי אֶת קוֹלְךָ בַּגָּן וָאִירָא[3] כִּי עֵירֹם אָנֹכִי. וַיֹּאמֶר אֱלֹהִים: מִי אָמַר לְךָ כִּי עֵירֹם אַתָּה? הֶאָכַלְתָּ מִן הָעֵץ אֲשֶׁר בְּתוֹךְ הַגָּן? וַיֹּאמֶר הָאָדָם: הָאִשָּׁה הַזֹּאת נָתְנָה לִי מִן הָעֵץ וָאֹכַל. וַתֹּאמֶר הָאִשָּׁה: הַנָּחָשׁ נָתַן לִי מִפְּרִי עֵץ הַגָּן וָאֶתֵּן לְאִישִׁי וַיֹּאכַל גַּם הוּא עִמִּי.

[1] *they hid themselves* [2] *where art thou?* [3] *and I was afraid*
[4] *and I hid myself*

F. Translate into Hebrew, *without* vowels.

1 the book, this book, this big book, this book is big, these books
2 these beautiful pictures, this picture is beautiful, this night
3 I remember, I do not remember, we ate, we did not eat, he will remember, he will not remember
4 his book, his books, our hand, our hands, her uncle, her uncles
5 like the house, from the house, to the house, in the house, like this song
6 without life, before the flood, until this day, between the trees
7 two books, two girls, one house, one egg, 35 books, 100 pictures

G. Write the plural of the following words, *with* vowels.

1 פֶּרַח	4 רֶגֶל	7 תַּפּוּחַ	10 שְׁאֵלָה	13 שָׂפָה
2 סִפּוּר	5 רְחוֹב	8 יָד	11 אִישׁ	14 חוֹלֶה
3 סֵפֶר	6 בֵּיצָה	9 צֶבַע	12 חֲנוּת	15 שׁוּק

H. Write the following *with* vowels.

1 the past, present, and future of שָׁמַר.
2 the full declension of יַלְדָּה *girl,* and עִתּוֹנִים *newspapers.*

I. Translate into Hebrew *without* vowels.

1 What did the teacher write on the blackboard?
2 He said that he would never read (use the future tense) this book again (עוֹד פַּעַם).
3 How many books did you read yesterday?
4 I had no money and therefore I did not go to the bookstore (translate "the store of the books").
5 My father knows the secret and he told it to my aunt.

J. Write five to eight lines on one of the following topics.

1 הָאוּנִיבֶרְסִיטָה שֶׁלִּי
2 הַכִּתָּה שֶׁלִּי
3 חֲלוֹם אֲשֶׁר חָלַמְתִּי
4 בְּדִיחָה

Windswept olive trees and ancient terraced hills in an old-new land

Answers to Self-Correcting Exercises

Lesson 6

Exercise A.

1 בַּיִת וְשָׂדֶה, הַבַּיִת וְהַשָּׂדֶה
2 יוֹם וְלַיְלָה, הַיּוֹם וְהַלַּיְלָה
3 מוֹרֶה וְתַלְמִידָה, הַמּוֹרֶה וְהַתַּלְמִידָה
4 מוֹרָה וְתַלְמִיד, הַמּוֹרָה וְהַתַּלְמִיד
5 דּוֹד וְדוֹדָה, הַדּוֹד וְהַדּוֹדָה
6 יַלְדָּה וְיֶלֶד, הַיַּלְדָּה וְהַיֶּלֶד
7 סוּס וְסוּסָה, הַסּוּס וְהַסּוּסָה
8 שֻׁלְחָן וְדֶלֶת, הַשֻּׁלְחָן וְהַדֶּלֶת
9 תְּמוּנָה וְסֵפֶר, הַתְּמוּנָה וְהַסֵּפֶר

Exercise B.

1 הַסּוּס שֶׁל יוֹסֵף
2 הַסֵּפֶר שֶׁל הַמּוֹרֶה
3 הַשֻּׁלְחָן שֶׁל הַתַּלְמִידָה
4 הַבַּת שֶׁל הַדּוֹד
5 הַגִּנָּה שֶׁל הַדּוֹדָה
6 הַתְּמוּנָה שֶׁל הַגַּן
7 הַסֵּפֶר שֶׁל הַתּוֹרָה
8 הַבֵּן שֶׁל הַדּוֹד

Lesson 7

Exercise A.

1 הַיֶּלֶד עַל הַסּוּס
2 הַמּוֹרֶה בְּלִי הַסֵּפֶר
3 הָאִשָּׁה עִם הַבֵּן
4 הַתְּמוּנָה מִן הַסֵּפֶר
5 הַבֵּן עִם הַמּוֹרֶה
6 הַסֵּפֶר בְּלִי הַשֵּׁם
7 הַסֵּפֶר עַל הַשֻּׁלְחָן
8 הַשִּׁיר מִן הַסֵּפֶר
9 הַמּוֹרָה בְּלִי הַכִּתָּה
10 הַסּוּס תַּחַת הָעֵץ

Exercise B.

1 אִישׁ טוֹב
2 הַמִּשְׁפָּחָה הַקְּטַנָּה
3 הַגַּן הַיָּפֶה
4 הַדּוֹדָה הַזְּקֵנָה
5 הַדֶּלֶת הַלְּבָנָה
6 הַכִּסֵּא הַשָּׁחוֹר
7 הַמּוֹרָה הַצְּעִירָה
8 גִּנָּה יָפָה
9 הַכִּסֵּא הַגָּדוֹל
10 חֲבֵרָה טוֹבָה

Lesson 9

Exercise A.

1 תַּלְמִידִים טוֹבִים

2 הַמִּשְׁפָּחוֹת הַגְּדוֹלוֹת

3 הַדּוֹדוֹת הַזְּקֵנוֹת

4 הַשִּׁירִים הַקְּטַנִּים

5 הַמּוֹרוֹת הַטּוֹבוֹת

6 הַגְּבָרוֹת הַצְּעִירוֹת

7 הַבְּרָכוֹת הַגְּדוֹלוֹת

8 הַכְּפָרִים הַיָּפִים

9 הָעֵצִים הַקְּטַנִּים

10 מִטּוֹת גְּדוֹלוֹת

Exercise B.

1 הַסּוּסִים הַלְּבָנִים תַּחַת הָעֵצִים הַגְּדוֹלִים.

2 הַכִּתּוֹת הַגְּדוֹלוֹת שֶׁל הַתַּלְמִידִים הַטּוֹבִים.

3 הַמִּשְׁפָּחוֹת הַגְּדוֹלוֹת עִם הַיְלָדִים הַצְּעִירִים.

4 הַתְּמוּנוֹת הַיָּפוֹת שֶׁל הַכְּפָרִים הַקְּטַנִּים.

5 הַיְלָדוֹת הַצְּעִירוֹת עִם הַדּוֹדִים הַזְּקֵנִים.

6 הַמּוֹרִים הַטּוֹבִים בְּלִי הַתַּלְמִידִים הָרָעִים.

7 הַבְּרָכוֹת הַגְּדוֹלוֹת עַל הַמִּשְׁפָּחוֹת הַטּוֹבוֹת.

8 הַחֲבֵרוֹת הַטּוֹבוֹת עִם הַיְלָדִים הַקְּטַנִּים.

9 הַשִּׁירִים הַיָּפִים שֶׁל הַיְלָדוֹת הַיָּפוֹת.

10 הַדּוֹדוֹת הַזְּקֵנוֹת שֶׁל הַתַּלְמִידִים הַצְּעִירִים.

Lesson 10

Exercise A.

1 הוּא טוֹב.

2 הִיא יָפָה.

3 הוּא זָקֵן.

4 הִיא יָפָה.

5 הוּא גָּדוֹל.

6 הוּא לָבָן.

7 הִיא קְטַנָּה.

8 הוּא גָּדוֹל.

9 הִיא שְׁחוֹרָה.

Exercise B.

1 רָחֵל יַלְדָּה טוֹבָה.

2 רָחֵל וְרוּת מוֹרוֹת טוֹבוֹת.

3 דָּוִד תַּלְמִיד צָעִיר.

4 רוּת דּוֹדָה טוֹבָה.

5 רוּת וְרָחֵל מוֹרוֹת יָפוֹת.

6 רָחֵל אֵם צְעִירָה.

7 שָׂרָה אִשָּׁה זְקֵנָה.

8 מִרְיָם וְרָחֵל חֲבֵרוֹת טוֹבוֹת.

9 מִרְיָם בַּת צְעִירָה.

10 יוֹסֵף וְיַעֲקֹב תַּלְמִידִים טוֹבִים.

Exercise C.

1 הֵם יְלָדִים טוֹבִים.

2 אַתֶּם מוֹרִים טוֹבִים.

3 הוּא יֶלֶד יָפֶה.

4 אַתָּה יֶלֶד גָּדוֹל.

5 הֵם הַמְּלָכִים הַזְּקֵנִים.

6 הֵן חֲבֵרוֹת טוֹבוֹת.

7 הִיא בַּת צְעִירָה.

8 הִיא תַּלְמִידָה צְעִירָה.

9 אַתְּ דּוֹדָה צְעִירָה.

10 הֵם כְּלָבִים שְׁחוֹרִים.

Lesson 12

Exercise A.

1 הַתַּלְמִידָה לוֹמֶדֶת.
2 הַמּוֹרִים יוֹשְׁבִים.
3 הָאִישׁ אוֹכֵל.
4 הַסּוּסִים עוֹמְדִים.
5 הַבֵּן יוֹשֵׁב.
6 הִיא נוֹפֶלֶת.
7 הַכֶּלֶב אוֹכֵל.
8 אַתֶּם קוֹרְאִים.
9 הֵן גּוֹמְרוֹת.
10 דָּוִד וְיוֹסֵף לוֹמְדִים.

Exercise B.

1 הָאִישׁ כּוֹתֵב שִׁיר.
2 אַתֶּן הוֹלְכוֹת אֶל הַכְּפָר.
3 הַתַּלְמִיד קוֹרֵא סֵפֶר.
4 הֵם לוֹמְדִים עִבְרִית.
5 הִיא הוֹלֶכֶת אֶל הָאֻלְפָּן.
6 דָּנִי נוֹתֵן פְּרָחִים.
7 הַתַּלְמִידוֹת לוֹמְדוֹת שִׁיר קָטָן.
8 הַסּוּסִים עוֹמְדִים עַל יַד הַשַּׁעַר.
9 רָחֵל וְרוּת כּוֹתְבוֹת מִכְתָּבִים.
10 הַיַּלְדָּה הַקְּטַנָּה נוֹפֶלֶת מִן הַכִּסֵּא.

Lesson 13

Exercise A.

1 הַמּוֹרֶה עוֹמֵד לִפְנֵי הַתַּלְמִידִים.
2 הֵן הוֹלְכוֹת אֶל הַקּוֹנְצֶרְט.
3 רוּת עוֹמֶדֶת מוּל הַחַלּוֹן.
4 הוּא לוֹמֵד עִבְרִית בְּלִי מוֹרֶה.
5 גְּבֶרֶת כֹּהֵן יוֹשֶׁבֶת תַּחַת הָעֵצִים.
6 הַתַּלְמִידוֹת קוֹרְאוֹת עִבְרִית כְּמוֹ הַמּוֹרָה.
7 רוּת לוֹמֶדֶת עִם דָּנִי.
8 דָּנִי קוֹרֵא סְפָרִים מִן הַבֹּקֶר עַד הָעֶרֶב.
9 הַיַּלְדָּה הַקְּטַנָּה נוֹפֶלֶת מִן הָעֵץ.
10 הַסְּטוּדֶנְטִים יוֹשְׁבִים עַל יַד הַלּוּחַ.

Exercise B.

1 הָאִישׁ יוֹשֵׁב בַּבַּיִת.
2 דָּוִד נוֹתֵן סֵפֶר לַמּוֹרָה.
3 הָאָב הוֹלֵךְ אֶל הַקּוֹנְצֶרְט בָּעֶרֶב.
4 הֵם הוֹלְכִים לְעִיר גְּדוֹלָה.
5 הִיא יָפָה כַּתְּמוּנָה.
6 הַתַּלְמִידִים לוֹמְדִים בַּגַּן.
7 הוּא אוֹכֵל כְּסוּס.
8 הַתַּלְמִידוֹת לוֹמְדוֹת בַּלַּיְלָה.
9 הֵן יוֹשְׁבוֹת בִּמְכוֹנִית גְּדוֹלָה.
10 רָחֵל לוֹמֶדֶת בָּאוּנִיבֶרְסִיטָה.

Lesson 14

Exercise A.

1. הֵם יוֹשְׁבִים עַל הַכִּסֵּא.
2. אַתְּ זוֹכֶרֶת שִׁיר יָפֶה.
3. הֵן הוֹלְכוֹת לַקּוֹנְצֶרְט.
4. הִיא נוֹפֶלֶת עַל הָרֹאשׁ.
5. אַתָּה עוֹבֵד בַּשָּׂדֶה.
6. הוּא עוֹמֵד מוּל הַדֶּלֶת.
7. אַתֶּן שׁוֹמְרוֹת עַל הַבַּיִת.
8. אַתֶּם חוֹשְׁבִים עַל הַמּוֹרֶה.
9. הֵם לוֹמְדִים עִבְרִית בָּעֶרֶב.
10. הִיא סוֹגֶרֶת עַיִן.

Exercise B.

1. אַף גָּדוֹל
2. רֶגֶל קְטַנָּה
3. לָשׁוֹן גְּדוֹלָה
4. מֵצַח גָּדוֹל
5. רֹאשׁ יָפֶה
6. זְרוֹעַ לְבָנָה
7. אַף יָפֶה
8. בֶּרֶךְ קְטַנָּה
9. רֶגֶל קְטַנָּה
10. צֵלַע גְּדוֹלָה

Lesson 15

Exercise A.

1. הַתַּלְמִיד לָמַד שִׁירִים בַּבַּיִת.
2. רָחֵל קָרְאָה סְפָרִים בַּכִּתָּה.
3. הִיא סָגְרָה אֶת הַדֶּלֶת.
4. הַחֲבֵרִים רָכְבוּ עַל הַסּוּסִים.
5. אַתְּ חָשַׁבְתְּ עַל הַמּוֹרֶה.
6. אֲנַחְנוּ עָבַדְנוּ אֶתְמוֹל בַּשָּׂדֶה.
7. הַסְּטוּדֶנְטִים לָמְדוּ לִקְרֹא עִבְרִית.
8. הַיֶּלֶד הַקָּטָן נָפַל מִן הָעֵץ.
9. הָאָב יָצָא מִן הַבַּיִת.
10. הַמּוֹרָה אָמְרָה ״בֹּקֶר טוֹב״ לַתַּלְמִידִים.

Exercise B.

1. הִיא לָמְדָה סִפּוּר יָפֶה.
2. הֵם יָשְׁבוּ בַּגָּן.
3. הַיַּלְדָּה אָכְלָה תַּפּוּחַ גָּדוֹל.
4. הָאֵם הָלְכָה אֶל הַכְּפָר.
5. אֲנַחְנוּ לָמַדְנוּ עִבְרִית.
6. אַתֶּן כְּתַבְתֶּן שִׁירִים יָפִים.
7. אַחֲרֵי הַקּוֹנְצֶרְט הִיא יָצְאָה מִן הָעִיר.
8. אֲנִי יָשַׁבְתִּי עַל הַכִּסֵּא.
9. אַתְּ סָגַרְתְּ חַלּוֹן בַּכִּתָּה.
10. הוּא אָמַר ״בֹּקֶר טוֹב״ לַמּוֹרָה.

Lesson 16

Exercise A.

1. זֶה הַסֵּפֶר הַגָּדוֹל.
2. אֵלֶּה הַבְּגָדִים הַיָּפִים.
3. זֶה הָאִישׁ הַקָּטָן.
4. זֹאת הַיָּד הַגְּדוֹלָה.
5. אֵלֶּה הַדּוֹדִים הַטּוֹבִים.
6. זֶה הָאַף הַקָּטָן.
7. זֹאת הָעַיִן הַיָּפָה.
8. אֵלֶּה הַתְּמוּנוֹת הַיָּפוֹת.
9. זֹאת הַמּוֹרָה הַצְּעִירָה.
10. אֵלֶּה הַבָּנוֹת הַיָּפוֹת.

Exercise B.

1. הַיְלָדִים הָאֵלֶּה אוֹכְלִים בַּיָּדַיִם.
2. הַמּוֹרוֹת הָאֵלֶּה כּוֹתְבוֹת עַל הַלּוּחַ.
3. הָאֲנָשִׁים הָאֵלֶּה הוֹלְכִים בָּרֶגֶל.
4. הַכְּלָבִים הָאֵלֶּה עוֹמְדִים מוּל הַשַּׁעַר.
5. הַבַּת הַזֹּאת כּוֹתֶבֶת מִכְתָּב לַדּוֹד.
6. הַמּוֹרָה הַזֹּאת עוֹמֶדֶת עַל יַד הַלּוּחַ.
7. הַחֲבֵרָה הַזֹּאת שׁוֹמֶרֶת עַל הַבַּיִת.
8. הַתַּלְמִיד הַזֶּה לוֹמֵד בַּכִּתָּה.
9. הַתַּלְמִידִים הָאֵלֶּה זוֹכְרִים שִׁיר יָפֶה.
10. הַיְלָדוֹת הָאֵלֶּה לוֹמְדוֹת עִבְרִית.

Lesson 17

Exercise A.

1. הוּא אָכַל אֶת הַלֶּחֶם.
2. אֲנַחְנוּ קוֹרְאִים אֶת הַסְּפָרִים.
3. הֵם כָּתְבוּ אֶת הַמִּכְתָּבִים.
4. רָחֵל זוֹכֶרֶת אֶת הַשִּׁיר.
5. הִיא לָקְחָה אֶת הַפְּרָחִים.
6. אַתֶּם סְגַרְתֶּם אֶת הַשַּׁעַר.
7. הַמּוֹרָה קָרְאָה אֶת הָעִתּוֹן.
8. הַדּוֹד בָּנָה אֶת הַבַּיִת.
9. הַתַּלְמִיד רָאָה אֶת הַתְּמוּנָה.
10. הֵם כָּתְבוּ אֶת הַשִּׁירִים.

Exercise B.

1. מִי הָאִישׁ אֲשֶׁר כָּתַב אֶת הַסִּפּוּר?
2. מִי הַמּוֹרָה שֶׁנָּתְנָה פְּרָחִים לַתַּלְמִידִים?
3. מִי הָאִשָּׁה שֶׁהָלְכָה אֶל הַקּוֹנְצֶרְט?
4. מִי הַדּוֹד שֶׁכָּתַב אֶת הַמִּכְתָּבִים?
5. מִי הַמּוֹרִים שֶׁאָמְרוּ שָׁלוֹם לַתַּלְמִידִים?
6. מִי הַבַּת אֲשֶׁר הָלְכָה אֶל הַכְּפָר?
7. מִי הָאֲנָשִׁים שֶׁיָּשְׁבוּ בַּבַּיִת?
8. מִי הַיְלָדִים אֲשֶׁר אָכְלוּ אֶת הַתַּפּוּחַ?
9. מִי הָאִישׁ אֲשֶׁר בָּנָה אֶת הַבַּיִת?
10. מִי הַיֶּלֶד שֶׁזָּכַר אֶת הַסִּפּוּר?

Lesson 20

Exercise A.

1 אֶתְמוֹל יִצְחָק כָּתַב אֶת הַשִּׁיר.
2 אֶתְמוֹל הֵם זָכְרוּ אֶת הַסִּפּוּר.
3 אֶתְמוֹל הִיא יָדְעָה אֶת הַשִּׁעוּר.
4 אֶתְמוֹל הֵם סָגְרוּ אֶת הַחַלּוֹן.
5 אֶתְמוֹל הִיא שָׁלְחָה מִכְתָּב.
6 אֶתְמוֹל הַמּוֹרֶה לָקַח אֶת הַתַּלְמִידִים לְטִיּוּל.
7 אֶתְמוֹל הוּא קָרָא אֶת הָעִתּוֹן.
8 אֶתְמוֹל אֲנַחְנוּ הָלַכְנוּ לַקּוֹנְצֶרְט.
9 אֶתְמוֹל אַתָּה נָסַעְתָּ לְתֵל־אָבִיב.
10 אֶתְמוֹל אֲנַחְנוּ יָשַׁבְנוּ וְאָכַלְנוּ בַּכִּתָּה.

Exercise B.

1 אֲבָל רָחֵל לֹא הָלְכָה אֶל הַבַּיִת.
2 אֲבָל אֲנַחְנוּ לֹא זָכַרְנוּ אֶת הַשִּׁיר.
3 אֲבָל הֵם לֹא סָגְרוּ אֶת הַדֶּלֶת.
4 אֲבָל הַמּוֹרֶה לֹא אָכַל תַּפּוּחַ.
5 אֲבָל אַתֶּם לֹא רְכַבְתֶּם עַל הַסּוּסִים.
6 אֲבָל הִיא לֹא כָּתְבָה מִכְתָּב לַמּוֹרֶה.
7 אֲבָל אֲנַחְנוּ לֹא עָבַדְנוּ אֶתְמוֹל בַּשָּׂדֶה.
8 אֲבָל אַתָּה לֹא יָשַׁבְתָּ עַל הַכִּסֵּא הַגָּדוֹל.
9 אֲבָל הוּא לֹא סָגַר אֶת הַפֶּה.
10 אֲבָל הֵם לֹא שָׁלְחוּ מִכְתָּב לְדָוִד.

Grammar Supplement

Verb Patterns
Declension of Nouns · Irregular Plurals
Comparative and Superlative · Age
Adverbs · Common Prepositions

Verb Patterns

Not all these verb patterns have been studied formally in *Contemporary Hebrew 1*, but some of them appear, without explanation, in the narrative material. When an unfamiliar verb form appears in new material, it may be checked against the model conjugations which follow, for clarification of its form and function.

QAL

Function: *Qal* is the basic Hebrew verb pattern. It expresses the **simple action** or meaning of a root:

אָכַל eat   הָלַךְ go, walk   נָתַן give   עָשָׂה do

***Qal* conjugation of** שָׁמַר guard, keep:

Present tense: I guard, I am guarding, I do guard, etc.

אֲנִי, אַתָּה, הוּא — שׁוֹמֵר   אֲנִי, אַתְּ, הִיא — שׁוֹמֶרֶת
אֲנַחְנוּ, אַתֶּם, הֵם — שׁוֹמְרִים   אֲנַחְנוּ, אַתֶּן, הֵן — שׁוֹמְרוֹת

The personal pronoun must *always* be used when forming the present tense.

Past tense: I guarded, I have guarded, I had guarded, etc.

שָׁמַרְתִּי, שָׁמַרְתָּ, שָׁמַרְתְּ, שָׁמַר, שָׁמְרָה
שָׁמַרְנוּ, שְׁמַרְתֶּם, שְׁמַרְתֶּן, שָׁמְרוּ, שָׁמְרוּ

Future tense: I shall guard, I will guard, etc.

אֶשְׁמֹר, תִּשְׁמֹר, תִּשְׁמְרִי, יִשְׁמֹר, תִּשְׁמֹר
נִשְׁמֹר, תִּשְׁמְרוּ, תִּשְׁמֹרְנָה, יִשְׁמְרוּ, תִּשְׁמֹרְנָה

Imperative: Guard! (for all genders and numbers)   שְׁמֹר, שִׁמְרִי, שִׁמְרוּ, שְׁמֹרְנָה

Infinitive: to guard לִשְׁמֹר

Passive Participle: A ו is inserted between the second and third root letters.

סָגוּר	masculine singular	סְגוּרִים	masculine plural
סְגוּרָה	feminine singular	סְגוּרוֹת	feminine plural

הַחַלּוֹן סָגוּר	the window is closed	הַבָּתִּים סְגוּרִים	the houses are closed
הַדֶּלֶת סְגוּרָה	the door is closed	הַחֲנֻיּוֹת סְגוּרוֹת	the shops are closed

NIPHAL

Function: the **passive of the QAL.**

Qal			Niphal		
שָׁבַר	he broke		נִשְׁבַּר	he was broken
שָׁמַר	he guarded		נִשְׁמַר	he was guarded

Some *niphal* verbs have a simple active meaning when translated into English. Here are some common verbs of this type.

נִשְׁאַר	he remained	נִכְנַס	he entered
נִלְחַם	he fought	נִזְהַר	he was careful

Structure: The main feature of the *niphal* is the added נ preceding the first root letter in the past and the present. The נ is assimilated in the future and the imperative.

Niphal conjugation of שָׁמַר guard, keep:

Infinitive	Imperative		Future		Past		Present
לְהִשָּׁמֵר	הִשָּׁמֵר	נִשָּׁמֵר	אֶשָּׁמֵר	נִשְׁמַרְנוּ	נִשְׁמַרְתִּי	נִשְׁמָר
	הִשָּׁמְרִי	תִּשָּׁמְרוּ	תִּשָּׁמֵר	נִשְׁמַרְתֶּם	נִשְׁמַרְתָּ	נִשְׁמֶרֶת
	הִשָּׁמְרוּ	תִּשָּׁמַרְנָה	תִּשָּׁמְרִי	נִשְׁמַרְתֶּן	נִשְׁמַרְתְּ	נִשְׁמָרִים
	הִשָּׁמַרְנָה	יִשָּׁמְרוּ	יִשָּׁמֵר	נִשְׁמְרוּ	נִשְׁמַר	נִשְׁמָרוֹת
		תִּשָּׁמַרְנָה	תִּשָּׁמֵר	נִשְׁמְרוּ	נִשְׁמְרָה	

PIEL

Function: to express **intensive or intentional action.**

Qal		*Piel*	
שָׁבַר	he broke	שִׁבֵּר	he smashed
שָׁמַר	he guarded	שִׁמֵּר	he preserved

Sometimes the intensification is barely distinguishable and the *piel* differs in meaning from the *qal* form.

Qal		*Piel*	
סָפַר	he counted	סִפֵּר	he told (recounted)
לָמַד	he learned	לִמֵּד	he taught

Some verbs appearing in the *piel* have no *qal* form: דִּבֵּר he spoke.

Structure: The main feature of the *piel* is the *dagesh* in the second root letter.

***Piel* conjugation** of סִפֵּר tell:

Infinitive	Imperative	Future		Past		Present
לְסַפֵּר	סַפֵּר	נְסַפֵּר	אֲסַפֵּר	סִפַּרְנוּ	סִפַּרְתִּי	מְסַפֵּר
	סַפְּרִי	תְּסַפְּרוּ	תְּסַפֵּר	סִפַּרְתֶּם	סִפַּרְתָּ	מְסַפֶּרֶת
	סַפְּרוּ	תְּסַפֵּרְנָה	תְּסַפְּרִי	סִפַּרְתֶּן	סִפַּרְתְּ	מְסַפְּרִים
	סַפֵּרְנָה	יְסַפְּרוּ	יְסַפֵּר	סִפְּרוּ	סִפֵּר	מְסַפְּרוֹת
		תְּסַפֵּרנה	תְּסַפֵּר	סִפְּרוּ	סִפְּרָה	

PUAL

Function: to express the **passive of the *piel*.**

Piel		*Pual*	
הוּא שִׁבֵּר אֶת הַחַלּוֹן.	He broke the window.	הַחַלּוֹן שֻׁבַּר.	The window was broken.
הוּא סִפֵּר סִפּוּר.	He told a story.	הַסִּפּוּר סֻפַּר.	The story was told.

Structure: The main feature of the *Pual* is the *dagesh* in the second root letter. The first root letter is vocalized with a *qubbuṣ* in all tenses.

***Pual* conjugation** of סִפֵּר tell:

Future		Past		Present
נְסֻפַּר	אֲסֻפַּר	סֻפַּרְנוּ	סֻפַּרְתִּי	מְסֻפָּר
תְּסֻפְּרוּ	תְּסֻפַּר	סֻפַּרְתֶּם	סֻפַּרְתָּ	מְסֻפֶּרֶת
תְּסֻפַּרְנָה	תְּסֻפְּרִי	סֻפַּרְתֶּן	סֻפַּרְתְּ	מְסֻפָּרִים
יְסֻפְּרוּ	יְסֻפַּר	סֻפְּרוּ	סֻפַּר	מְסֻפָּרוֹת
תְּסֻפַּרְנָה	תְּסֻפַּר	סֻפְּרוּ	סֻפְּרָה	

HIPHIL

Function: expresses the **causative action of the *qal*.** The *hiphil* indicates that the subject of the sentence is causing an object to do something or to become something.

Qal		*Hiphil*	
הוּא כָּתַב מִכְתָּב.	He wrote a letter.	הוּא הִכְתִּיב מִכְתָּב.	He dictated a letter.
הוּא גָּדַל.	He grew.	הוּא הִגְדִּיל אֶת הַבַּיִת.	He enlarged the house.
הוּא לָבַשׁ מְעִיל.	He wore a coat.	הוּא הִלְבִּישׁ אֶת הַיֶּלֶד.	He dressed the boy.

(E.g., he caused a letter to be written; he caused the house to grow larger; he caused the boy to wear something.)

Some *hiphil* verbs have the function of a simple *qal*:

הוּא הִתְחִיל	he began	הוּא הֶאֱמִין	he believed

Structure: The main feature of the *hiphil* is the ה preceding the first root letter which is retained in the past הִלְבִּישׁ and imperative הַלְבֵּשׁ, but is dropped in the present מַלְבִּישׁ and future יַלְבִּישׁ.

Another feature of the *hiphil* is the י between the second and third root letters.

***Hiphil* conjugation** of לבשׁ dress, wear:

Infinitive	Imperative	Future		Past		Present
לְהַלְבִּישׁ	הַלְבֵּשׁ	נַלְבִּישׁ	אַלְבִּישׁ	הִלְבַּשְׁנוּ	הִלְבַּשְׁתִּי	מַלְבִּישׁ
	הַלְבִּישִׁי	תַּלְבִּישׁוּ	תַּלְבִּישׁ	הִלְבַּשְׁתֶּם	הִלְבַּשְׁתָּ	מַלְבִּישָׁה
	הַלְבִּישׁוּ	תַּלְבֵּשְׁנָה	תַּלְבִּישִׁי	הִלְבַּשְׁתֶּן	הִלְבַּשְׁתְּ	מַלְבִּישִׁים
	הַלְבֵּשְׁנָה	יַלְבִּישׁוּ	יַלְבִּישׁ	הִלְבִּישׁוּ	הִלְבִּישׁ	מַלְבִּישׁוֹת
		תַּלְבֵּשְׁנָה	תַּלְבִּישׁ	הִלְבִּישׁוּ	הִלְבִּישָׁה	

HOPHAL

Function: expresses the **passive of *hiphil*.** The relation is the same as between *pual* and *piel*.

Hiphil		*Hophal*	
הוּא הִכְתִּיב מִכְתָּב.	He dictated a letter.	הַמִּכְתָּב הָכְתַּב.	The letter was dictated.
הוּא הֵכִין אֶת הַשִּׁעוּר.	He prepared the lesson.	הַשִּׁעוּר הוּכַן.	The lesson was prepared.

Structure: The main feature of *hophal* is a ה vocalized with *qamaṣ qaṭan* הָלְבַּשְׁתִּי. The *hophal* has no imperative form, no infinitive construct, and no verbal nouns.

***Hophal* conjugation** of לָבַשׁ dress, wear:

Future		Past		Present
נָלְבַּשׁ	אָלְבַּשׁ	הָלְבַּשְׁנוּ	הָלְבַּשְׁתִּי	מָלְבָּשׁ
תָּלְבְּשׁוּ	תָּלְבַּשׁ	הָלְבַּשְׁתֶּם	הָלְבַּשְׁתָּ	מָלְבֶּשֶׁת
תָּלְבַּשְׁנָה	תָּלְבְּשִׁי	הָלְבַּשְׁתֶּן	הָלְבַּשְׁתְּ	מָלְבָּשִׁים
יָלְבְּשׁוּ	יָלְבַּשׁ	הָלְבְּשׁוּ	הָלְבַּשׁ	מָלְבָּשׁוֹת
תָּלְבַּשְׁנָה	תָּלְבַּשׁ	הָלְבְּשׁוּ	הָלְבְּשָׁה	

HITHPAEL

Function: Expresses a reflexive or reciprocal action of the *qal* and *piel,* indicating that the subject of the verb is both the performer and the receiver of the action.

Qal or *Piel*		*Hithpael*	
הוּא לָבַשׁ	he wore	הוּא הִתְלַבֵּשׁ	he dressed himself
הֵם כָּתְבוּ	they wrote	הֵם הִתְכַּתְּבוּ	they corresponded

Some *hithpael* verbs are used to express a simple action:

הוּא הִתְפַּלֵּל	he prayed	הוּא הִתְהַלֵּךְ	he walked about

Structure: The main features of *hithpael* verbs are a *dagesh* in the second root letter and a הִתְ prefix: הִתְרַחֵץ, הִתְלַבֵּשׁ.

While the ת of the הִתְ prefix is retained in all the tenses, the ה is dropped in those tenses that are themselves formed by prefixes, e.g. the present מִתְלַבֵּשׁ, and the future אֶתְלַבֵּשׁ.

***Hithpael* conjugation** of לָבַשׁ dress, wear:

Infinitive	Imperative	Future		Past		Present
לְהִתְלַבֵּשׁ	הִתְלַבֵּשׁ	נִתְלַבֵּשׁ	אֶתְלַבֵּשׁ	הִתְלַבַּשְׁנוּ	הִתְלַבַּשְׁתִּי	מִתְלַבֵּשׁ
	הִתְלַבְּשִׁי	תִּתְלַבְּשׁוּ	תִּתְלַבֵּשׁ	הִתְלַבַּשְׁתֶּם	הִתְלַבַּשְׁתָּ	מִתְלַבֶּשֶׁת
	הִתְלַבְּשׁוּ	תִּתְלַבֵּשְׁנָה	תִּתְלַבְּשִׁי	הִתְלַבַּשְׁתֶּן	הִתְלַבַּשְׁתְּ	מִתְלַבְּשִׁים
	הִתְלַבֵּשְׁנָה	יִתְלַבְּשׁוּ	יִתְלַבֵּשׁ	הִתְלַבְּשׁוּ	הִתְלַבֵּשׁ	מִתְלַבְּשׁוֹת
		תִּתְלַבֵּשְׁנָה	תִּתְלַבֵּשׁ	הִתְלַבְּשׁוּ	הִתְלַבְּשָׁה	

Declension of Nouns

Singular Nouns

	בֵּן	son	בְּנִי, בִּנְךָ, בְּנֵךְ, בְּנוֹ, בְּנָהּ בְּנֵנוּ, בִּנְכֶם, בִּנְכֶן, בְּנָם, בְּנָן
Similarly	שֵׁם	name	שְׁמִי, שִׁמְךָ, שְׁמֵךְ....
	אָב	father	אָבִי, אָבִיךָ, אָבִיךְ, אָבִיו, אָבִיהָ אָבִינוּ, אֲבִיכֶם, אֲבִיכֶן, אֲבִיהֶם, אֲבִיהֶן
Similarly	אָח	brother	אָחִי, אָחִיךָ, אָחִיךְ....
	בַּת	daughter	בִּתִּי, בִּתְּךָ, בִּתֵּךְ, בִּתּוֹ, בִּתָּהּ בִּתֵּנוּ, בִּתְּכֶם, בִּתְּכֶן, בִּתָּם, בִּתָּן
	בַּיִת	house	בֵּיתִי, בֵּיתְךָ, בֵּיתֵךְ, בֵּיתוֹ, בֵּיתָהּ בֵּיתֵנוּ, בֵּיתְכֶם, בֵּיתְכֶן, בֵּיתָם, בֵּיתָן
	סֵפֶר	book	סִפְרִי, סִפְרְךָ, סִפְרֵךְ, סִפְרוֹ, סִפְרָהּ סִפְרֵנוּ, סִפְרְכֶם, סִפְרְכֶן, סִפְרָם, סִפְרָן
	שָׂפָה	lip, language	שְׂפָתִי, שְׂפָתְךָ, שְׂפָתֵךְ, שְׂפָתוֹ, שְׂפָתָהּ שְׂפָתֵנוּ, שְׂפַתְכֶם, שְׂפַתְכֶן, שְׂפָתָם, שְׂפָתָן
	אִשָּׁה	woman, wife	אִשְׁתִּי, אִשְׁתְּךָ....

Plural Nouns

	אֲנָשִׁים	men	אֲנָשַׁי, אֲנָשֶׁיךָ, אֲנָשַׁיִךְ, אֲנָשָׁיו, אֲנָשֶׁיהָ אֲנָשֵׁינוּ, אַנְשֵׁיכֶם, אַנְשֵׁיכֶן, אַנְשֵׁיהֶם, אַנְשֵׁיהֶן
	בָּנוֹת	daughters	בְּנוֹתַי, בְּנוֹתֶיךָ, בְּנוֹתַיִךְ, בְּנוֹתָיו, בְּנוֹתֶיהָ בְּנוֹתֵינוּ, בְּנוֹתֵיכֶם, בְּנוֹתֵיכֶן, בְּנוֹתֵיהֶם, בְּנוֹתֵיהֶן
	יָדַיִם	hands	יָדַי, יָדֶיךָ, יָדַיִךְ, יָדָיו, יָדֶיהָ יָדֵינוּ, יְדֵיכֶם, יְדֵיכֶן, יְדֵיהֶם, יְדֵיהֶן
	יָמִים	days	יָמַי, יָמֶיךָ, יָמַיִךְ, יָמָיו, יָמֶיהָ יָמֵינוּ, יְמֵיכֶם, יְמֵיכֶן, יְמֵיהֶם, יְמֵיהֶן

Irregular Plurals

Masculine Nouns

אֲנָשִׁים	אִישׁ	man
אָבוֹת	אָב	father
בָּתִּים	בַּיִת	house
יָמִים	יוֹם	day
חֳדָשִׁים	חֹדֶשׁ	month
קוֹלוֹת	קוֹל	voice
בָּתֵּי מָלוֹן	בֵּית מָלוֹן	hotel
בָּתֵּי כְּנֶסֶת	בֵּית כְּנֶסֶת	synagogue
מַרְאוֹת	מַרְאֶה	view
כִּסְאוֹת	כִּסֵּא	chair
מְקוֹמוֹת	מָקוֹם	place
חַלּוֹנוֹת	חַלּוֹן	window
לֵילוֹת	לַיְלָה	night
שֵׁמוֹת	שֵׁם	name
שֻׁלְחָנוֹת	שֻׁלְחָן	table
סְפָרִים	סֵפֶר	book
תַּפּוּחִים	תַּפּוּחַ	apple
גְּבָרִים	גֶּבֶר	man
שָׁבוּעוֹת	שָׁבוּעַ	week
צְבָעִים	צֶבַע	color

Feminine Nouns

נָשִׁים	אִשָּׁה	woman
אֲחָיוֹת	אָחוֹת	sister
בָּנוֹת	בַּת	daughter
אִמָּהוֹת	אֵם	mother
חֲנֻיּוֹת	חֲנוּת	shop
בֵּיצִים	בֵּיצָה	egg
מִלִּים	מִלָּה	word
שָׁנִים	שָׁנָה	year
אֲרָצוֹת	אֶרֶץ	land, country
עָרִים	עִיר	city
יְלָדוֹת	יַלְדָּה	girl
צִפֳּרִים	צִפּוֹר	bird
אֲבָנִים	אֶבֶן	stone
פְּעָמִים	פַּעַם	once
דְּרָכִים	דֶּרֶךְ	way
גְּבָרוֹת	גְּבֶרֶת	lady

Comparative and Superlative of Adjectives

The **comparative degree** is expressed by the prefix preposition מִ, or by מִן, following the adjective:

חָכָם מִבְּנוֹ	wiser than his son
גָּדוֹל מֵאֲחוֹתוֹ	older (literally, bigger) than his sister

The independent comparative is expressed by the addition of the word יוֹתֵר (more) to the adjective:

הוּא יוֹתֵר חָזָק	he is stronger
זֶה יוֹתֵר טוֹב	this is better
יוֹתֵר קָטָן	smaller, younger

יוֹתֵר may follow the adjective as well as precede it:

זֶה יוֹתֵר טִבְעִי	this is more natural	יוֹתֵר קָשֶׁה	harder, more difficult
זֶה טִבְעִי יוֹתֵר		קָשֶׁה יוֹתֵר	

The superlative degree is expressed in various ways. The forms which follow are those which are most commonly used in modern colloquial Hebrew.

The adjective with the article הַ is followed by בְּיוֹתֵר:

הַגָּדוֹל בְּיוֹתֵר	the biggest, the greatest
הֶחָשׁוּב בְּיוֹתֵר	the most important
הִיא הַגְּדוֹלָה בְּיוֹתֵר בְּמִשְׁפַּחְתֵּנוּ.	She is the eldest in our family.
מִי הַקָּטָן בְּיוֹתֵר?	Who is the youngest (literally, smallest)?

The adjective without the article may be preceded by הֲכִי:

הֲכִי גָּדוֹל	the greatest, the biggest
הַדָּבָר הֲכִי קָשֶׁה	the most difficult thing

Age

Age is expressed by the use of בֵּן *son* for males, and בַּת *daughter* for females:

בֶּן כַּמָּה (שָׁנִים) אַתָּה?	How old are you (*m.*)?
אֲנִי בֶּן עֶשְׂרִים (שָׁנָה).	I am twenty years old.
בַּת כַּמָּה (שָׁנִים) אַתְּ?	How old are you (*f.*)?
אֲנִי בַּת שְׁלֹשִׁים (שָׁנָה).	I am thirty years old.

Adverbs

In Hebrew, as in English, an adverb modifies the meaning of the verb, an adjective, or another adverb.

אֲנִי קוֹרֵא מַהֵר.	I read fast.
טוֹב מְאֹד	very good, very well
הוּא רוֹקֵד הֵיטֵב.	He dances well.
אָחִיו רוֹקֵד יוֹתֵר טוֹב.	His brother dances better.
אֲנִי קוֹרֵא הַרְבֵּה.	I read a lot.
אֲחוֹתִי קוֹרֵאת יוֹתֵר.	My sister reads more.
הִיא יָפָה מְאֹד.	She is very beautiful.
הֵם כּוֹתְבִים מַהֵר מְאֹד.	They write very rapidly.

Adverbs of time

עַכְשָׁו, עַתָּה	now	אָז	then
הַיּוֹם	today	אֶתְמוֹל	yesterday
מָחָר	tomorrow	תָּמִיד	always

Adverbs of place פֹּה	here	שָׁם	there
קָרוֹב	near	רָחוֹק	far
Adverbs of assertion			
כֵּן	yes	לֹא	no
Adverbs of manner			
מַהֵר	quickly, fast	לְאַט	slowly
פִּתְאֹם	suddenly	הֵיטֵב	well

Many adverbs of manner are expressed in Hebrew by a noun with the prefix preposition בְּ:

בְּשֶׁקֶט	quietly
בְּשָׁלוֹם	with peace, peacefully, safely
בְּחָכְמָה	wisely, with wisdom

Many adjectives are used as adverbs:

טוֹב	good, well, nicely
יָפֶה	nice, nicely, well
הוּא מְדַבֵּר יָפֶה.	He speaks well.

Common Prepositions

בְּעֵרֶךְ, כְּ־	about, approximately	מִן	from
עַל	about, concerning	בְּ	in
מֵעַל	above	לִפְנֵי	in front
לְפִי	according to	בְּתוֹךְ	inside
אַחֲרֵי	after (*pl.*)	כְּמוֹ, כְּ	like, as
נֶגֶד	against	עַל יַד, אֵצֶל	near
בֵּין	among	שֶׁל	of
אֵצֶל	at (at the place of)	עַל	on
מִפְּנֵי	because of (*pl.*)	מוּל	opposite
לִפְנֵי	before	מִחוּץ לְ־	outside
מֵאֲחוֹרֵי	behind (*pl.*)	דֶּרֶךְ	through
שֶׁל	belonging to	אֶל, לְ־	to
בֵּין	between	לִקְרַאת	towards
עַל יְדֵי	by	תַּחַת	under (*pl.*)
עַל יַד	by, near	עַד	until (*pl.*)
בְּמֶשֶׁךְ	during	עִם, אֶת	with (in company with)
חוּץ מִן	except	בְּ	with (by means of)
בִּשְׁבִיל, בְּעַד	for	בְּלִי	without

Pl. Indicates that the preposition is declined with the plural pronoun suffixes.

מִלּוֹן עִבְרִי־אַנְגְּלִי

abbreviations:

m. = masculine	*adj.* = adjective
f. = feminine	*adv.* = adverb
pl. = plural	*prep.* = preposition
n. = noun	*conj.* = conjunction
v. = verb	*rel. pron.* = relative pronoun

Irregular plurals of nouns
and infinitives of verbs are given in parentheses.

א

אָב	father
אַבָּא	Daddy
אֲבָל	but
אָדוֹן	Mr., gentleman, sir
אֲדוֹנָי	Lord, God
אָדָם	man, Adam
אָדֹם	red
אֲדָמָה	earth, soil
אָהַב (לֶאֱהֹב)	love *(v.)*
אוֹ	or
אוֹ ... אוֹ	either ... or
אוֹי!	woe!
אוּלַי	perhaps
אוּלָם	hall
אוּנִיבֶרְסִיטָה	university
אוֹר (אוֹרוֹת)	light *(n.)*
אֹזֶן (אָזְנַיִם)	ear
אָח (אַחִים)	brother
אֶחָד, אַחַת	one
אֲחָדוֹת	some, a few *(f.)*
אֲחָדִים	some, a few *(m.)*
אָחוֹת (אֲחָיוֹת)	sister, nurse
אַחֵר	another
אַחֲרֵי	after, beyond
אַחֲרֵי הַצָּהֳרַיִם	afternoon
אַחֲרֵי כֵן, אַחַר כָּךְ	afterwards, then
אַיֵּה	where
אֵיזֶה	which
אֵיךְ	how
אֵין	no, not, there is not
אֵיפֹה	where
אִישׁ (אֲנָשִׁים)	man, person
אָכַל (לֶאֱכֹל)	eat
אֹכֶל	food
אַל	don't
אֶל	to
אֵל	God
אֵלֶּה	these *(m., f.)*
אֱלֹהִים	God
אַלְלָה	Allah
אֶלֶף (אֲלָפִים)	thousand
אֻלְפָּן	ulpan, intensive language school
אֵם (אִמָּהוֹת)	mother
אִם	if
אִמָּא	Mommy
אָמַר	say
אֱמֶת	truth
אַנְגְּלִית	English
אֱנוֹשׁ	man *(biblical)*

אֲנַחְנוּ, אָנוּ	we
אֲנִי	I
אֳנִיָּה	ship
אָסוּר	forbidden
אַף	nose
אֲפִילוּ	even
אֶפֶס	zero
אֶפְשָׁר	possible
אֶצְבַּע (אֶצְבָּעוֹת)	finger *(f.)*
אֵצֶל	by the side of, near
אַרְבָּעָה, אַרְבַּע	four (*m., f.)*
אַרְבָּעִים	forty
אֲרוּחָה	meal
אֲרוּחַת בֹּקֶר	breakfast
אֲרוּחַת צָהֳרַיִם	lunch
אֲרוּחַת עֶרֶב	dinner, supper
אָרֹךְ	long
אֶרֶץ (אֲרָצוֹת)	land, earth, country
אִשָּׁה (נָשִׁים)	woman
אֲשֶׁר	who, whom, which, that
אַתְּ	you *(f.s.)*
אַתָּה	you *(m.s.)*
אַתֶּם	you (*m.pl.)*
אֶתְמוֹל	yesterday
אַתֶּן	you (*f.pl.)*

ב

בְּ־	in, with, at
בָּא (לָבוֹא)	come
בֶּאֱמֶת	really
בְּבַקָּשָׁה	please
בֶּגֶד (בְּגָדִים)	garment, clothing
בֶּגֶד־יָם	bathing suit
בַּגְדָּד	Baghdad
בָּדַק (לִבְדֹּק)	check (*v.)*
בְּוַדַּאי	surely, certainly
בַּחוּץ	outside
בָּחוּר	young man
בַּחוּרָה	young girl
בָּחַר (לִבְחֹר)	choose
בֶּטֶן	belly *(f.)*
בֵּין	between, among
בֵּיצָה (בֵּיצִים)	egg *(f.)*
בַּיִת (בָּתִּים)	house *(m.)*
בֵּית חוֹלִים	hospital
בֵּית חֲרֹשֶׁת	factory
בֵּית כְּנֶסֶת	synagogue
בֵּית סֵפֶר	school
בֵּית סֵפֶר תִּיכוֹן	high school
בְּלִי	without
בֵּן (בָּנִים)	son
בָּנָה (לִבְנוֹת)	build
בְּנֵי אָדָם	people, human beings
בְּעוֹד ...	in an additional ...
בֹּקֶר	morning
בַּבֹּקֶר הַשְׁכֵּם	early in the morning
בִּקֵּשׁ (לְבַקֵּשׁ)	ask, request, seek
בָּרָא (לִבְרֹא)	create
בָּרוּךְ	blessed
בְּרָכָה	blessing
בְּרֵכָה	pool
בִּשְׁבִיל	for, in order to
בַּת (בָּנוֹת)	daughter
בַּת קוֹל	echo
בְּתוֹךְ	in the midst

ג

גַּב	back *(n.)*
גָּבוֹהַּ	high, tall
גִּבּוֹר	hero, mighty
גֶּבֶר	man
גְּבֶרֶת	lady, Miss, Mrs.
גָּדוֹל	big, large, great
גָּדֵר	fence
גּוֹזָל	young bird
גּוּף	body
גַּל	wave *(n.)*
גְּלִידָה	ice cream
גַּם	also
גָּמָל	camel
גָּמַר (לִגְמֹר)	finish
גַּן	garden
גַּן יְלָדִים	kindergarten
גָּנַב (לִגְנֹב)	steal
גִּנָּה	garden
גָּר (לָגוּר)	live, dwell

גֶּרֶב (גַּרְבַּיִם)	sock, stocking
גֶּשֶׁם	rain

ד

דִּבֵּר (לְדַבֵּר)	speak
דָּבָר (דְּבָרִים)	word, thing
דֶּגֶל (דְּגָלִים)	flag
דּוֹד	uncle
דּוֹדָה	aunt
דּוּד (דְּוָדִים)	water tank
דּוֹלָר	dollar
דַּוָּר	mailman
דִּירָה	apartment
דֶּלֶת (דְּלָתוֹת)	door
דָּפַק (לִדְפֹּק)	knock
דַּקָּה	minute
דֶּרֶךְ (דְּרָכִים)	way, route *(f.)*

ה

ה׳	Lord
הַ־, הָ־, הֶ־	the
הֲ־	an interrogative prefix
הוּא	he, it *(m.)*
הֹוֶה	present (time)
הוֹרָאָה	instruction, order
הוֹרִים	parents
הִיא	she, it *(f.)*
הָיָה (לִהְיוֹת)	be
הַיּוֹם	today
הַיָּם הַגָּדוֹל	the Great Sea
הַיָּם הַתִּיכוֹן	the Mediterranean Sea
הֲיֵשׁ?	Is there? Are there?
הַכְתָּבָה	dictation
הַלְוַאי	O that! Would that!
הָלַךְ (לָלֶכֶת)	go, walk
הֵם, הֵן	they *(m., f.)*
הִנֵּה	here (is), behold
הֵנָּה	here
הַפְסָקָה	intermission, recess
הַר (הָרִים)	mountain
הַר הַכַּרְמֶל	Mt. Carmel
הַרְבֵּה	much, many
הִשְׁכִּים (לְהַשְׁכִּים)	rise early

ו

וְ־, וּ־	and
וְעוֹד	plus, and
וָרֹד	pink
וַתִּקַּח (לָקַח)	and she took
וַתֵּרֶא (רָאָה)	and she saw
וַתִּתֵּן (נָתַן)	and she gave

ז

זֹאת	this *(f.)*
זְבוּב	fly *(n.)*
זֶה	this *(m.)*
זֶהוּ	this is *(m.)*
זוּג (זוּגוֹת)	pair, couple *(m.)*
זוּלָתִי	except, except me
זָכַר (לִזְכֹּר)	remember
זְמַן	time
זָקֵן	old, old man
זָקָן	beard
זָרַק (לִזְרֹק)	throw

ח

חָבִית (חָבִיּוֹת)	barrel
חָבֵר	friend
חֶדֶר (חֲדָרִים)	room
חָדָשׁ	new
חֹדֶשׁ (חֳדָשִׁים)	month
חֲדָשׁוֹת	news
חַוָּה	Eve
חוֹלֶה	sick, ill
חוּם	brown
חָזַר (לַחֲזֹר)	return
חָזָק	strong
חַי	living
חַיָּה	animal, beast
חַיִּים	life
חֵיפָה	Haifa
חָכָם	wise
חָלָב	milk
חֲלוֹם (חֲלוֹמוֹת)	dream *(m.)*
חָלָק	smooth
חֹם	fever, heat
חֶמְאָה	butter

five	חֲמִשָּׁה, חָמֵשׁ
fifty	חֲמִשִּׁים
store, shop	חֲנוּת (חֲנֻיּוֹת)
pious	חָסִיד
vacation	חֻפְשָׁה
half	חֲצִי
think	חָשַׁב (לַחְשֹׁב)
darkness, dark	חֹשֶׁךְ

ט

good	טוֹב

י

hand	יָד
friend *(m.)*	יְדִיד
friend *(f.)*	יְדִידָה
know	יָדַע (לָדַעַת)
day	יוֹם (יָמִים)
Greece	יָוָן
Joseph	יוֹסֵף
more	יוֹתֵר
together	יַחַד
be able, can	יָכֹל
boy	יֶלֶד (יְלָדִים)
give birth	יָלַד (לָלֶדֶת)
girl	יַלְדָּה (יְלָדוֹת)
school bag	יַלְקוּט
sea	יָם (יַמִּים)
right (direction)	יָמִין
nice, beautiful	יָפֶה
go out	יָצָא (לָצֵאת)
dear, expensive	יָקָר
go down	יָרַד (לָרֶדֶת)
Jordan	יַרְדֵּן
Jerusalem	יְרוּשָׁלַיִם
green	יָרֹק
vegetables	יְרָקוֹת
there is, there are	יֵשׁ
sit	יָשַׁב (לָשֶׁבֶת)
old (things)	יָשָׁן
asleep, sleeping	יָשֵׁן
Israel	יִשְׂרָאֵל
straight, upright	יָשָׁר

כ

like, as	כְּ־
as these, such *(pl.)*	כָּאֵלֶּה
highway, road	כְּבִישׁ
already	כְּבָר
ball	כַּדּוּר
priest	כֹּהֵן
star	כּוֹכָב
cup, glass *(f.)*	כּוֹס (כּוֹסוֹת)
as this *(f.)*	כָּזֹאת
as this *(m.)*	כָּזֶה
blue	כָּחֹל
because, that	כִּי
all, every	כֹּל, כָּל
the entire, the whole	כָּל הַ־
dog	כֶּלֶב (כְּלָבִים)
tool, instrument	כְּלִי
how many	כַּמָּה
like, as	כְּמוֹ
almost	כִּמְעַט
yes, so	כֵּן
Canaan	כְּנַעַן
wing *(f.)*	כָּנָף (כְּנָפַיִם)
chair *(m.)*	כִּסֵּא (כִּסְאוֹת)
money, silver	כֶּסֶף
be angry	כָּעַס (לִכְעֹס)
village, countryside	כְּפָר
ticket	כַּרְטִיס
vineyard	כֶּרֶם (כְּרָמִים)
write	כָּתַב (לִכְתֹּב)
address	כְּתֹבֶת
class, classroom	כִּתָּה

ל

to, for	לְ־
no, not	לֹא
slowly	לְאַט
nothing	לֹא כְלוּם
where to	לְאָן
heart	לֵב (לְבָבוֹת)
white	לָבָן
moon	לְבָנָה
wear	לָבַשׁ (לִלְבֹּשׁ)

au revoir	לְהִתְרָאוֹת
blackboard	לוּחַ
bread	לֶחֶם
to me, I have	לִי
night	לַיְלָה
therefore, thus	לָכֵן
learn	לָמַד (לִלְמֹד)
teach	לִמֵּד (לְלַמֵּד)
why, what for	לָמָּה
to whom	לְמִי
towards evening	לְעֵת עֶרֶב
before	לִפְנֵי
take	לָקַח
tongue, language	לָשׁוֹן (לְשׁוֹנוֹת)

מ

from	מִ־, מֵ־
very	מְאֹד
hundred	מֵאָה
late	מְאֻחָר
where from	מֵאַיִן
food	מַאֲכָל
from, by (an author)	מֵאֵת
flood	מַבּוּל
why	מַדּוּעַ
thermometer	מַדְחֹם
state (*n.*)	מְדִינָה
what	מַה
quickly	מַהֵר
opposite	מוּל
music	מוּסִיקָה
teacher (*m.,f.*)	מוֹרֶה, מוֹרָה
luck, planet	מַזָּל (מַזָּלוֹת)
notebook	מַחְבֶּרֶת
tomorrow	מָחָר
bed	מִטָּה
who	מִי
water (*m.pl.*)	מַיִם
someone, somebody (*m.*)	מִישֶׁהוּ
someone, somebody (*f.*)	מִישֶׁהִי
machine	מְכוֹנָה
car	מְכוֹנִית
sell	מָכַר (לִמְכֹּר)
letter	מִכְתָּב
word	מִלָּה (מִלִּים)
vocabulary, dictionary	מִלּוֹן
reign	מָלַךְ (לִמְלֹךְ)
king	מֶלֶךְ (מְלָכִים)
queen	מַלְכָּה (מְלָכוֹת)
from	מִן
manager, director	מְנַהֵל
lamp, candlestick	מְנוֹרָה
commerce	מִסְחָר
unfortunate, poor	מִסְכֵּן
restaurant	מִסְעָדָה
number	מִסְפָּר
few, a little	מְעַט
coat	מְעִיל
interesting	מְעַנְיֵן
because	מִפְּנֵי שֶׁ־
find	מָצָא (לִמְצֹא)
forehead	מֵצַח
Egypt	מִצְרַיִם
early	מֻקְדָּם
view (*m.*)	מַרְאֶה (מַרְאוֹת)
carriage, vehicle	מֶרְכָּב
Moses	מֹשֶׁה
something	מַשֶּׁהוּ
police	מִשְׁטָרָה
place for sleeping, bed	מִשְׁכָּב
rule (*v.*)	מָשַׁל (לִמְשֹׁל)
proverb	מָשָׁל (מְשָׁלִים)
family	מִשְׁפָּחָה
farm, household	מֶשֶׁק (מְשָׁקִים)
eyeglasses (*m.*)	מִשְׁקָפַיִם
die	מֵת (לָמוּת)
sweet	מָתוֹק
when	מָתַי
gift, present	מַתָּנָה

נ

driver	נֶהָג
river	נָהָר
born	נוֹלַד
passenger, traveler	נוֹסֵעַ
river, stream	נַחַל (נְחָלִים)

serpent	נָחָשׁ (נְחָשִׁים)
travel *(v.)*	נָסַע (לִנְסֹעַ)
shoe *(f.)*	נַעַל (נַעֲלַיִם)
youth, boy	נַעַר (נְעָרִים)
fall	נָפַל (לִנְפֹּל)
lift up, carry	נָשָׂא (לָשֵׂאת)
give	נָתַן (לָתֵת)

ס

patience	סַבְלָנוּת
shut, close	סָגַר (לִסְגֹּר)
secret *(m.)*	סוֹד (סוֹדוֹת)
horse	סוּס
mare	סוּסָה
end	סוֹף
final	סוֹפִי
sociology	סוֹצְיוֹלוֹגְיָה
student *(m.)*	סְטוּדֶנְט
China	סִין
forgive	סָלַח (לִסְלֹחַ)
sorry, excuse me, pardon me	סְלִיחָה
story	סִפּוּר
book	סֵפֶר (סְפָרִים)
Spain	סְפָרַד
literature	סִפְרוּת
library	סִפְרִיָּה
film	סֶרֶט (סְרָטִים)

ע

serve, work *(v.)*	עָבַד (לַעֲבֹד)
servant	עֶבֶד (עֲבָדִים)
work *(n.)*	עֲבוֹדָה
pass, cross	עָבַר (לַעֲבֹר)
past *(n.)*	עָבָר
Hebrew	עִבְרִית
until	עַד
yet, still, more	עוֹד
helper	עוֹזֵר
immigrant (to Israel)	עוֹלֶה
child, baby	עוֹלָל
world	עוֹלָם
pen	עֵט
eye *(f.)*	עַיִן (עֵינַיִם)
tired	עָיֵף
town, city *(f.)*	עִיר (עָרִים)
municipality	עִירִיָּה
now	עַכְשָׁו
on, upon	עַל
go up	עָלָה (לַעֲלוֹת)
by, near	עַל יַד
immigration, ascent	עֲלִיָּה
with	עִם
people	עַם
stand *(v.)*	עָמַד (לַעֲמֹד)
answer *(v.)*	עָנָה (לַעֲנוֹת)
poor	עָנִי
pencil	עִפָּרוֹן (עֶפְרוֹנוֹת)
tree	עֵץ
advice	עֵצָה
sad	עָצוּב
bone *(f.)*	עֶצֶם (עֲצָמוֹת)
evening	עֶרֶב (עֲרָבִים)
Arab	עֲרָבִי
Arabic	עֲרָבִית
cunning, shrewd	עָרוּם
naked	עָרֹם, עֵרֹם
do, make	עָשָׂה (לַעֲשׂוֹת)
rich	עָשִׁיר
ten	עֲשָׂרָה, עֶשֶׂר
twenty	עֶשְׂרִים
time	עֵת
now	עַתָּה
newspaper	עִתּוֹן
press	עִתּוֹנוּת
future *(n.)*	עָתִיד

פ

meet	פָּגַשׁ (לִפְגֹּשׁ)
meeting *(n.)*	פְּגִישָׁה
here	פֹּה
mouth	פֶּה
less, minus	פָּחוֹת
lest	פֶּן

פָּנָה (לִפְנוֹת)	turn to
פָּנִים	face *(m.pl.)*
פֹּעַל (פְּעָלִים)	verb
פֶּרַח (פְּרָחִים)	flower
פְּרִי (פֵּרוֹת)	fruit
פָּרַס	Persia
פִּתְאֹם	suddenly
פָּתוּחַ	open *(adj.)*
פָּתַח (לִפְתֹּחַ)	open

צ

צֶבַע (צְבָעִים)	color
צַדִּיק	righteous
צָהֹב	yellow
צָהֳרַיִם	noon
צִוָּה (לְצַוּוֹת)	command (v.)
צָחַק (לִצְחֹק)	laugh
צֵלָע (צְלָעוֹת)	rib *(f.)*
צָמֵא	thirsty
צָעִיר	young
צָעַק (לִצְעֹק)	shoot, cry out
צִפּוֹר (צִפֳּרִים)	bird *(f.)*
צָרִיךְ	must
צָרְפַת	France

ק

קִבֵּל (לְקַבֵּל)	receive
קָדוֹשׁ	holy
קֹדֶשׁ	holiness
קוֹל (קוֹלוֹת)	voice
קוֹלְנוֹעַ	movies
קוֹנְצֶרְט	concert
קָטָן	little, small
קַל	light, easy (simple form of verb)
קָם (לָקוּם)	rise, get up
קָנָה (לִקְנוֹת)	buy
קָפַץ (לִקְפֹּץ)	jump (v.)
קָצָר, קָצֵר	short
קָרָא (לִקְרֹא)	read, call
קָרָה (לִקְרוֹת)	happen
קֶרֶן (קַרְנַיִם)	horn (f.)
קָשֶׁה	difficult, hard

ר

רָאָה (לִרְאוֹת)	see
רֹאשׁ (רָאשִׁים)	head, beginning
רֹאשׁ הַשָּׁנָה	New Year
רִאשׁוֹן	first *(m.)*
רַב	much
רְבָבָה	ten thousand, myriad
רִבָּה	jam
רֶבַע	quarter
רֶגֶל (רַגְלַיִם)	foot *(f.)*
רֶגַע (רְגָעִים)	minute, moment
רוֹפֵא	physician, doctor
רְחוֹב (רְחוֹבוֹת)	street *(m.)*
רָחֵל	Rachel, ewe
רַחֲמִים	mercy *(m.pl.)*
רָחַץ (לִרְחֹץ)	wash *(v.)*
רָכַב (לִרְכֹּב)	ride *(v.)*
רַכֶּבֶת	train (n.)
רַע	bad, evil
רָעֵב	hungry
רָצָה (לִרְצוֹת)	want, wish
רִצְפָּה	floor (of a room)
רַק	only
רָשָׁע	wicked

ש

שֶׁ־	who, whom, which
שָׁאַל (לִשְׁאֹל)	ask
שְׁאֵלָה	question (n.)
שָׁב (לָשׁוּב)	return (v.)
שָׁבוּעַ (שָׁבוּעוֹת)	week *(m.)*
שִׁבְעָה, שֶׁבַע	seven
שִׁבְעִים	seventy
שָׁבַר (לִשְׁבֹּר)	break
שַׁד (שָׁדַיִם)	breast (m.)
שׁוּב	again
שׁוּק (שְׁוָקִים)	market
שׁוֹר (שְׁוָרִים)	ox
שָׁחוֹר	black
שִׁיר	song
שִׁירָה	poetry, singing
שָׁכַב (לִשְׁכַּב)	lie down
שְׁכוּנָה	residential quarter

forget	שָׁכַח (לִשְׁכֹּחַ)
of	שֶׁל
snow	שֶׁלֶג
peace	שָׁלוֹם
send	שָׁלַח (לִשְׁלֹחַ)
table *(m.)*	שֻׁלְחָן (שֻׁלְחָנוֹת)
messenger	שָׁלִיחַ
three	שְׁלֹשָׁה, שָׁלֹשׁ
thirty	שְׁלֹשִׁים
there	שָׁם
name	שֵׁם
eight	שְׁמוֹנָה, שְׁמוֹנֶה
eighty	שְׁמוֹנִים
sky, heaven	שָׁמַיִם
oil	שֶׁמֶן
fat	שָׁמֵן
hear	שָׁמַע (לִשְׁמֹעַ)
keep, guard	שָׁמַר (לִשְׁמֹר)
sun	שֶׁמֶשׁ
tooth *(f.)*	שֵׁן (שִׁנַּיִם)
year *(f.)*	שָׁנָה (שָׁנִים)
Happy New Year	שָׁנָה טוֹבָה
second	שֵׁנִי
second (of time)	שְׁנִיָּה
both of them *(m.)*	שְׁנֵיהֶם
both of you *(m.)*	שְׁנֵיכֶם
two *(m.)*	שְׁנַיִם
both of us *(m.)*	שְׁנֵינוּ
hour	שָׁעָה
clock, watch	שָׁעוֹן
lesson	שִׁעוּר
gate	שַׁעַר
quiet	שֶׁקֶט
six	שִׁשָּׁה, שֵׁשׁ
sixty	שִׁשִּׁים
drink	שָׁתָה
both of them *(f.)*	שְׁתֵּיהֶן
both of you *(f.)*	שְׁתֵּיכֶן
two *(f.)*	שְׁתַּיִם
both of us *(f.)*	שְׁתֵּינוּ

שׂ

field *(m.)*	שָׂדֶה (שָׂדוֹת)
conversation	שִׂיחָה
put	שָׂם (לָשִׂים)
left (direction)	שְׂמֹאל
be happy *(v.)*	שָׂמַח (לִשְׂמֹחַ)
joy, rejoicing	שִׂמְחָה (שְׂמָחוֹת)
dress	שִׂמְלָה (שְׂמָלוֹת)
lip, language	שָׂפָה (שְׂפָתַיִם)
prince, officer, cabinet minister	שַׂר
Minister for Foreign Affairs	שַׂר הַחוּץ

ת

theatre	תֵּאַטְרוֹן
ark	תֵּבָה
Psalms	תְּהִלִּים
thanks	תּוֹדָה
law, Torah	תּוֹרָה
station, stop	תַּחֲנָה
final station, terminal	תַּחֲנָה סוֹפִית
under	תַּחַת
tourist *(m.)*	תַּיָּר
tourist *(f.)*	תַּיֶּרֶת (תַּיָּרוֹת)
Tel Aviv	תֵּל־אָבִיב
pupil *(m.)*	תַּלְמִיד
pupil *(f.)*	תַּלְמִידָה
picture	תְּמוּנָה
always	תָּמִיד
stove	תַּנּוּר
biblical	תַּנַ"כִי
industry	תַּעֲשִׂיָּה
apple *(m.)*	תַּפּוּחַ (תַּפּוּחִים)
prayer	תְּפִלָּה
catch *(v.)*	תָּפַס (לִתְפֹּס)
medicine	תְּרוּפָה
answer, repentance	תְּשׁוּבָה
nine	תִּשְׁעָה, תֵּשַׁע
ninety	תִּשְׁעִים

English-Hebrew Vocabulary

abbreviations:	
m. = masculine	*adj.* = adjective
f. = feminine	*adv.* = adverb
pl. = plural	*prep.* = preposition
n. = noun	*conj.* = conjunction
v. = verb	*rel. pron.* = relative pronoun

Irregular plurals of nouns
and infinitives of verbs are given in parentheses.

A

able	יָכֹל
Adam	אָדָם
address *(n.)*	כְּתֹבֶת
advice	עֵצָה
after	אַחֲרֵי
afternoon	אַחֲרֵי הַצָּהֳרַיִם
afterwards	אַחַר כָּךְ, אַחֲרֵי כֵן
again	שׁוּב
alive	חַי
all	כֹּל, כָּל
Allah	אַלְלָה
almost	כִּמְעַט
already	כְּבָר
also	גַּם
always	תָּמִיד
among	בֵּין
and	וְ־, וּ־, וְעוֹד
angry *(v.)*	כָּעַס (לִכְעֹס)
animal	חַיָּה
another	אַחֵר
answer *(v.)*	עָנָה (לַעֲנוֹת)
answer *(n.)*	תְּשׁוּבָה
apartment	דִּירָה
apple	תַּפּוּחַ (תַּפּוּחִים)
ark	תֵּבָה
as	כְּמוֹ, כְּ־
ask (a question)	שָׁאַל (לִשְׁאֹל)
ask, request	בִּקֵּשׁ (לְבַקֵּשׁ)
asleep	יָשֵׁן
at	בְּ־, אֵצֶל
aunt	דּוֹדָה
au revoir	לְהִתְרָאוֹת

B

baby	תִּינוֹק, עוֹלָל
back *(n.)*	גַּב
bad	רַע
Baghdad	בַּגְדָּד
ball	כַּדּוּר
barrel	חָבִית (חָבִיּוֹת)
bathing suit	בֶּגֶד־יָם
be	הָיָה (לִהְיוֹת)
beard	זָקָן
beast	חַיָּה
beautiful	יָפֶה
because	כִּי, מִפְּנֵי שֶׁ־
bed	מִטָּה
before	לִפְנֵי
begin	הִתְחִיל (לְהַתְחִיל)
behold	הִנֵּה
belly *(f.)*	בֶּטֶן

between	בֵּין
biblical	תַּנָ"כִי
big	גָּדוֹל
bird *(f.)*	צִפּוֹר (צִפֳּרִים)
black	שָׁחוֹר
blackboard	לוּחַ (לוּחוֹת)
blessed	בָּרוּךְ
blessing	בְּרָכָה
blue	כָּחֹל
body *(m.)*	גוּף
bone *(f.)*	עֶצֶם (עֲצָמוֹת)
book	סֵפֶר (סְפָרִים)
born	נוֹלַד
both (of them)	שְׁנֵיהֶם, שְׁתֵּיהֶן
boy	יֶלֶד (יְלָדִים)
bread	לֶחֶם
break *(v.)*	שָׁבַר (לִשְׁבֹּר)
breast (*m.*)	שַׁד (שָׁדַיִם)
brief	קָצָר, קָצֵר
brother	אָח (אַחִים)
brown	חוּם
build	בָּנָה (לִבְנוֹת)
but	אֲבָל
butter	חֶמְאָה
buy	קָנָה (לִקְנוֹת)
by (near)	עַל יַד
by (an author)	מֵאֵת
by the side of, at	אֵצֶל

C

call	קָרָא (לִקְרֹא)
camel	גָּמָל (גְּמַלִּים)
can	יָכוֹל
Canaan	כְּנַעַן
candlestick	מְנוֹרָה
car	מְכוֹנִית (מְכוֹנִיּוֹת)
carriage	מֶרְכָּב
carry	נָשָׂא (לָשֵׂאת)
catch	תָּפַס (לִתְפֹּס)
certainly	בְּוַדַּאי
chair	כִּסֵּא (כִּסְאוֹת)
check (*v.*)	בָּדַק (לִבְדֹּק)
China	סִין
choose	בָּחַר (לִבְחֹר)
city *(f.)*	עִיר (עָרִים)
class	כִּתָּה
clock	שָׁעוֹן
clothing	בֶּגֶד (בְּגָדִים)
coat	מְעִיל
color	צֶבַע (צְבָעִים)
come	בָּא (לָבוֹא)
command	צִוָּה (לְצַוּוֹת)
commerce	מִסְחָר
conversation	שִׂיחָה
country *(f.)*	אֶרֶץ (אֲרָצוֹת)
countryside	כְּפָר
couple *(m.)*	זוּג (זוּגוֹת)
create	בָּרָא (לִבְרֹא)
cross *(v.)*	עָבַר (לַעֲבֹר)
cry *(v.)*	צָעַק (לִצְעֹק)
cunning	עָרוּם
cup *(f.)*	כּוֹס (כּוֹסוֹת)

D

Daddy	אַבָּא
dark, darkness	חֹשֶׁךְ
daughter	בַּת (בָּנוֹת)
day	יוֹם (יָמִים)
dear	יָקָר
dictation	הַכְתָּבָה
die	מֵת (לָמוּת)
difficult	קָשֶׁה
direction	הוֹרָאָה
do	עָשָׂה (לַעֲשׂוֹת)
doctor	רוֹפֵא
dog	כֶּלֶב (כְּלָבִים)
dollar	דּוֹלָר
don't	אַל
door	דֶּלֶת (דְּלָתוֹת)
dream *(m.)*	חֲלוֹם (חֲלוֹמוֹת)
dress	שִׂמְלָה (שְׂמָלוֹת)
drink *(v.)*	שָׁתָה (לִשְׁתּוֹת)
driver	נֶהָג (נֶהָגִים)
dwell	גָּר (לָגוּר)

E

ear *(f.)*	אֹזֶן (אָזְנַיִם)
early (in the morning)	מֻקְדָּם, בַּבֹּקֶר הַשְׁכֵּם
earth	אֲדָמָה, אֶרֶץ
easy	קַל
eat	אָכַל (לֶאֱכֹל)
echo	בַּת קוֹל, הֵד
egg *(f.)*	בֵּיצָה (בֵּיצִים)
Egypt	מִצְרַיִם
eight	שְׁמוֹנָה, שְׁמוֹנֶה
eighty	שְׁמוֹנִים
either ... or	אוֹ ... אוֹ
end	סוֹף
English	אַנְגְּלִית
entire	כָּל הַ־
Eve	חַוָּה
even	אֲפִילוּ
evening	עֶרֶב
every	כֹּל, כָּל
ewe	רָחֵל
except	זוּלַת־, זוּלָתִי
excuse me	סְלִיחָה
expensive	יָקָר
eye *(f.)*	עַיִן (עֵינַיִם)
eyeglasses *(m.)*	מִשְׁקָפַיִם

F

face *(pl. only)*	פָּנִים
factory	בֵּית חֲרֹשֶׁת
fall *(v.)*	נָפַל (לִנְפֹּל)
family	מִשְׁפָּחָה
farm	מֶשֶׁק (מְשָׁקִים)
father	אָב (אָבוֹת)
fence	גָּדֵר
fever	חֹם
few	מְעַט
field *(m.)*	שָׂדֶה (שָׂדוֹת)
fifty	חֲמִשִּׁים
film	סֶרֶט (סְרָטִים)
final	סוֹפִי
find	מָצָא (לִמְצֹא)
finger *(f.)*	אֶצְבַּע (אֶצְבָּעוֹת)
finish	גָּמַר (לִגְמֹר)
first	רִאשׁוֹן
five	חֲמִשָּׁה, חָמֵשׁ
flag	דֶּגֶל
flood	מַבּוּל
floor (of a room)	רִצְפָּה
flower	פֶּרַח (פְּרָחִים)
fly *(n.)*	זְבוּב
food	אֹכֶל, מַאֲכָל
foot *(f.)*	רֶגֶל (רַגְלַיִם)
for	לְ־, בִּשְׁבִיל
forbidden	אָסוּר
forehead	מֵצַח
forget	שָׁכַח (לִשְׁכֹּחַ)
forgive	סָלַח (לִסְלֹחַ)
forty	אַרְבָּעִים
four	אַרְבָּעָה, אַרְבַּע
France	צָרְפַת
friend *(m.)*	חָבֵר, יָדִיד
friend *(f.)*	חֲבֵרָה, יְדִידָה
from	מִ־, מֵ־, מִן
fruit	פְּרִי (פֵּרוֹת)
future	עָתִיד

G

garden	גַּן, גִּנָּה
garment	בֶּגֶד (בְּגָדִים)
gate	שַׁעַר (שְׁעָרִים)
gentleman	אָדוֹן
get up	קָם (לָקוּם)
gift	מַתָּנָה
girl	יַלְדָּה (יְלָדוֹת)
give	נָתַן (לָתֵת)
give birth	יָלַד (לָלֶדֶת)
glass *(f.)*	כּוֹס (כּוֹסוֹת)
go	הָלַךְ (לָלֶכֶת)
go down	יָרַד (לָרֶדֶת)
go out	יָצָא (לָצֵאת)
go up	עָלָה (לַעֲלוֹת)
God	אֱלֹהִים, אֵל
good	טוֹב
good evening	עֶרֶב טוֹב
good morning	בֹּקֶר טוֹב
good night	לַיְלָה טוֹב

great	גָּדוֹל
Greece	יָוָן
green	יָרֹק
guard	שָׁמַר (לִשְׁמֹר)

H

Haifa	חֵיפָה
half	חֵצִי
hall	אוּלָם
hand *(f.)*	יָד (יָדַיִם)
happen	קָרָה (לִקְרוֹת)
happy	שָׂמֵחַ
happy *(v.)*	שָׂמַח (לִשְׂמֹחַ)
he	הוּא
head	רֹאשׁ (רָאשִׁים)
hear	שָׁמַע (לִשְׁמֹעַ)
heart	לֵב (לְבָבוֹת)
heat	חֹם
heaven *(pl. only)*	שָׁמַיִם
Hebrew	עִבְרִית
hello	שָׁלוֹם
helper	עוֹזֵר
here	פֹּה, הִנֵּה
hero	גִּבּוֹר
high	גָּבוֹהַּ
high school	בֵּית־סֵפֶר תִּיכוֹן
highway	כְּבִישׁ
holiness	קֹדֶשׁ
holy	קָדוֹשׁ
horn *(f.)*	קֶרֶן (קַרְנַיִם)
horse	סוּס
hospital	בֵּית חוֹלִים (בָּתֵּי חוֹלִים)
hour	שָׁעָה
house *(m.)*	בַּיִת (בָּתִּים)
household	מֶשֶׁק (מְשָׁקִים)
how	אֵיךְ
how many	כַּמָּה
hundred	מֵאָה
hungry	רָעֵב

I

I	אֲנִי
ice cream	גְּלִידָה
if	אִם
immigrant	עוֹלֶה
immigration	עֲלִיָּה
in	בְּ
in order to	בִּשְׁבִיל, כְּדֵי
industry	תַּעֲשִׂיָּה
inside	בְּתוֹךְ
instrument	כְּלִי
interesting	מְעַנְיֵן
intermission	הַפְסָקָה
Israel	יִשְׂרָאֵל
it *(m.)*	הוּא
it *(f.)*	הִיא

J

jam	רִבָּה
Jerusalem	יְרוּשָׁלַיִם
Jordan (river) *(m.)*	יַרְדֵּן
Jordan (country) *(f.)*	יַרְדֵּן
Joseph	יוֹסֵף
joy	שִׂמְחָה (שְׂמָחוֹת)
jump *(v.)*	קָפַץ (לִקְפֹּץ)

K

keep	שָׁמַר (לִשְׁמֹר)
kindergarten	גַּן יְלָדִים
king	מֶלֶךְ (מְלָכִים)
knock	דָּפַק (לִדְפֹּק)
know	יָדַע (לָדַעַת)

L

lady	גְּבֶרֶת (גְּבָרוֹת)
lamp	מְנוֹרָה
land *(f.)*	אֶרֶץ (אֲרָצוֹת)
language *(f.)*	שָׂפָה (שָׂפוֹת) לָשׁוֹן (לְשׁוֹנוֹת)
large	גָּדוֹל
late	מְאֻחָר
laugh	צָחַק (לִצְחֹק)
law, Torah	תּוֹרָה
learn	לָמַד (לִלְמֹד)

left (direction)	שְׂמֹאל
less	פָּחוֹת
lesson	שִׁעוּר
lest	פֶּן
letter (correspondence) (*m.*)	מִכְתָּב
letter (alphabet) (*f.*)	אוֹת (אוֹתִיּוֹת)
library	סִפְרִיָּה
lie down	שָׁכַב (לִשְׁכַּב)
life (*pl. only*)	חַיִּים
lift up	נָשָׂא (לָשֵׂאת)
light (*n.*)	אוֹר (אוֹרוֹת)
light (*adj.*)	קַל
like (*prep.*)	כְּמוֹ, כְּ־
like (*v.*)	אָהַב (לֶאֱהֹב)
lip (*f.*)	שָׂפָה (שְׂפָתַיִם)
literature	סִפְרוּת
little (few)	מְעַט
little (small)	קָטָן
live (dwell)	גָּר (לָגוּר)
live (a life)	חָיָה (לִחְיוֹת)
long	אָרֹךְ
Lord, God	ה׳, אֲדוֹנָי
love (*v.*)	אָהַב (לֶאֱהֹב)
luck	מַזָּל

M

machine	מְכוֹנָה
mailman	דַּוָּר
make	עָשָׂה (לַעֲשׂוֹת)
man	אִישׁ (אֲנָשִׁים), אָדָם, גֶּבֶר (גְּבָרִים)
man (*biblical*)	אֱנוֹשׁ
manager	מְנַהֵל
many	הַרְבֵּה, רַבִּים
mare	סוּסָה
market	שׁוּק (שְׁוָקִים)
mayor	רֹאשׁ הָעִיר
meal	אֲרוּחָה
meat	בָּשָׂר
medicine	תְּרוּפָה
Mediterranean Sea (the Great Sea)	הַיָּם הַתִּיכוֹן (הַיָּם הַגָּדוֹל)
meet	פָּגַשׁ (לִפְגֹּשׁ)
meeting	פְּגִישָׁה
mercy (*pl. only*)	רַחֲמִים
mighty	גִּבּוֹר
milk	חָלָב
minister (in government)	שַׂר
minus	פָּחוֹת
minute	דַּקָּה, רֶגַע (רְגָעִים)
Miss	גְּבֶרֶת (גְּבָרוֹת)
Mommy	אִמָּא
money	כֶּסֶף
month	חֹדֶשׁ (חֳדָשִׁים)
moon	לְבָנָה
more	יוֹתֵר, עוֹד
morning	בֹּקֶר
Moses	מֹשֶׁה
mother	אֵם (אִמָּהוֹת)
mountain	הַר (הָרִים)
mouth	פֶּה
movies	קוֹלְנוֹעַ
Mrs.	גְּבֶרֶת
Mt. Carmel	הַר הַכַּרְמֶל
much	הַרְבֵּה, רַב
municipality	עִירִיָּה
music	מוּסִיקָה
must	צָרִיךְ
myriad	רְבָבָה

N

naked	עָרֹם, עֵרֹם
name	שֵׁם (שֵׁמוֹת)
near	אֵצֶל, עַל יַד
need (*v.*)	צָרִיךְ
neighbor	שָׁכֵן
neighborhood	שְׁכוּנָה
new	חָדָשׁ
news	חֲדָשׁוֹת
newspaper	עִתּוֹן
nice	יָפֶה
night (*m.*)	לַיִל, לַיְלָה
nine	תִּשְׁעָה, תֵּשַׁע
ninety	תִּשְׁעִים

no	לֹא, אֵין
noon	צָהֳרַיִם
nose	אַף
not	אֵין, לֹא
notebook	מַחְבֶּרֶת (מַחְבָּרוֹת)
nothing	לֹא כְלוּם
now	עַכְשָׁו, עַתָּה
number	מִסְפָּר
nurse	אָחוֹת (אֲחָיוֹת)

O

of	שֶׁל
officer	שַׂר
oil	שֶׁמֶן
old (persons)	זָקֵן
old (things)	יָשָׁן
on	עַל
one *(m.)*	אֶחָד (אֲחָדִים)
one *(f.)*	אַחַת (אֲחָדוֹת)
only	רַק
open *(v.)*	פָּתַח (לִפְתֹּחַ)
open *(adj.)*	פָּתוּחַ
opposite	מוּל
or	אוֹ
outside	בַּחוּץ
ox	שׁוֹר (שְׁוָרִים)

P

pair *(m.)*	זוּג (זוּגוֹת)
parents	הוֹרִים
pass *(v.)*	עָבַר (לַעֲבֹר)
passenger	נוֹסֵעַ
past *(n.)*	עָבָר
patience	סַבְלָנוּת
peace	שָׁלוֹם
pen	עֵט
pencil	עִפָּרוֹן (עֶפְרוֹנוֹת)
people	עַם, בְּנֵי אָדָם
perhaps	אוּלַי
Persia	פָּרַס
physician	רוֹפֵא
picture	תְּמוּנָה
pink	וָרֹד
pious	חָסִיד
planet *(m.)*	מַזָּל (מַזָּלוֹת)
pleasant	נָעִים
please	בְּבַקָּשָׁה
plus	וְעוֹד
poetry	שִׁירָה
police	מִשְׁטָרָה
policeman	שׁוֹטֵר
pool	בְּרֵכָה
poor	עָנִי
possible	אֶפְשָׁר
prayer	תְּפִלָּה
present (gift)	מַתָּנָה
present (time)	הֹוֶה
press	עִתּוֹנוּת
priest	כֹּהֵן
prince	שַׂר
problem	שְׁאֵלָה
proverb	מָשָׁל (מְשָׁלִים)
Psalms	תְּהִלִּים
pupil	תַּלְמִיד
put	שָׂם (לָשִׂים)

Q

quality	אֵיכוּת
quantity	כַּמּוּת
quarter	רֶבַע
queen	מַלְכָּה
question	שְׁאֵלָה
quick	מַהֵר
quiet	שֶׁקֶט

R

Rachel	רָחֵל
rain	גֶּשֶׁם (גְּשָׁמִים)
read	קָרָא (לִקְרֹא)
really	בֶּאֱמֶת
receive	קִבֵּל (לְקַבֵּל)
recess	הַפְסָקָה
red	אָדֹם
reign *(v.)*	מָלַךְ (לִמְלֹךְ)
rejoicing *(n.)*	שִׂמְחָה (שְׂמָחוֹת)
remember	זָכַר (לִזְכֹּר)

request *(v.)*	בִּקֵּשׁ (לְבַקֵּשׁ)
restaurant	מִסְעָדָה
return *(v.)*	שָׁב (לָשׁוּב)
	חָזַר (לַחֲזֹר)
rib *(f.)*	צֵלָע (צְלָעוֹת)
rich	עָשִׁיר
ride *(v.)*	רָכַב (לִרְכֹּב)
right (direction)	יָמִין
right (correct)	נָכוֹן
righteous	צַדִּיק
rise	קָם (לָקוּם)
rise up early	הִשְׁכִּים
river	נַחַל (נְחָלִים), נָהָר
road	כְּבִישׁ
room	חֶדֶר (חֲדָרִים)
route *(f.)*	דֶּרֶךְ (דְּרָכִים)
rule *(v.)*	מָשַׁל (לִמְשֹׁל)

S

sad	עָצוּב
say	אָמַר
scene	מַרְאֶה (מַרְאוֹת)
school	בֵּית סֵפֶר
school bag	יַלְקוּט
sea	יָם (יַמִּים)
second (of time)	שְׁנִיָּה
second	שֵׁנִי
secret *(m.)*	סוֹד (סוֹדוֹת)
see	רָאָה (לִרְאוֹת)
seek	בִּקֵּשׁ (לְבַקֵּשׁ)
sell	מָכַר (לִמְכֹּר)
send	שָׁלַח (לִשְׁלֹחַ)
serpent	נָחָשׁ (נְחָשִׁים)
servant, slave	עֶבֶד (עֲבָדִים)
serve	עָבַד (לַעֲבֹד)
seven	שִׁבְעָה, שֶׁבַע
seventy	שִׁבְעִים
she	הִיא
ship	אֳנִיָּה
shoe *(f.)*	נַעַל (נְעָלִים)
shop *(n.)*	חֲנוּת (חֲנֻיּוֹת)
short	קָצָר, קָצֵר
shout *(v.)*	צָעַק (לִצְעֹק)
shrewd	עָרוּם
shut	סָגַר (לִסְגֹּר)
sick	חוֹלֶה
silver	כֶּסֶף
singing *(n.)*	שִׁירָה
sir	אָדוֹן
sister	אָחוֹת (אֲחָיוֹת)
sit	יָשַׁב (לָשֶׁבֶת)
six	שִׁשָּׁה, שֵׁשׁ
sixty	שִׁשִּׁים
sky	שָׁמַיִם
sleep *(n.)*	שֵׁנָה
sleep *(v.)*	יָשַׁן (לִישׁוֹן)
sleeping *(adj.)*	יָשֵׁן
slowly	לְאַט
small	קָטָן
smooth	חָלָק
snow	שֶׁלֶג (שְׁלָגִים)
sock *(m.)*	גֶּרֶב (גַּרְבַּיִם)
someone *(m.)*	מִישֶׁהוּ
someone *(f.)*	מִישֶׁהִי
something	מַשֶּׁהוּ
son	בֵּן (בָּנִים)
song	שִׁיר
sorry	סְלִיחָה
Spain	סְפָרַד
speak	דִּבֵּר (לְדַבֵּר)
stand	עָמַד (לַעֲמֹד)
star	כּוֹכָב
state	מְדִינָה
station, stop (bus, etc.)	תַּחֲנָה
steal	גָּנַב (לִגְנֹב)
still	עוֹד
stocking *(m.)*	גֶּרֶב (גַּרְבַּיִם)
store	חֲנוּת (חֲנֻיּוֹת)
story	סִפּוּר
stove	תַּנּוּר
straight	יָשָׁר
street *(m.)*	רְחוֹב (רְחוֹבוֹת)
strong	חָזָק
student	תַּלְמִיד, סְטוּדֶנְט
suddenly	פִּתְאֹם
sun	שֶׁמֶשׁ

surely	בְּוַדַּאי
sweet	מָתוֹק
synagogue	בֵּית כְּנֶסֶת

T

table *(m.)*	שֻׁלְחָן (שֻׁלְחָנוֹת)
take	לָקַח (לָקַחַת)
tall	גָּבוֹהַּ
teach	לִמֵּד (לְלַמֵּד)
teacher *(m.)*	מוֹרֶה (מוֹרִים)
teacher *(f.)*	מוֹרָה (מוֹרוֹת)
Tel Aviv	תֵּל-אָבִיב
ten	עֲשָׂרָה, עֶשֶׂר
ten thousand	רְבָבָה
thanks	תּוֹדָה
that *(conj.)*	כִּי, שֶׁ־
that *(rel. pron.)*	אֲשֶׁר, שֶׁ־
the	הַ־, הָ־, הֶ־
theater	תֵּאַטְרוֹן
then	אַחַר כָּךְ, אָז
there	שָׁם
there is	יֵשׁ
there is not	אֵין
therefore	לָכֵן
thermometer	מַדְחֹם
these	אֵלֶּה
they *(m.)*	הֵם
they *(f.)*	הֵן
thing	דָּבָר (דְּבָרִים)
think	חָשַׁב (לַחֲשֹׁב)
thirsty	צָמֵא
thirty	שְׁלֹשִׁים
this *(m.)*	זֶה
this *(f.)*	זֹאת
thousand	אֶלֶף
three	שְׁלֹשָׁה, שָׁלֹשׁ
throw	זָרַק (לִזְרֹק)
thus	לָכֵן, כֵּן, כָּךְ
ticket	כַּרְטִיס
time	זְמַן, עֵת
tired	עָיֵף
to	לְ־, אֶל
to him	לוֹ
to me	לִי
to whom	לְמִי
today	הַיּוֹם
together	יַחַד, בְּיַחַד
tomorrow	מָחָר
tongue *(f.)*	לָשׁוֹן (לְשׁוֹנוֹת)
tool	כְּלִי (כֵּלִים)
tooth *(f.)*	שֵׁן (שִׁנַּיִם)
Torah	תּוֹרָה
tourist *(m.)*	תַּיָּר
tourist *(f.)*	תַּיֶּרֶת (תַּיָּרוֹת)
train	רַכֶּבֶת (רַכָּבוֹת)
travel *(v.)*	נָסַע (לִנְסֹעַ)
traveler	נוֹסֵעַ (נוֹסְעִים)
tree	עֵץ
truly	בֶּאֱמֶת
truth	אֱמֶת
turn to	פָּנָה (לִפְנוֹת)
twenty	עֶשְׂרִים
two *(m.)*	שְׁנַיִם, שְׁנֵי
two *(f.)*	שְׁתַּיִם, שְׁתֵּי

U

ulpan (intensive language school	אֻלְפָּן
uncle	דּוֹד
under	תַּחַת
unfortunate, poor	מִסְכֵּן
university	אוּנִיבֶרְסִיטָה
until	עַד

V

vacation	חֻפְשָׁה
vegetables	יְרָקוֹת
vehicle	מֶרְכָּב
verb	פֹּעַל (פְּעָלִים)
very	מְאֹד
view *(m.)*	מַרְאֶה (מַרְאוֹת)
village	כְּפָר
vineyard	כֶּרֶם (כְּרָמִים)
voice *(m.)*	קוֹל (קוֹלוֹת)

W

walk	הָלַךְ (לָלֶכֶת)
want	רָצָה (לִרְצוֹת)
wash	רָחַץ (לִרְחֹץ)
watch *(n.)*	שָׁעוֹן
water *(pl. only) (m.)*	מַיִם
water tank	דּוּד (דְּוָדִים)
wave *(n.)*	גַּל
way *(f.)*	דֶּרֶךְ (דְּרָכִים)
we	אֲנַחְנוּ
wear	לָבַשׁ (לִלְבֹּשׁ)
week *(m.)*	שָׁבוּעַ (שָׁבוּעוֹת)
what	מַה
when	מָתַי, כַּאֲשֶׁר, כְּשֶׁ־
where	אַיֵּה, אֵיפֹה
where from	מֵאַיִן
where to	לְאָן
which	אֲשֶׁר, שֶׁ־, אֵיזֶה
white	לָבָן
who, whom	מִי, אֲשֶׁר, שֶׁ־
whose	לְמִי
why	לָמָּה, מַדּוּעַ
wicked	רָשָׁע (רְשָׁעִים)
wing *(f.)*	כָּנָף (כְּנָפַיִם)
wise	חָכָם (חֲכָמִים)
wish *(v.)*	רָצָה (לִרְצוֹת)
with (a person)	עִם
with (a tool, etc.)	בְּ־
within	בְּתוֹךְ
without	בְּלִי
woe!	אוֹי, אוֹיָה!
woman	אִשָּׁה (נָשִׁים)
word	דָּבָר (דְּבָרִים), מִלָּה (מִלִּים)
work *(n.)*	עֲבוֹדָה
work *(v.)*	עָבַד (לַעֲבֹד)
world	עוֹלָם
would that	הַלְוַאי
write	כָּתַב (לִכְתֹּב)

Y

year *(f.)*	שָׁנָה (שָׁנִים)
yellow	צָהֹב
yes	כֵּן
yesterday	אֶתְמוֹל
yet	עוֹד
you *(f.s.)*	אַתְּ
you *(f.pl.)*	אַתֶּן
you *(m.s.)*	אַתָּה
you *(m.pl.)*	אַתֶּם
young	צָעִיר
young bird	גּוֹזָל
young girl	בַּחוּרָה
young man	בָּחוּר
youth	נַעַר (נְעָרִים)

Z

zero	אֶפֶס